WhatsApp wirklich einfach erklärt

Die verständliche Anleitung für Ihr iPhone

Verlag:
BILDNER Verlag GmbH
Bahnhofstraße 8
94032 Passau

http://www.bildner-verlag.de
info@bildner-verlag.de

ISBN: 978-3-8328-0661-3

Autorinnen: Daniela Hausner, Anja Schmid
Herausgeber: Christian Bildner

Bildnachweis:
Cover: ©fizkes - stock.adobe.com
Kapitelbilder: ©olliethedesigner - stock.adobe.com

Druck: CPI Clausen & Bosse GmbH, Birkstr. 10, 25917 Leck

Inhaltsverzeichnis

Wichtiges vorab

WhatsApp ist ein Messenger, also ein Programm, mit dem Sie Nachrichten schnell versenden und anzeigen. Neben WhatsApp gibt es eine Vielzahl anderer Messenger, wie z. B. Facebook Messenger, Skype, Signal oder Threema, um nur einige zu nennen. Wichtig zu wissen ist, dass Sender und Empfänger den gleichen Messenger verwenden müssen, um sich austauschen zu können. Mit WhatApp haben Sie sich für den derzeit meist verbreiteten Messenger entschieden.

Über eine Milliarde Menschen nutzen WhatsApp und versenden damit Nachrichten, Fotos oder Videos. WhatsApp ist für iPhones (Apple) und Android-Smartphones (wie z. B. Samsung, OPPO, Xiaomi, Sony und viele andere) erhältlich. Zwischen diesen Geräten können Nachrichten problemlos über WhatsApp ausgetauscht werden.

Bedienung und Funktionen von WhatsApp sind auf allen Geräten ähnlich. Dennoch bestehen Unterschiede und es ist möglich, dass eine Funktion für iPhone-Nutzer bereits zur Verfügung steht, während Android-Smartphones noch darauf warten müssen und umgekehrt.

Das vorliegende Buch wurde für das iPhone konzipiert. Welches iPhone-Modell Sie verwenden, ist zum Verständnis von untergeordneter Bedeutung, da die aktuelle Version von WhatsApp auf allen Geräten überwiegend gleich aussieht.

iOS ist das Betriebssystem Ihres Smartphones. Es bildet die Plattform zur Speicherung der Apps und zur Ausführung aller Gerätefunktionen.

WhatsApp erhält kontinuierlich Updates, die den Funktionsumfang der App erweitern bzw. verbessern. Deswegen ist es möglich, dass sich Abweichungen zu den Abbildungen und Erläuterungen in diesem Buch ergeben.

WhatsApp oder entscheiden, welchen Benachrichtigungston Sie verwenden möchten.

- Naturgemäß werden in diesem Buch die WhatsApp-Einstellungen behandelt. Für die wenigen Fällen, die die Einstellungen Ihres Smartphones zum Thema haben, wird, um Verwechslungen vorzubeugen, nebenstehendes Symbol abgebildet: 
- In diesem Buch verzichten wir bewusst auf das für iOS 26 bekannte Liquid-Design. Der Grund ist die Lesbarkeit: Transparente Elemente sehen zwar elegant aus, können aber die Orientierung erschweren – besonders bei wechselnden Hintergründen. Um dem entgegenzuwirken, haben wir zwei zentrale Einstellungen vorgenommen, die das Liquid-Design deaktivieren. So bleibt die Oberfläche klar strukturiert und jederzeit gut lesbar.

1 WhatsApp einrichten

Was finde ich in diesem Kapitel?

- Oberfläche kennenlernen
- Aus dem App Store installieren
- Kontakt hinzufügen

Das erwartet Sie hier!

- Das Smartphone liegt vor Ihnen, aber wie kommt WhatsApp da jetzt drauf? Dazu benötigen Sie den **App Store** - eine App, die bereits auf Ihrem Smartphone installiert ist. Der App Store ist der Supermarkt für weitere Apps. Hier können Sie WhatsApp herunterladen.
- Danach folgt die **Einrichtung**. Dabei erlauben Sie WhatsApp den Zugriff auf verschiedene Bereiche Ihres Smartphones, z. B. den Zugriff auf gespeicherte Fotos. Außerdem richten Sie ein **Profil** ein. Dieses besteht aus einem Namen und optional aus einem Bild.
- Sie erhalten einen kurzen **Überblick** über die einzelnen Funktionen und wo Sie diese aufrufen. Außerdem erfahren Sie, wie Sie **Kontaktinformationen** (Mobilnummer) von Freunden hinzufügen.

Das Standardgerät zur Nutzung von WhatsApp ist Ihr **iPhone**. Im Einrichtungsprozess wird kein klassisches Benutzerkonto mit Name und Kennwort erstellt, wie Sie es vielleicht von der Einrichtung Ihres E-Mail-Kontos kennen. WhatsApp verlangt lediglich eine Telefonnummer und wird mit dieser verknüpft, weshalb ursprünglich WhatsApp mit derselben Handy-Nummer nur an einem Gerät betrieben werden konnte. Mittlerweile ist es jedoch möglich, dasselbe WhatsApp-Konto auf mehreren Telefonen zu nutzen, also ein weiteres Smartphone mit dem WhatsApp-Konto zu verknüpfen.

Darüber hinaus können Sie die WhatsApp-Inhalte Ihres Smartphones mittels einer Verknüpfung im Browser eines Laptops oder Tablets anzeigen. Wie das geht, erfahren Sie auf Seite 229.

Falls Sie in Ihr Handy zwei SIM-Karten einlegen können, ist es auch möglich beide Nummern mit WhatsApp zu verknüpfen.

1.1 WhatsApp installieren & einrichten

Gleich zu Beginn ein Warnhinweis: Falls Sie WhatsApp schon auf einem anderen Smartphone nutzen und Ihre Daten auch auf dem neuen Smartphone zur Verfügung stehen sollen, folgen Sie nicht dieser Anleitung, sondern lesen Sie zunächst Kapitel 10.

Außerdem ist es von Vorteil, wenn Ihr Smartphone beim Herunterladen der App mit einem WLAN verbunden ist. In der Regel ist Ihr Smartphone so eingerichtet, dass es sich Zuhause automatisch mit dem vorhandenen WLAN-Router verbindet.

App im App Store finden und installieren

App Store aufrufen: Zunächst müssen Sie den App Store öffnen.

- Die Kachel für den App Store befindet sich oft auf der ersten Startbildschirmseite des Smartphones. Tippen Sie diese an ❶.

- Vielleicht müssen Sie auch auf eine der folgenden Startbildschirmseiten wechseln. Dazu wischen Sie horizontal über das Display ❷.
- Auf der letzten Bildschirmseite befindet sich die ***App-Mediathek***, wo alle Apps in Rubriken zusammengefasst sind. In der Gruppe ***Dienstprogramme*** ❸ finden Sie den App Store. Wenn nicht, dann geben Sie in der oberen Suchleiste ❹ einfach den Begriff ***App Store*** ein.

Probleme mit dem App Store? Bei der Ersteinrichtung Ihres Smartphones haben Sie sich mit Ihrem Apple Account angemeldet. Dieser besteht aus einer E-Mail-Adresse, z. B. beispielname@icloud.com, und einem Kennwort. In diesem Fall können Sie den App Store nutzen. Ist dies nicht der Fall, müssen Sie sich nachträglich für den App Store anmelden.

- Öffnen Sie den App Store und tippen rechts unten auf das Lupen-Symbol (***Suchen***) 🔍. Geben Sie ***whatsapp*** unten in das Suchfeld ein ❺. Sie müssen das meist gar nicht ausschreiben, weil eine Liste mit Vorschlägen ❻ angezeigt wird, aus der Sie durch Antippen auswählen. Wenn Sie den App-Namen ausgewählt haben, erscheint in der Regel keine Liste möglicher Apps, sondern sofort die gesuchte. Tippen Sie für mehr Informationen auf den Namen der App ❼.

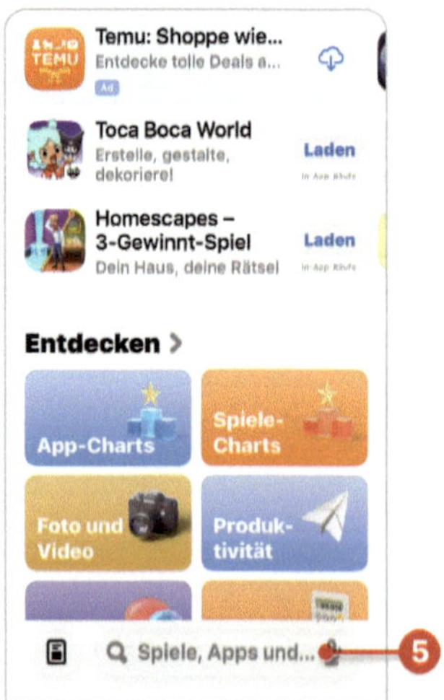

Installieren Sie die richtige App: Manche Hersteller versuchen, am Erfolg von WhatsApp teilzuhaben und beispielsweise durch ein ähnliches Logo Nutzer zu verleiten, ihre App versehentlich herunterzuladen. Achten Sie beim Download darauf, den *WhatsApp Messenger* der Firma *WhatsApp Inc.* (8) auszuwählen. Ein anderer Hinweis auf die richtige App ist die Anzahl ihrer Gesamtdownloads, die mit mehr als 5 Milliarden beziffert wird. „Mogel-Apps" erreichen diese Downloadzahl nicht.

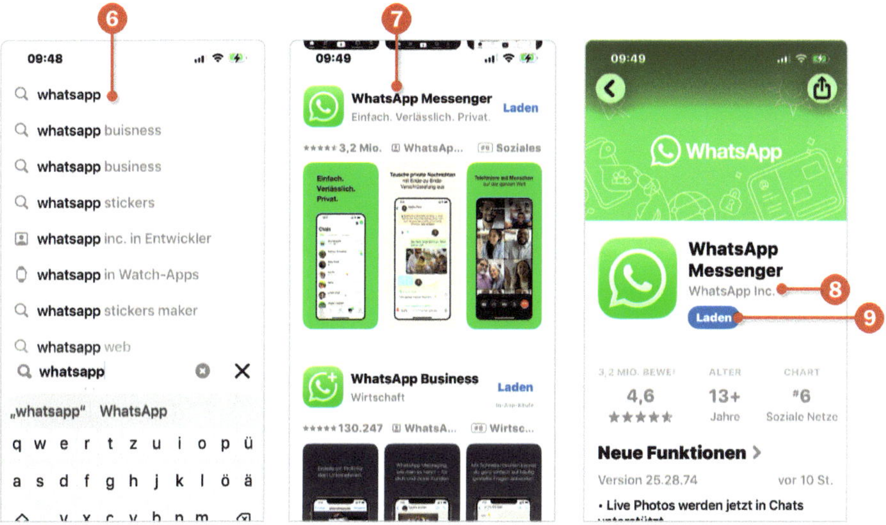

- Tippen Sie auf ***Laden*** (9) (siehe Grafik oben rechts) und dann auf ***Installieren***. Geben Sie anschließend das Passwort für Ihren Apple Account ein und bestätigen mit ***Anmelden***. Falls Sie die Gesichtserkennung verwenden, reicht es aus, wenn Sie zweimal kurz hintereinander auf die Funktionstaste Ihres iPhones drücken.

- Nach erfolgtem Download tippen Sie auf ***Öffnen***.

WhatsApp einrichten

Nach dem Öffnen von WhatsApp müssen Sie einmalig einige Einstellungen vornehmen, bevor Sie die App verwenden können:

- Zunächst müssen die Nutzungsbedingungen und Datenschutzrichtlinien akzeptiert werden. Um diese zu lesen, tippen Sie auf die farbig hinterlegten Worte 1. Die rechtlichen Hinweise werden im Browser angezeigt. Streichen Sie vertikal über den Bildschirm, um durch den Text zu blättern. Verwenden Sie dann ***x*** links oben, um wieder zu WhatsApp zurückzukehren.
- Tippen Sie auf ***Zustimmen und Fortfahren*** 2.
- Im nächsten Schritt erlauben Sie WhatsApp, Zugriff auf verschiedene Bereiche Ihres Geräts zu nehmen. Im Laufe der Installation werden Sie mehrmals gebeten, den WhatsApp-Zugriff zuzulassen. Wenn Sie WhatsApp mit all seinen Funktionen verwenden möchten, müssen Sie den Zugriff erlauben. Tippen Sie dazu auf ***Erlauben*** 3.

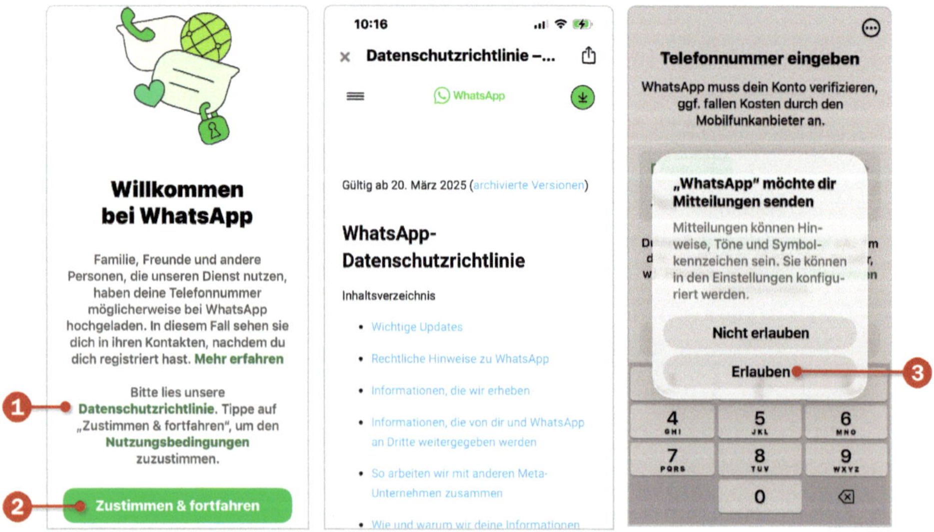

Nummer verifizieren:

Geben Sie die Telefonnummer ein. Beachten Sie:

- In der Regel ist hier bereits das passende Land, in unserem Beispiel ***Deutschland*** 4, ausgewählt. Die Länderauswahl bestimmt die korrekte Vorwahl, also hier die +49. Durch Antippen des grauen Pfeils > können Sie ein anderes Land auswählen.
- Tragen Sie dann Ihre Telefonnummer ein 5. Über der Zifferntastatur wird in der Regel Ihre eigene Handynummer eingeblendet. Tippen Sie darauf und sie wird automatisch übernommen. Durch die bereits eingetragene Ländervorwahl **+49** entfällt die erste Null Ihrer Handynummer. Tippen Sie dann auf ***Weiter***.
- Auf der nächsten Seite wird nochmals Ihre Handynummer angezeigt. Kontrollieren Sie, dass die Nummer korrekt eingegeben wurde, und bestätigen Sie mit ***Ja*** 6. Falls Sie einen Fehler entdecken, tippen Sie auf ***Bearbeiten***, dann können Sie die Nummer korrigieren.
- An Ihr Smartphone wird nach Bestätigung der Handynummer eine SMS versendet 7. Dadurch verifiziert WhatsApp die Telefonnummer, d. h. dass die angegebene Nummer existiert und zu diesem Smartphone gehört. Der versendete Code wird dann automatisch eingetragen 8. Sie können diesen Code aus Ihrem Nachrichtenverlauf sofort entfernen, damit kein Dritter Zugriff darauf hat. Tippen Sie dazu auf ***Nach Nutzung löschen*** 9.

Probleme bei der Verifikation der Telefonnummer?

- Sie können den Code auch der SMS entnehmen und diesen händisch eingeben.
- Falls die Aktion nicht abgeschlossen werden kann, erhalten Sie nach kurzer Zeit die Möglichkeit zur Korrektur der Telefonnummer. Tippen Sie dazu auf *Bearbeiten*.
- Sollten Sie aufgrund eines Verbindungsproblems gar keine SMS erhalten haben, tippen Sie auf *Keinen Verifizierungscode erhalten?* Setzen Sie anschließend ein Häkchen bei *SMS erneut senden* und tippen Sie auf *Weiter*. Alternativ können Sie sich den sechsstelligen Code via Anruf mitteilen lassen - aktivieren Sie dazu die Option *Sprachanruf*.

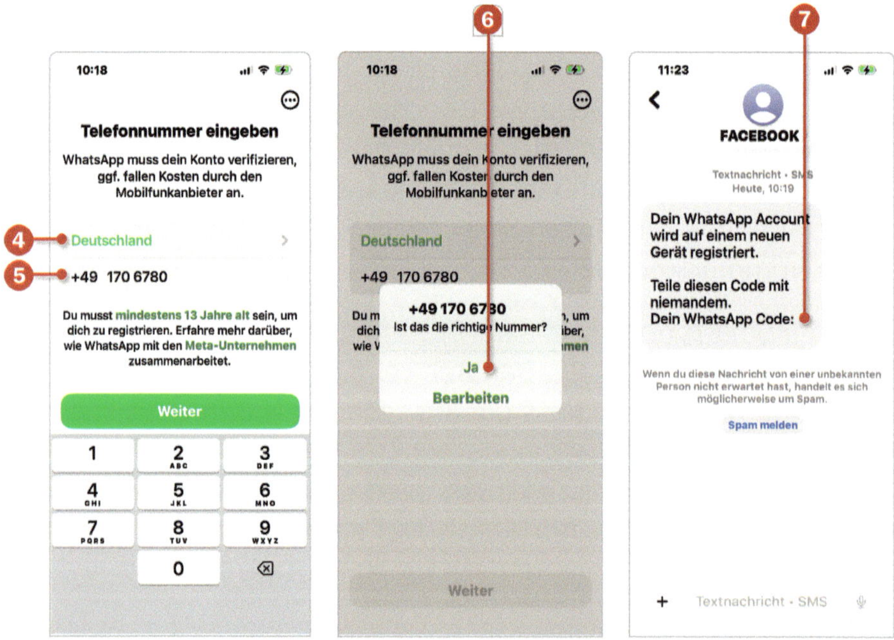

- WhatsApp benötigt Zugriff auf die Adressdaten der App Kontakte. Tippen Sie auf ***Fortfahren***. In der App Kontakte speichern Sie die Telefonnummern Ihrer Familie und Freunde. Auf dieser Grundlage wird in WhatsApp automatisch eine Liste aller Personen angezeigt, die WhatsApp ebenfalls verwenden. Diese Kontaktliste wird benötigt, um einen Chat zu starten. Tippen Sie dazu im nächsten Schritt auf ***Alle ... Kontakte teilen***.

- Geben Sie einen Namen ein (10), der Ihren WhatsApp-Kontakten angezeigt wird. Das kann ihr vollständiger Name oder ein Spitzname sein, ganz wie Sie möchten. Tippen Sie gegebenenfalls in das Feld, um die Bildschirmtastatur anzuzeigen. Diese Information können Sie auch später bearbeiten und ein Profilbild hinzufügen. Bestätigen Sie mit ***Fertig***. Nach der Einrichtung wird die Oberfläche von WhatsApp angezeigt.

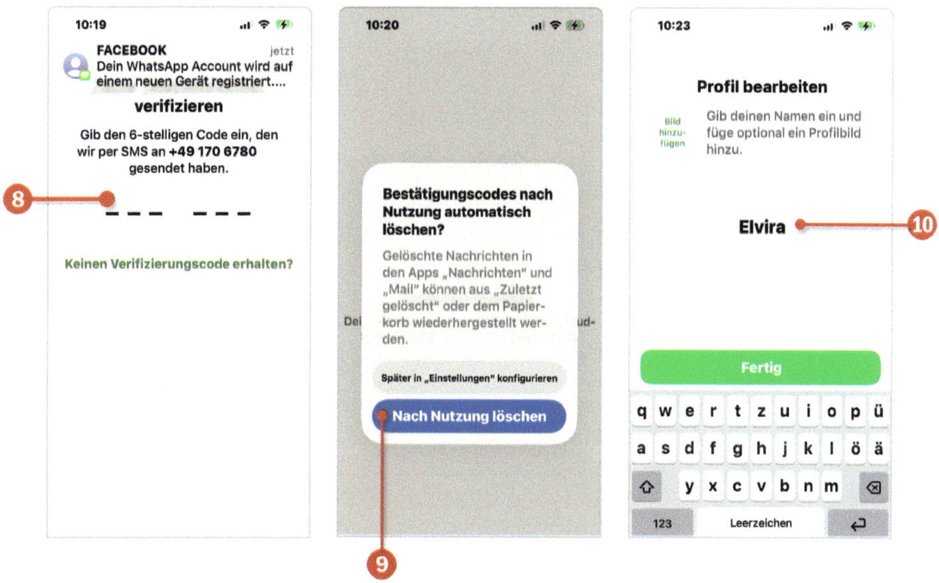

- Im letzten Schritt können Sie einen Passkey einrichten, um Ihr WhatsApp-Konto zusätzlich abzusichern. Wählen Sie zunächst ***Nicht jetzt*** – diese Einstellung nehmen wir später nachträglich vor. Eine ausführliche Erklärung zu dieser Funktion finden Sie ab Seite 284.

Mein Profil mit Name und Bild

Bei der Einrichtung von WhatsApp haben Sie bis jetzt nur Ihren Namen als Profil hinterlegt. Dadurch erscheinen Sie in der Kontaktliste Ihrer Freunde etwas farblos - so wie Franz ❶ im Beispiel auf der gegenüberliegenden Seite.

Wer mag, kann ein Foto hinterlegen und so den langweiligen Profilplatzhalter loswerden. Das Foto kann Sie selbst zeigen; viele verwenden aber auch ein Bild des Haustiers, laden ein Urlaubsfoto hoch oder passen das Profilbild je nach Stimmung oder Jahreszeit an. Sie können auch ein Avatarbild von Ihnen verwenden. Mehr zum Avatar finden Sie auf der Seite 96 und Seite 271.

- Öffnen Sie in der unteren Leiste die ***Einstellungen***.
- Tippen Sie den Profilbereich ❷ an.
- Tippen Sie dann auf ***Bearbeiten*** ❸ und wählen ***Bild auswählen***. Im oberen Bereich finden Sie zwei Rubriken, ***Fotos*** und ***Sammlungen***. In der Rubrik ***Fotos*** finden Sie alle auf dem Smartphone enthaltenen Bilder und die Rubrik ***Sammlungen*** ist in verschiedene Kategorien unterteilt, z. B. ***Zuletzt gesichert*** ❹ (alle Bilder, die mit dem Smartphone geknipst wurden) oder ***Downloads*** (Fotos, die Sie z. B. via E-Mail erhalten haben) und unter Umständen weitere. Wählen Sie das gewünschte Foto durch Antippen aus.
- Das Foto wird angezeigt, bestätigen Sie mit ***Auswählen*** ❺. Im Profilbereich wird unter dem ausgewählten Bild ebenfalls der eingegebene Name angezeigt. Falls Sie diesen nachträglich verändern möchten, tippen Sie auf den Namen ❻.
- Sie verlassen den Profilbereich und danach die Einstellungen über den Pfeil links oben. Mehr zur Bearbeitung des Profils und vor allem zur Frage, wer das Profilbild sehen kann, erfahren Sie ab Seite 267.

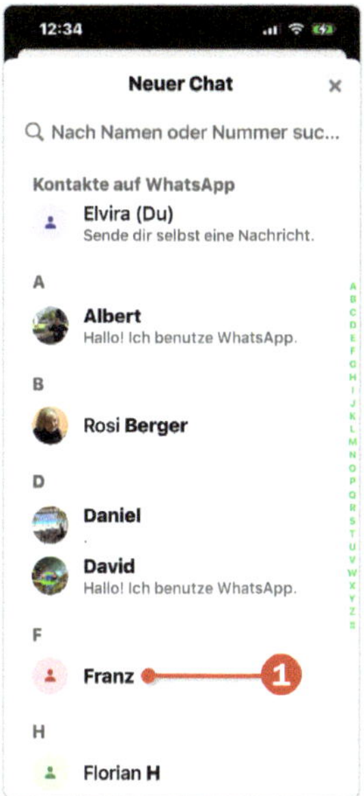
12:34
Neuer Chat
Nach Namen oder Nummer suc...
Kontakte auf WhatsApp
Elvira (Du)
Sende dir selbst eine Nachricht.
A
Albert
Hallo! Ich benutze WhatsApp.
B
Rosi Berger
D
Daniel
David
Hallo! Ich benutze WhatsApp.
F
Franz
1
H
Florian H

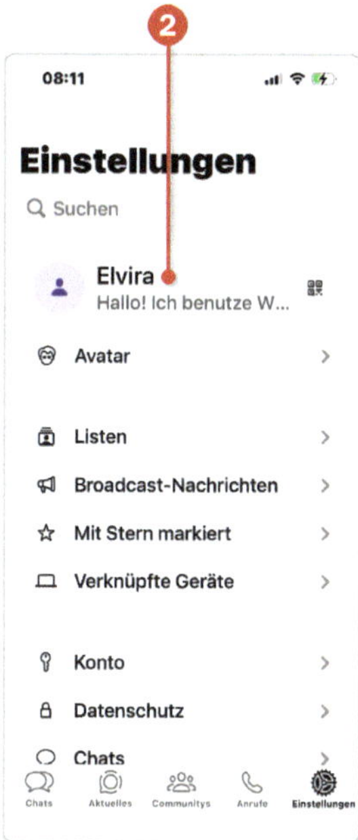
2
08:11
Einstellungen
Suchen
Elvira
Hallo! Ich benutze W...
Avatar
Listen
Broadcast-Nachrichten
Mit Stern markiert
Verknüpfte Geräte
Konto
Datenschutz
Chats
Chats
Aktuelles
Communitys
Anrufe
Einstellungen

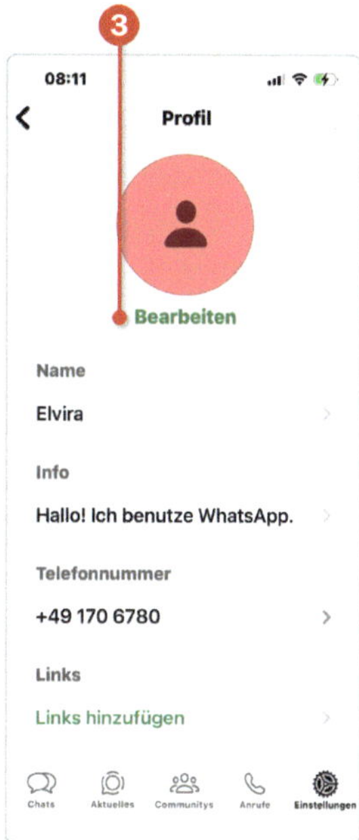
3
08:11
Profil
Bearbeiten
Name
Elvira
Info
Hallo! Ich benutze WhatsApp.
Telefonnummer
+49 170 6780
Links
Links hinzufügen
Chats
Aktuelles
Communitys
Anrufe
Einstellungen

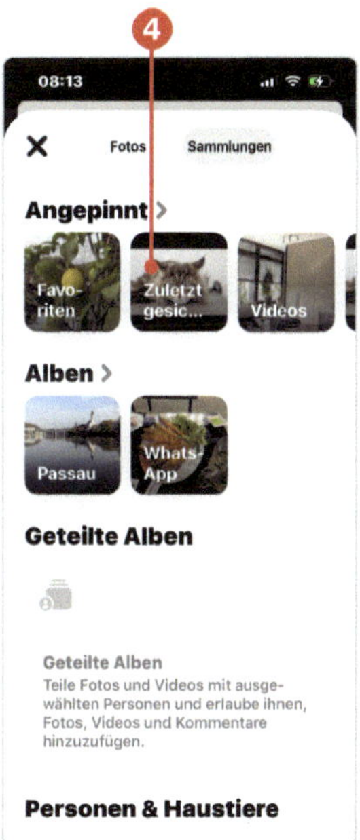
4
08:13
Fotos
Sammlungen
Angepinnt
Favo-riten
Zuletzt gesic...
Videos
Alben
Passau
WhatsApp
Geteilte Alben
Geteilte Alben
Teile Fotos und Videos mit ausgewählten Personen und erlaube ihnen, Fotos, Videos und Kommentare hinzuzufügen.
Personen & Haustiere

08:13
Bewegen und skalieren
Abbrechen
Auswählen
5

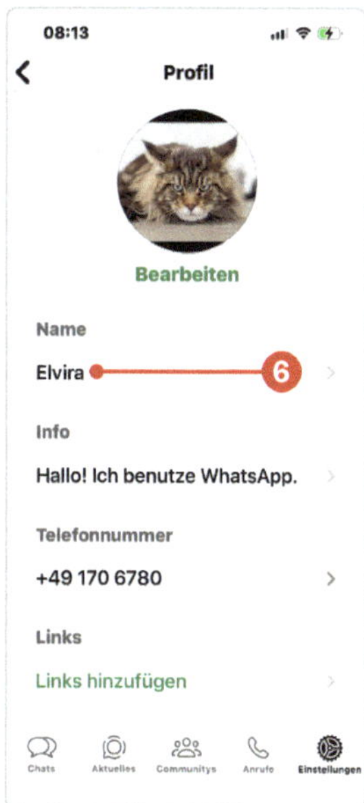
08:13
Profil
Bearbeiten
Name
Elvira
6
Info
Hallo! Ich benutze WhatsApp.
Telefonnummer
+49 170 6780
Links
Links hinzufügen
Chats
Aktuelles
Communitys
Anrufe
Einstellungen

1.2 Aufbau der App

Die WhatsApp-Oberfläche ist aufgeteilt in die Bereiche ***Chats***, ***Aktuelles***, ***Communitys***, ***Anrufe*** und ***Einstellungen***. Zum Wechseln tippen Sie auf einen Bereichsnamen.

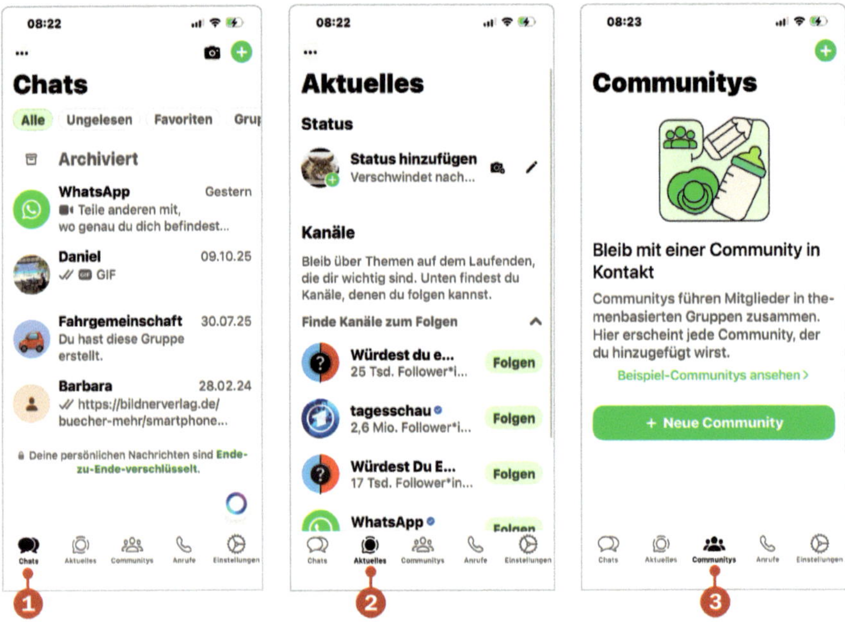

1. Im Bereich **Chats** tauschen Sie Nachrichten, Fotos und mehr mit Ihren Freunden aus. Beim ersten Start ist der Bereich noch leer, füllt sich aber schnell mit Einzel- und Gruppenchats. Dieser Bereich wird angezeigt, wenn Sie WhatsApp öffnen.

2. **Aktuelles** bietet Zugriff auf Statusmeldungen und Kanäle. Im **Status** zeigen Sie Fotos, Videos und Texte für alle ausgewählten Freunde an. Nach 24 Std. wird der Status automatisch entfernt. Hier sehen Sie auch die Statusmeldungen von Freunden. **Kanäle** werden von Organisationen, Vereinen, Firmen aber auch von Privatpersonen betrieben

und halten Sie zu einem bestimmten Thema auf dem Laufenden. Kanäle sind öffentlich und jeder WhatsApp-Nutzer kann beitreten.

3 In **Communitys** werden mehrere Gruppen organisiert. Das Paradebeispiel ist ein Sportverein als Community mit den angebotenen Sportarten als Gruppen. Die Community macht es für Organisatoren leichter, alle zu informieren und für Mitglieder erleichtert sie den Zugang zu anderen Gruppen.

4 Im Bereich **Anrufe** starten Sie Sprach- und Videoanrufe und erhalten eine Liste aller verpassten und durchgeführten Telefonate.

5 In den **Einstellungen** können Sie viele nützliche Optionen individualisieren, u. a. das Profilbild und den Namen ändern oder Account-, Mitteilungs- sowie Chat-Einstellungen vornehmen.

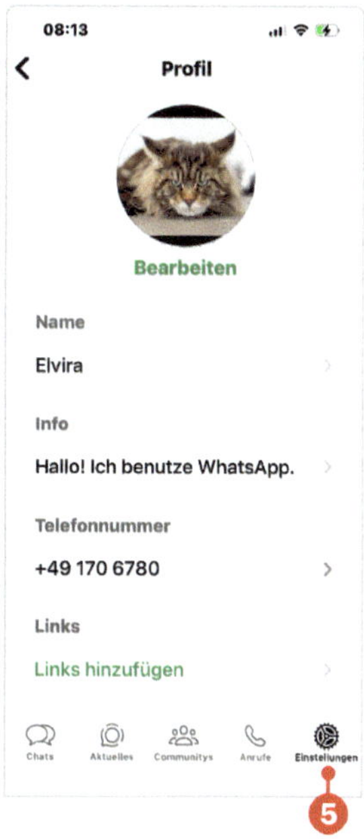

1.3 Freunde zu WhatsApp-Kontakten hinzufügen

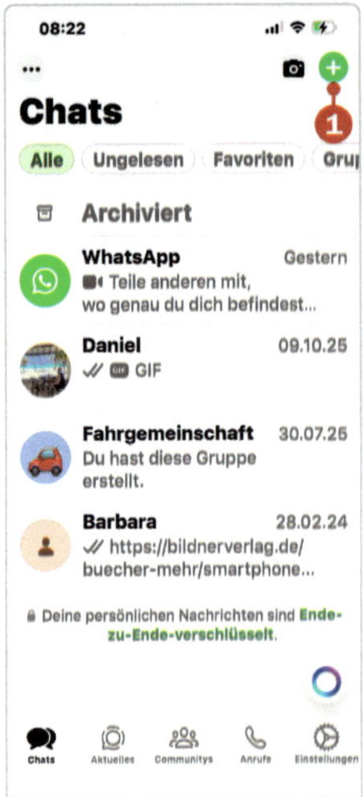

Zum Start einer Unterhaltung oder eines Anrufs benötigen Sie die Handynummer der Kontaktperson. Die Nummern Ihrer Freunde wurden von Ihnen in der App Kontakte gespeichert. Diese Kontaktdaten übernimmt WhatsApp. Zur Anzeige Ihrer WhatsApp-Kontakte tippen Sie im Bereich ***Chats*** auf die **Kontaktliste** ➕ ❶.

Zunächst sind alle Freunde ❷ (Grafik nächste Seite) aufgeführt, die WhatsApp verwenden und deren Nummer bereits auf Ihrem Smartphone gespeichert ist – mit diesen können Sie in Kontakt treten. Im Beispiel sind zehn Kontakte vorhanden. Darunter finden Sie Personen, deren Nummer zwar auf Ihrem Smartphone gespeichert ist, die jedoch kein WhatsApp verwenden.

Sie verlassen die Kontaktliste wieder durch Anklicken von × ❸ rechts oben.

Tipp! Bereich verlassen:

Was für die Kontaktliste gilt, gilt auch für viele andere Bereiche in Apple-Apps. Zum Verlassen eines Bereichs halten Sie Ausschau nach einem X-Symbol rechts oben. In anderen Fällen befindet sich ein Pfeil-Symbol links oben.

Kontakt hinzufügen

Möchten Sie einen neuen WhatsApp-Kontakt hinzufügen, so können sie dies gleich hier in der Kontaktliste tun:

- Wählen Sie ***Neuer Kontakt*** ④. Tragen Sie Vor- und Nachname sowie die Handynummer der Person ein. Tippen Sie jeweils in das entsprechende Feld, um die Tastatur anzuzeigen. Mehr zur Bedienung der Tastatur erfahren Sie ab Seite 83.
- Für die Eingabe der Telefonnummer ist die Ländervorwahl für Deutschland bereits vorausgewählt. Tippen Sie in das Feld dahinter die Handynummer ⑤ ein, **ohne** die Führungsnull. Es können auch weitere Informationen hinterlegt werden. Diese sind allerdings für die Verwendung von WhatsApp unerheblich.
- Wenn Sie eine andere Ländervorwahl benötigen, tippen Sie auf › neben Deutschland und wählen aus der angezeigten Liste eine andere aus.
- Durch Aktivieren der Funktion ***Kontakt mit Telefon synchronisieren*** ⑥ wird der entsprechende WhatsApp-Kontakt automatisch in der Telefon-App Ihres iPhones übernommen.
- Bestätigen Sie mit ***Fertig***. Die Kontaktliste wird automatisch aktualisiert und der neue Kontakt angezeigt ⑦.

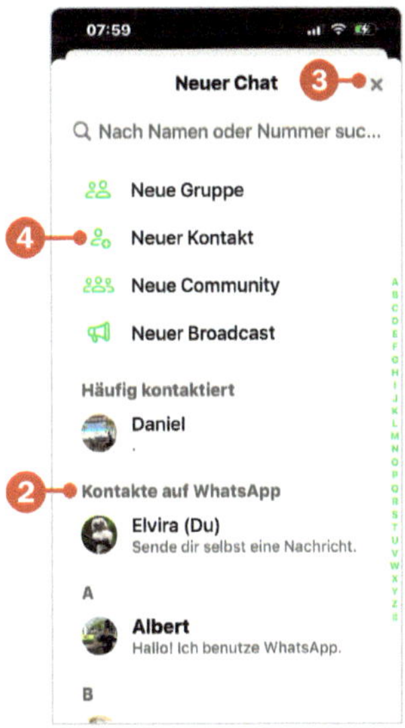

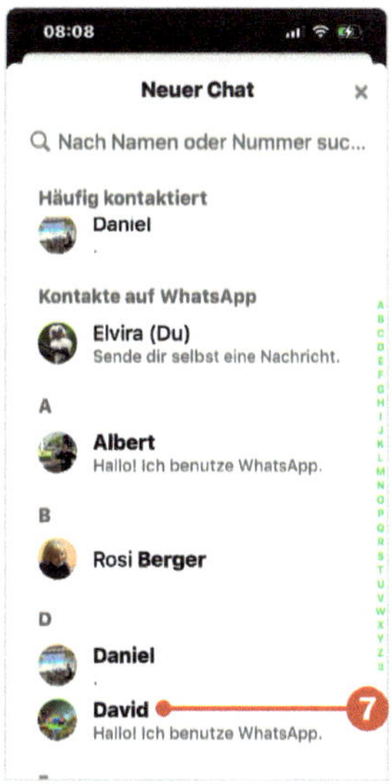

Neue Telefonnummer ohne Tippen übernehmen

Sie haben gerade jemanden kennengelernt und möchten Name und Telefonnummer schnell in WhatsApp speichern. Anstatt die Telefonnummer einzutippen, scannen Sie diese einfach.

1. Rufen Sie und Ihr neuer Bekannter beide in WhatsApp die Kontaktliste auf. Dazu tippen Sie in der Chatübersicht auf ⊕.

2. Dann tippen beide auf ***Neuer Kontakt*** ① und anschließend auf ***Mit QR-Code hinzufügen*** ②. Unter Umständen müssen Sie den Zugriff auf die Kamera und die Fotomediathek erlauben.

Person 1 gibt die Nummer weiter und tippt auf ***Mein Code*** ③.

Person 2 hält die Kamera des Smartphones über das Handy von Person 1 ④.

Sobald der Code erfasst wurde, wird die Schaltfläche ***Zu Kontakten*** ⑤ angezeigt. Tippen Sie diese an. Ein Eingabeformular wird aufgerufen, in das bereits der Name und die Telefonnummer eingetragen sind. Tippen Sie auf ***Speichern***.

Danach wird der neue Kontakt in einer Kurzübersicht angezeigt und Sie können über 💬 ⑥ eine Nachricht schreiben, sodass auch dieser Ihre Kontaktdaten hat. Verfassen Sie eine kurze Nachricht und tippen Sie dann auf Senden.

Person 1 erhält eine WhatsApp-Nachricht. Tippen Sie auf ***Hinzufügen***, wählen Sie ***Neuen Kontakt erstellen*** ⑦ und speichern Sie den neuen Kontakt ab.

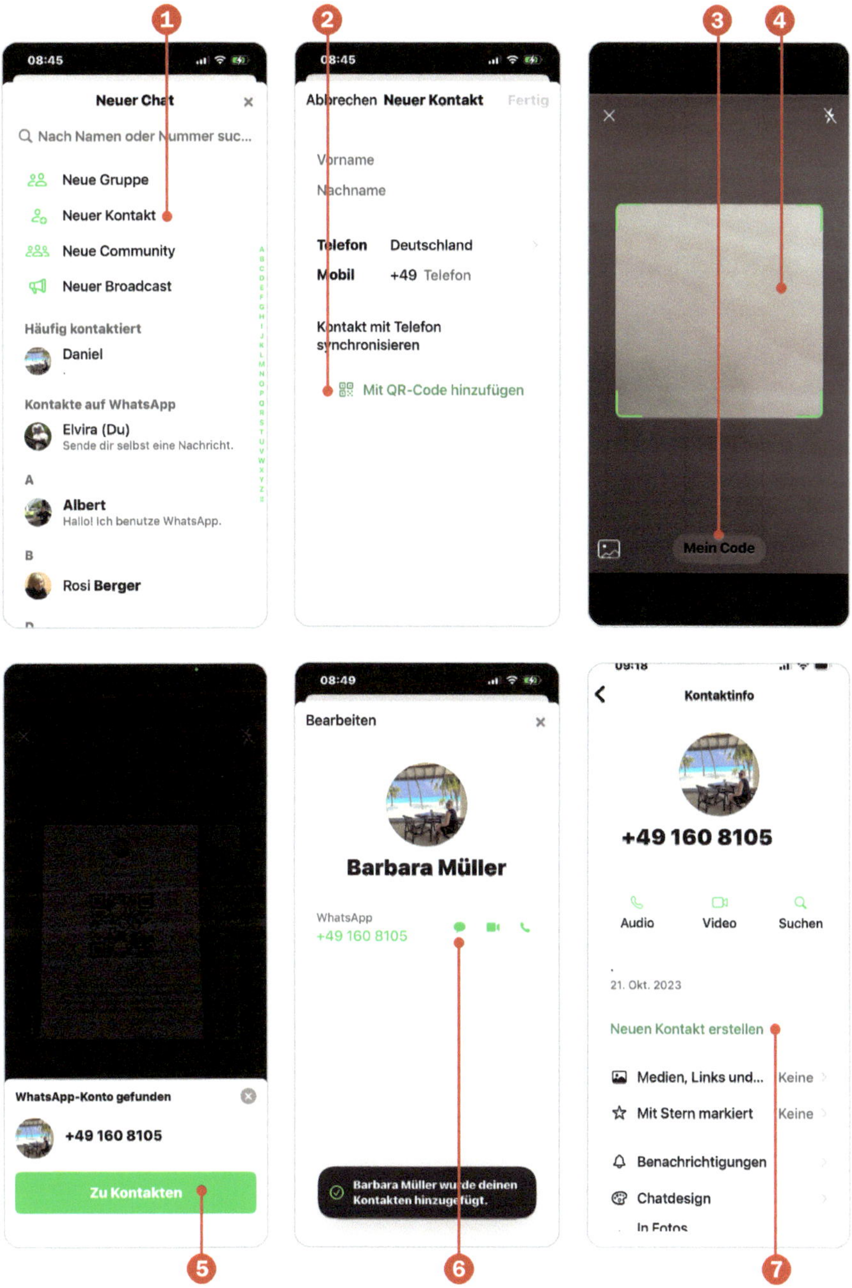
1
2
3
4
08:45
Neuer Chat
Nach Namen oder Nummer suc...
Neue Gruppe
Neuer Kontakt
Neue Community
Neuer Broadcast
Häufig kontaktiert
Daniel
Kontakte auf WhatsApp
Elvira (Du)
Sende dir selbst eine Nachricht.
A
Albert
Hallo! Ich benutze WhatsApp.
B
Rosi Berger
08:45
Abbrechen Neuer Kontakt Fertig
Vorname
Nachname
Telefon Deutschland
Mobil +49 Telefon
Kontakt mit Telefon synchronisieren
Mit QR-Code hinzufügen
Mein Code
WhatsApp-Konto gefunden
+49 160 8105
Zu Kontakten
08:49
Bearbeiten
Barbara Müller
WhatsApp
+49 160 8105
Barbara Müller wurde deinen Kontakten hinzugefügt.
Kontaktinfo
+49 160 8105
Audio
Video
Suchen
21. Okt. 2023
Neuen Kontakt erstellen
Medien, Links und... Keine
Mit Stern markiert Keine
Benachrichtigungen
Chatdesign
5
6
7

1.4 WhatsApp vom Startbildschirm öffnen

Viele finden es praktisch, WhatsApp gleich vom ersten Startbildschirm aus zu öffnen. Dazu müssen Sie das App-Symbol verschieben.

- Wischen Sie horizontal über den Bildschirm, um WhatsApp zu finden. Halten Sie das App-Symbol solange gedrückt, bis es anfängt zu „zittern" 1. Ziehen Sie es dann nach **links**← an den Rand, bis die Seite wechselt. Lassen Sie das App-Symbol erst los, wenn Sie es auf der ersten Seite positioniert haben 2.

2 Nachrichten, Fotos & mehr austauschen

Was finde ich in diesem Kapitel?

- Sprachnachrichten, Fotos & Videos
- Texte, Dokumente, Umfragen & Audios
- Links, Standort & Kontakte

Das erwartet Sie hier!

- In diesem Kapitel sprechen wir über den Austausch von Nachrichten. Dabei geht es nicht nur um die einfache **Textnachricht**, sondern selbstverständlich auch um **Fotos** oder Videos.
- Beliebt insbesondere bei jüngeren Nutzern ist die **Sprachnachricht**: Das ist als würden Sie sich gegenseitig auf den Anrufbeantworter quasseln.
- Wenn Sie was Tolles im Internet entdeckt haben, können Sie den **Link** zu der Seite über WhatsApp an Ihre Freunde senden.
- Praktisch ist auch die Möglichkeit, **Kontaktdaten** weiterzuleiten, also die Telefonnummer oder E-Mail-Adresse eines Freundes an einen anderen. Der Empfänger kann die Information dann ganz leicht und ohne Zahlendreher auf dem iPhone in der App Kontakte speichern.
- Nicht so häufig gebraucht, aber trotzdem tolle Möglichkeiten sind das Weiterleiten von **Dokumenten** (z. B. einem Rezept als PDF) oder **Audiodateien** (z. B. ein Musikstück als mp3) und die **Standortfreigabe**. Damit teilen Sie einem Freund mit, wo Sie sich gerade befinden.
- Eine weitere Funktion, über die Sie sich freuen dürfen: **Abstimmungen** in Chats. Diese Möglichkeit erleichtert Ihnen das Sammeln von Informationen oder das Treffen gemeinsamer Entscheidungen.
- In Ihrer Kontaktliste tauchen Sie selbst mit Namen auf. Durch Auswahl dieses Chats können Sie sich selbst Notizen senden.

2.1 Kontaktliste verwenden

Neuen Chat starten

Um einen Freund auszuwählen, mit dem Sie einen Chat beginnen möchten, rufen Sie im Bereich ***Chats*** 1 die **Kontaktliste** durch Antippen von + 2 auf. Diese ist nach Vornamen alphabetisch sortiert. Wenn Sie viele Kontakte gespeichert haben, reicht zur Anzeige aller Kontakte eine Bildschirmseite meist nicht aus. Wischen Sie mit dem Finger vertikal über das Display, um weitere Einträge anzuzeigen. Oder wählen Sie rechts einen einzelnen Buchstaben im alphabetischen Register 3.

Kontakt nicht gefunden

Hat der Freund kein Profilfoto hinterlegt, wird der Kontakt nur mit einem Bildplatzhalter 4 angezeigt. Haben Sie bei einem Kontakt mehrere Mobilfunknummern gespeichert, z. B. privat und geschäftlich, und für beide Nummern wird WhatsApp verwendet, dann taucht der Kontakt zweimal in der Liste auf. Es ist natürlich auch möglich, dass Sie versehentlich zweimal die Person in Ihrer App Kontakte hinterlegt haben.

Falls die Nummer einer Person in Ihrer App Kontakte gespeichert ist, diese aber nicht in der Kontaktliste aufgeführt ist, kann das zwei Gründe haben: Der Freund verwendet kein WhatsApp oder die eingegebene Nummer ist nicht korrekt.

Probleme mit der Kontaktliste lösen Sie immer in der **App Kontakte** 5, da die Kontaktinformationen für WhatsApp von dort bezogen werden.

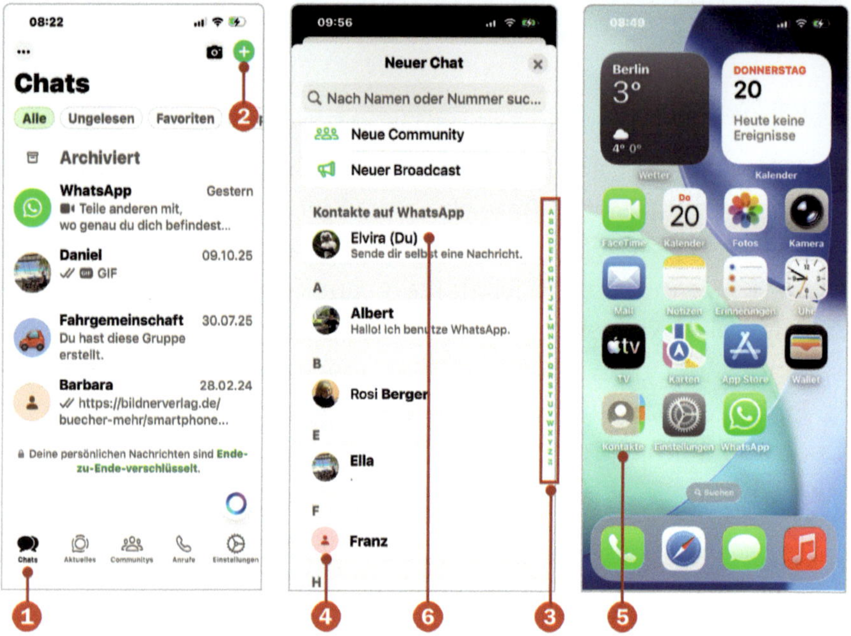

Kontaktliste aktualisieren: Sofern Sie gerade eine neue Telefonnummer in die App Kontakte eingegeben haben, ist es möglich, dass die Daten in WhatsApp noch nicht übernommen wurden. Schließen Sie die Kontaktliste und rufen Sie sie erneut auf.

Nachricht an dich selbst – Das ominöse Du in WhatsApp

Sie können in WhatsApp nicht nur mit anderen, sondern auch mit sich selbst chatten. Was zunächst ein wenig absurd klingt, ist eine praktische Funktion mit der WhatsApp zum **Notizblock** wird. Nutzen können Sie die Option ganz nach Geschmack: Schreiben Sie auf, was Sie erledigen möchten, nutzen Sie diesen Bereich als Einkaufsliste, sammeln Sie interessante Links oder Fotos dort oder verfassen Sie ein Tagebuch.

So starten Sie den persönlichen Chat:

- Tippen Sie in Chats auf + zur Anzeige der Kontaktliste.
- Wählen Sie den Eintrag mit Ihrem Namen bzw. Ihrer Telefonnummer und dem Zusatz ***(Du)*** 6 (vorige Seite). Ob hier Ihr Name oder Ihre Telefonnummer erscheint, hängt davon ab, ob Sie sich selbst mit Name und Telefonnummer in der App Kontakte hinterlegt haben.
- Anschließend öffnet sich Ihr persönlicher Chat und Sie können beginnen, sich selbst Nachrichten zu senden. Nach der ersten Nachricht wird Ihnen Ihr eigener Chat, genauso wie auch alle anderen Unterhaltungen, im Bereich Chats angezeigt.

Der *(Du)-Chat* sieht aus und funktioniert wie herkömmliche Chats, allerdings sind offensichtlich unnötige Funktionen nicht vorhanden, z. B. Anrufe, Stummschaltung, Blockierung etc.

2.2 Textnachrichten verschicken

Eine Unterhaltung beginnen

- Beim ersten Austausch von Nachrichten mit einem Freund tippen Sie im Bereich ***Chats*** auf die Schaltfläche ⊕.
- Wählen Sie dann aus der Kontaktliste die Person durch Antippen aus.
- Der Empfänger der Nachricht wird jetzt im persönlichen Chat oben angezeigt ❶.
- Geben Sie über die Tastatur eine Nachricht ein und versenden Sie diese durch Antippen des Pfeilsymbols ➤ ❷.
- Sollte die Tastatur nicht angezeigt werden, dann tippen Sie einmal in das Nachrichtenfeld ❸. Die Nachricht, die Sie gesendet ❹ haben, erscheint im Chatfenster.
- Um die Unterhaltung zu verlassen, klicken Sie auf den Pfeil oben links ‹.
- Die Unterhaltung mit dieser Person ❺ wird ab jetzt im Bereich ***Chats*** angezeigt. Tippen Sie den Chat an, um weitere Nachrichten auszutauschen.

Tipp: Im Kapitel 3 finden Sie Wissenswertes zur Tastatur und der Verwendung von Smileys, falls Sie hierzu Fragen haben.

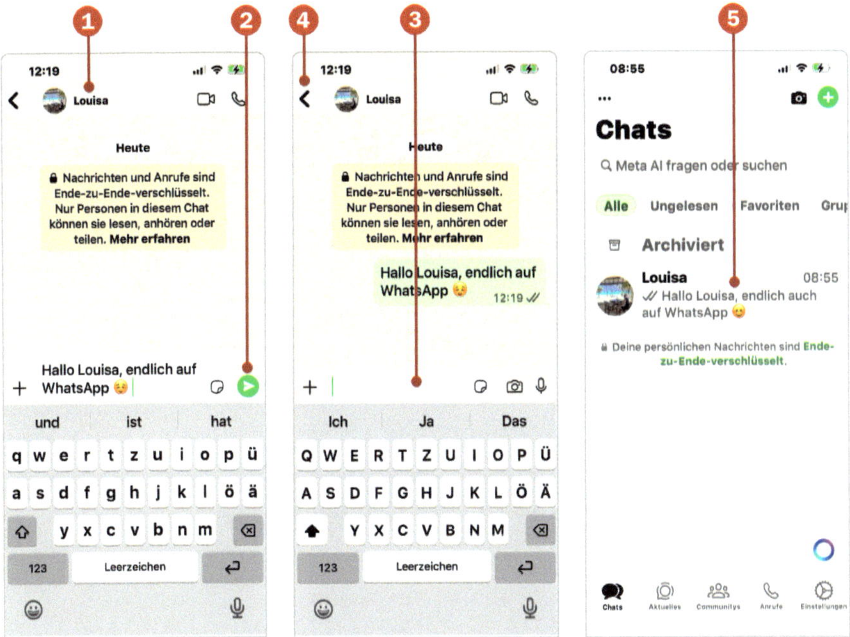

Nachrichten erhalten

So kündigt sich eine neue Nachricht an

In der Standardeinstellung ertönt bei Eingang einer Nachricht ein kurzer Benachrichtigungston. Die Nachricht erscheint mit Text auf dem Sperrbildschirm 1.

Auch in der Mitteilungszentrale des Smartphones finden Sie neue WhatsApp-Nachrichten 2. Streichen Sie mit dem Finger in der linken Hälfte des Bildschirms vom oberen Rand nach unten. Sie fragen sich jetzt vielleicht, warum Sie die Nachricht nicht gleich in WhatsApp lesen? Kurz gesagt, wenn Sie den Text hier lesen, erhält Ihr Chatpartner keine Information, dass die Nachricht gelesen wurde. Sie betrachten die Nachricht also im Geheimen! Mehr dazu ab Seite 203.

Neue Nachrichten kündigen sich auch beim App-Symbol durch einen roten Indikator ❸ an. Dieser zeigt die Anzahl der neuen Nachrichten an.

Alle genannten Hinweise können am Smartphone individualisiert bzw. abgeschaltet werden.

Nachricht beantworten

Mit dem Öffnen von WhatsApp verschwinden alle Benachrichtigungshinweise. Sie sehen im Bereich ***Chats*** ❹, wie viele neue Nachrichten eingegangen sind 💬1. Neue Chats sind oben angeordnet und durch einen grünen Indikator ① gekennzeichnet. Durch Antippen öffnen Sie den entsprechenden Chat.

Hier sind die Nachrichten, die Sie **selbst** versendet haben ❺, **rechts** angeordnet und grün hinterlegt. Nachrichten, die Sie **erhalten** haben ❻, sind weiß hinterlegt und **links** angeordnet. Zur Eingabe einer Antwort tippen Sie in das Nachrichtenfeld. Dadurch wird die Tastatur angezeigt.

Da Sie nicht nur mit einer Person Nachrichten austauschen, wird sich der Bereich ***Chats*** mit weiteren Unterhaltungen füllen. Um hier den Überblick zu behalten, ist der Bereich nach dem Änderungsdatum sortiert, d. h. die Unterhaltung, in der Sie zuletzt eine Nachricht versendet bzw. erhalten haben, wird oben angezeigt. Dadurch ändert sich die Reihenfolge ständig.

Zur Anzeige von älteren Chats wischen Sie vertikal von unten nach oben über den Bildschirm. Damit verschieben Sie den angezeigten Ausschnitt und können einen älteren Chat auswählen.

Tipp: Wenn Sie den passenden Chat gerade nicht finden, wählen Sie die Person über die Kontaktliste 7 aus. Diese ist alphabetisch geordnet. Auf diese Weise wird der Chat ebenfalls angezeigt.

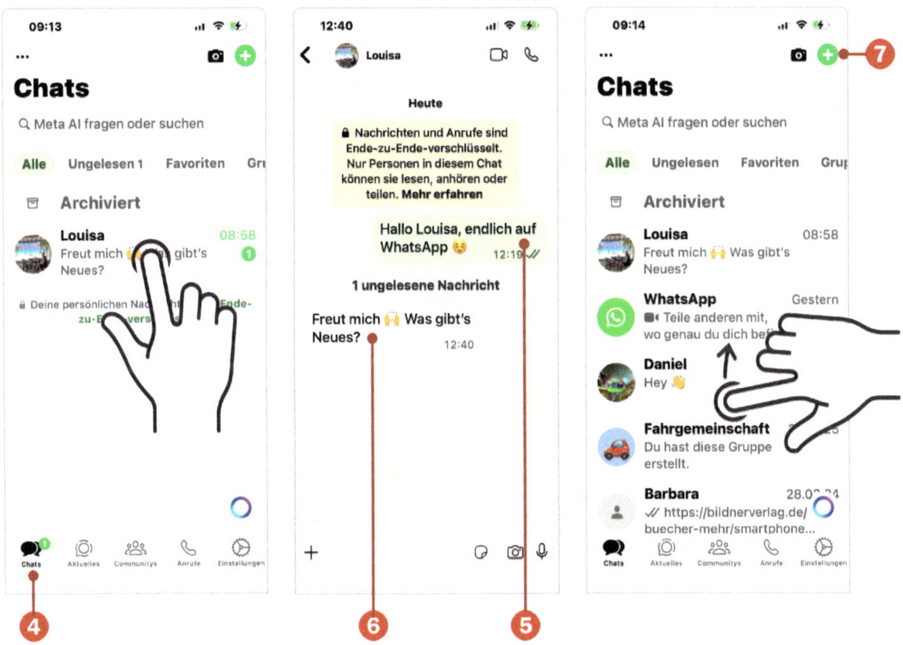

Nachrichten von Fremden oder ungespeicherten Freunden

Selbstverständlich kann jeder Ihnen eine Nachricht schicken, der Ihre Telefonnummer kennt. Bei Nachrichten von Personen, die nicht in der App Kontakte gespeichert sind, wird für die erhaltene Mitteilung in der Übersicht nicht der Name, sondern die Telefonnummer angezeigt ➊. Öffnen Sie den Chat durch Antippen.

Absender blockieren: Unter der Nachricht finden Sie die Option ***Blockieren*** ➋, die Sie verwenden können, wenn Sie den Absender nicht kennen. Dann werden keine Nachrichten dieser Nummer mehr angezeigt (dazu mehr in Kapitel 4).

Nummer hinzufügen: Wenn Sie die Nummer kennen, können Sie sie über ***Hinzufügen*** ➌ übernehmen. Damit speichern Sie den neuen Kontakt schnell in der App Kontakte. Entscheiden Sie dann, ob der Kontakt nicht nur in WhatsApp, sondern auch in der Telefon-App abgespeichert werden soll. Ziehen Sie dazu den Schalter bei ***Kontakt mit Telefon synchronisieren*** auf ***An*** ➍.

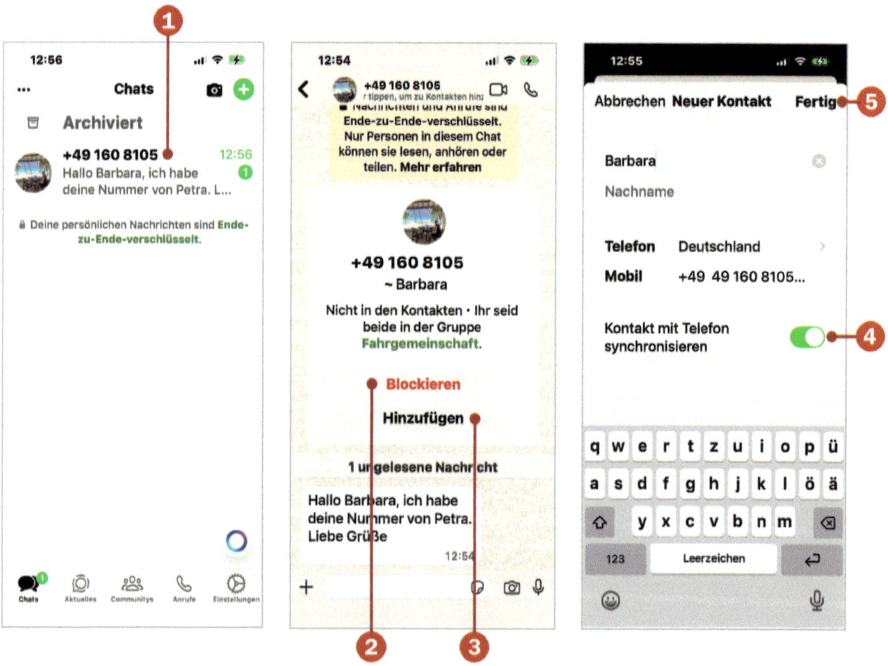

- Nach Auswahl von ***Hinzufügen*** wird ein neues Kontaktformular angezeigt, in das die Mobilnummer bereits eingetragen ist. Fügen Sie noch einen Namen hinzu (auch dieser kann schon vorhanden sein) und bestätigen dann mit ***Fertig*** 5.
- Nach Speicherung und Rückkehr zu WhatsApp wird der Chat 6 mit dem eingegebenen Namen versehen.
- Den Kontakt können Sie auch nachträglich bearbeiten. Öffnen Sie dazu den entsprechenden Chat und tippen Sie oben auf den Namen des Kontakts 7. Dadurch gelangen Sie zur Kontaktübersicht. Dort finden Sie die Option ***Bearbeiten*** 8 – tippen Sie darauf, um die gewünschten Änderungen vorzunehmen.

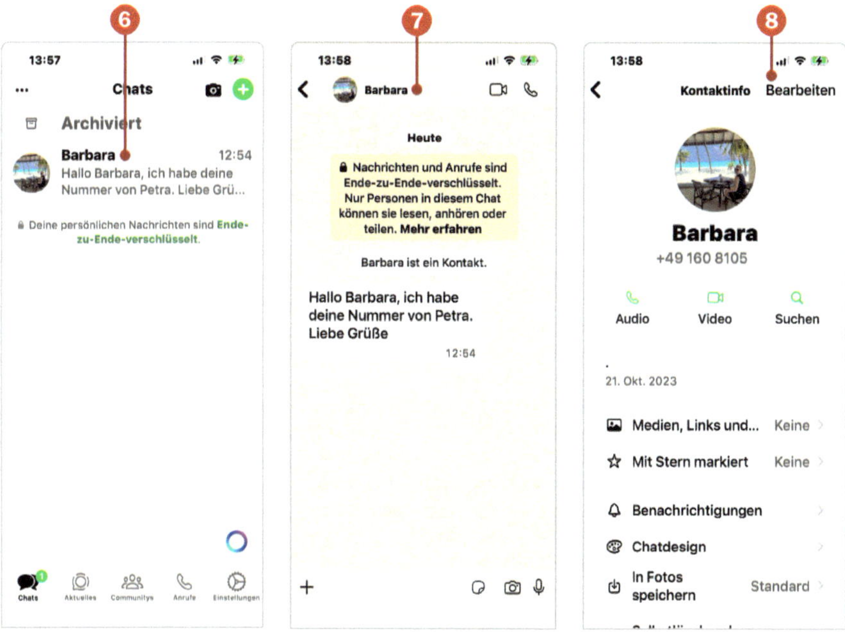

2.3 Fotos und Videos versenden

Neben Textnachrichten können via WhatsApp Fotos und Videos, aber auch Sprachnachrichten, andere Audiodateien oder Dokumente versendet werden. Wir beginnen mit dem Wichtigsten: Fotos und Videos.

Zur Auswahl eines Fotos oder Videos steht neben dem Nachrichtenfeld das Plus-Symbol + zur Verfügung. Tippen Sie dieses an.

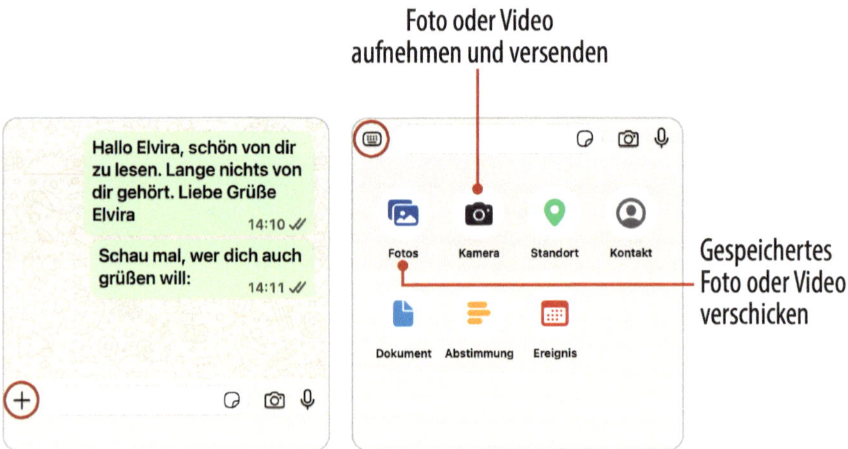

Gespeicherte Fotos oder Videos versenden

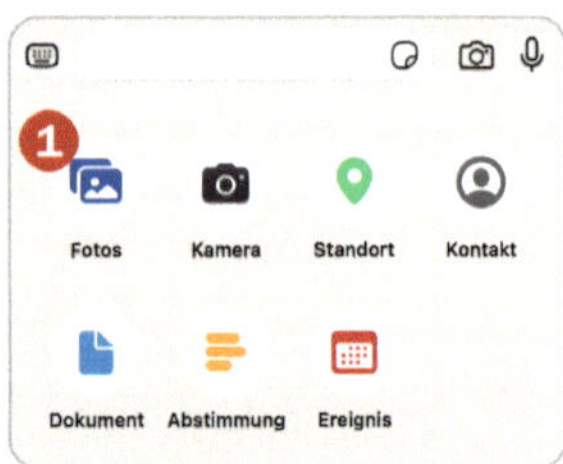

Abgespeicherte Fotos oder Videos fügen Sie durch Antippen von ***Fotos*** hinzu, die Sie über das Symbol + neben dem Eingabefeld erreichen.

Ein Foto versenden

- Nachdem Sie ***Fotos*** ❶ ausgewählt haben, wird der Ordner ***Fotos*** angezeigt. Wenn Sie links oben auf ***Alben*** tippen, erscheinen mehrere Rubriken ❷: ***Zuletzt***, ***Favoriten***, ***Videos***, ***Selfies***, ***Bildschirmfotos*** und der Ordner ***WhatsApp***. Im letztgenannten Ordner befinden sich alle Fotos und Videos, die Sie über WhatsApp ausgetauscht haben.

- Öffnen Sie den gewünschten Ordner durch Antippen und wählen Sie ein Foto aus. Auch hier können Sie im Feld ***Bildunterschrift ...*** ❸ Text eintragen und mit ▶ versenden.

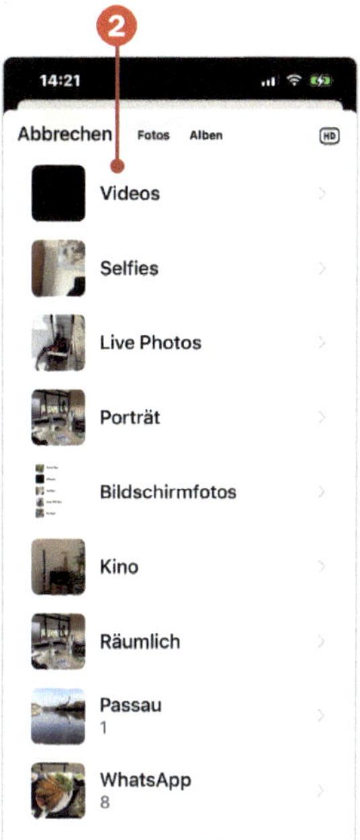

Mehrere Fotos auswählen

- Anstelle eines einzelnen Bildes können Sie auch mehrere Bilder und Videos gleichzeitig auswählen. Tippen Sie dazu einfach nacheinander auf die gewünschten Medien. Sobald ein Element ausgewählt wurde, erscheint darauf eine grün umrandete Zahl, die die Reihenfolge der Auswahl angibt ❶. So behalten Sie den Überblick darüber, in welcher Reihenfolge die Inhalte versendet werden.

- Durch nochmaliges Antippen eines bereits ausgewählten Bildes entfernen Sie dieses wieder aus der Auswahl.
- Sie können maximal 30 Objekte in einer WhatsApp-Nachricht verschicken. Tippen Sie dann auf das Senden-Symbol ➤ 2.
- Falls Sie die Auswahl kontrollieren möchten, tippen Sie auf ✎ 3 und wischen durch die ausgewählten Fotos. Wenn Sie die Reihenfolge ändern wollen, halten Sie das Element etwas länger gedrückt und ziehen es an die gewünschte Position. Über 🗑 4 können Sie nicht benötigte Medien wieder aus der Auswahl entfernen.

Im Chat werden die versendeten Fotos zunächst einzeln als Bilderreihe angezeigt. Beim nächsten Öffnen des Chats sind die Fotos zusammengefasst 5. Bilder mit Beschriftung werden nicht in die Zusammenstellung aufgenommen. Sie können den Container anklicken, um die Bilder einzeln zu betrachten.

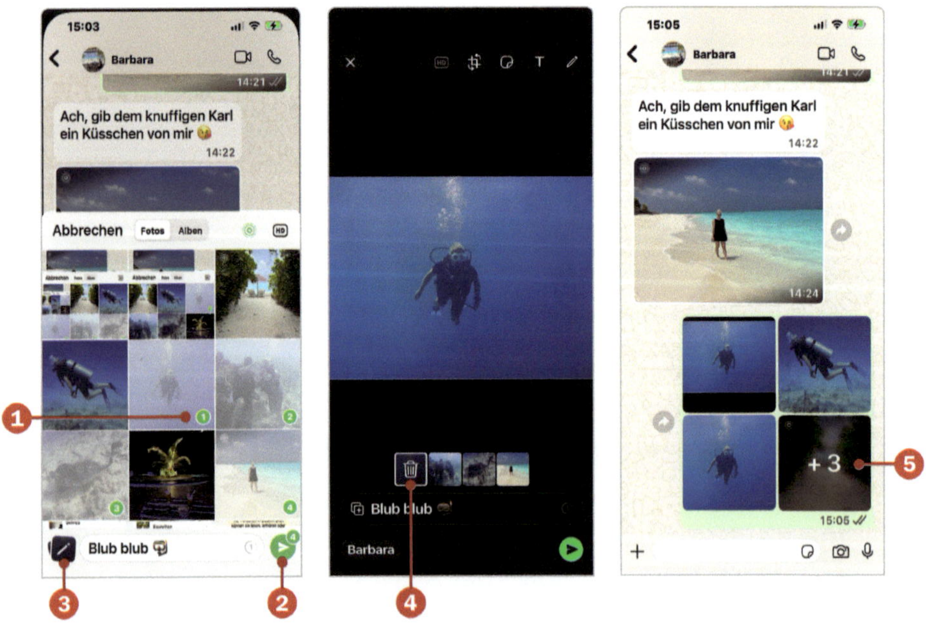

Video verschicken

Auch beim Videoversand greifen Sie über ***Fotos*** auf Ihre gespeicherten Videos zu. Fündig werden Sie im Ordner ***Zuletzt gesichert***; hier sind die Videos mit einem Symbol gekennzeichnet. Allerdings ist der Ordner ***Videos*** (1) besser geeignet, schnell das Passende zu finden. Tippen Sie links oben auf ***Alben*** und anschließend auf den Ordner ***Videos*** und wählen Sie ein Video aus.

Über können Sie das Video vor dem Versenden betrachten. Oben sehen Sie die Abspieldauer und die Größe der Videodatei (2). Durch Antippen von ▶ (3) zeigen Sie das Video an, nochmaliges Antippen stoppt das Video wieder. Durch Ziehen an den weißen Pfeilen oben rechts und links (4) kürzen Sie das Video.

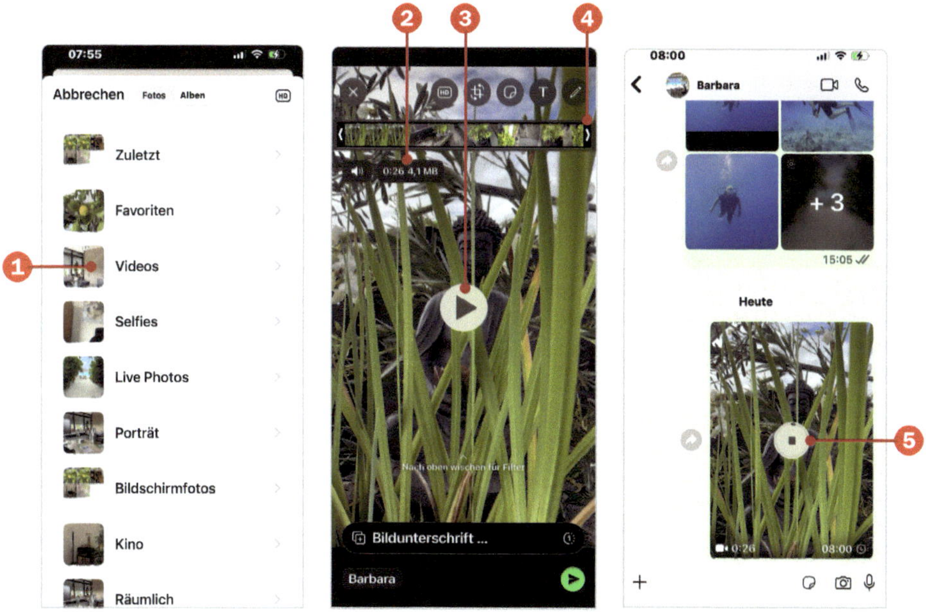

Beim Versenden eines Videos kann es sein, dass der Upload (Übermittlung der Datei zum WhatsApp-Server) etwas länger dauert. In diesem Fall wird auf dem Video ein Fortschrittskreis eingeblendet (5). Erst wenn das Abspielsymbol ▶ angezeigt wird, wurde das Video versendet.

Dateigröße von Fotos und Videos

Die Dateigröße wird beim Versenden von Fotos und Videos standardmäßig reduziert, damit weniger Speicherplatz verbraucht wird und das Versenden schneller geht. Das ist auch völlig in Ordnung mit einer Ausnahme: Sie verschickten Fotos, die vom Empfänger ausgedruckt werden, z. B. für ein Fotobuch oder einen Kalender. Oder das verschickte Video soll am Fernseher oder über einen Beamer vorgeführt werden. Dann sollten Sie das Medium in besserer Qualität senden.

Dazu tippen Sie nach Auswahl des Fotos oder Videos auf und anschließend oben auf HD ❶. Wählen Sie dann ***HD-Qualität*** ❷. Dann verfahren Sie, wie gewohnt. Ein Foto oder Video, das in besserer Qualität gesendet wurde, erhält den Zusatz ***HD*** in der linken unteren Ecke. Keine Qualitätsverluste haben Sie, wenn Sie das Foto beispielsweise via E-Mail verschicken.

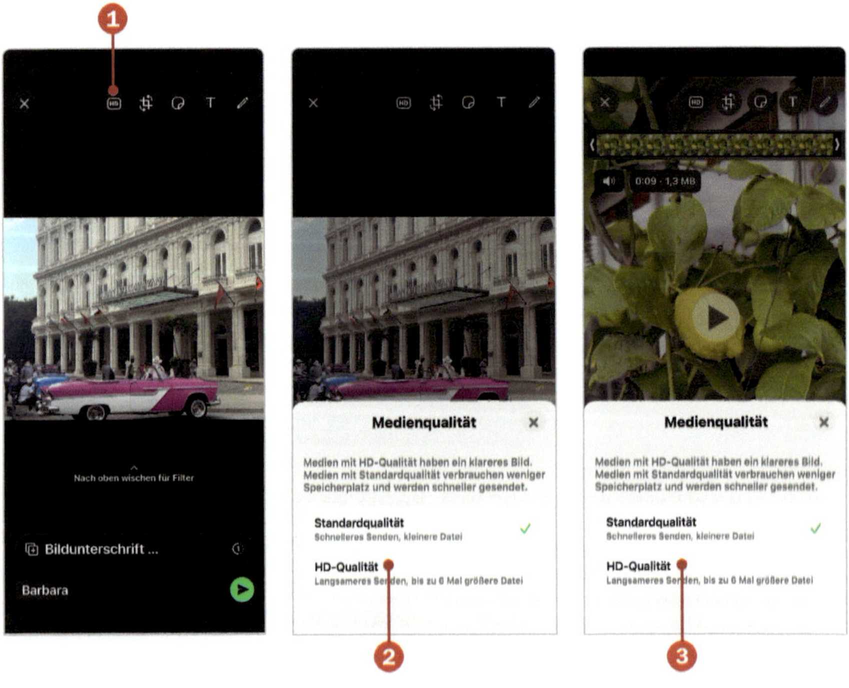

Foto oder Video aufnehmen und versenden

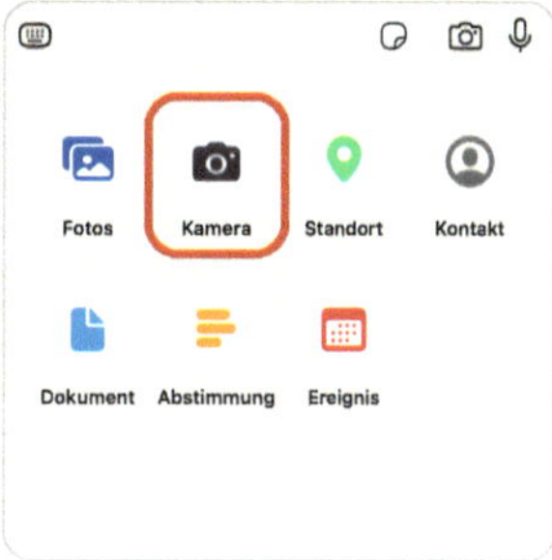

Mit der Option ***Kamera*** können Sie aus WhatsApp ein Foto knipsen oder ein Video aufnehmen und versenden. Diese Option wird selten verwendet. Die Fotos oder Videos, die Sie so aufnehmen werden in der Fotos-App im WhatsApp-Album angezeigt.

- Zeigen Sie zunächst den Chat mit der Person an, der Sie etwas schicken möchten.
- Tippen Sie dann neben dem Nachrichtenfeld auf + und wählen Sie ***Kamera*** aus.
- Wenn Sie diese Aktion zum ersten Mal durchführen, müssen Sie den Zugriff auf die Kamera und bei Video auch auf Audio erlauben. Tippen Sie auf ***Einstellungen*** 1 und aktivieren Sie die Schalter bei ***Kamera*** und ***Mikrofon***.
- Tippen Sie auf den kreisförmigen Auslöser 2, um ein **Foto** zu knipsen.
- Für ein **Video** tippen Sie im unteren Bereich auf ***Video*** 3 , um in den Videomodus zu wechseln. Anschließend tippen Sie auf den Auslöser, um die Aufnahme zu starten und ein zweites Mal, wenn die Aufnahme beendet werden soll.
- Zum aufgenommenen Foto oder Video kann im Feld ***Bildunterschrift ...*** eine Nachricht eingetippt werden.
- Versenden Sie die Aufnahme durch Antippen von .
- Falls Sie die Aktion abbrechen möchten, tippen Sie auf 4 links oben. Das Foto/Video wird verworfen und auch nicht auf dem Smartphone gespeichert.

Kamerawechsel: Verwenden Sie 5 zum Wechsel zwischen hinterer und vorderer Kamera. Mit der vorderen Kamera knipsen Sie ein Selfie.

Blitz einschalten: Durch Antippen von 6 wechseln Sie zwischen drei Optionen: Blitz löst immer aus, Blitz ist ausgeschaltet, automatischer Blitz.

Wenn Sie auf tippen, öffnen sich weitere Optionen zur individuellen Gestaltung. Sie können zwischen ***Filter***, ***Effekte*** und ***Hintergründe*** wählen 7. Sobald Sie eine der Optionen antippen, wird die ausgewählte Einstellung sofort auf das Foto angewendet, sodass Sie direkt sehen, wie sich die Änderung auswirkt. Mit gelangen Sie in Ihre Foto-Mediathek 8. Dabei handelt es sich um Fotos, die auf Ihrem Smartphone gespeichert sind. Auch diese können ausgewählt werden. Das geht aber leichter mit der Methode, die auf den nächsten Seiten folgt.

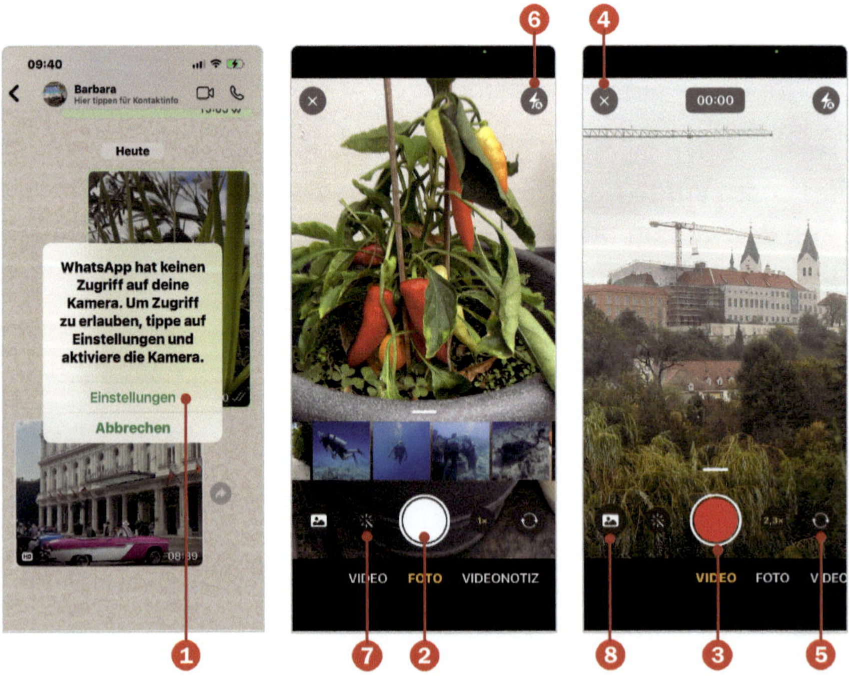

GIF erstellen und versenden

Ein GIF ist ein bewegtes Bild, das eine Bildsequenz in Dauerschleife anzeigt, z. B. einen hüpfenden Hund. Neben den GIFs die in WhatsApp bereits zur Verfügung stehen können Sie auch ein eigenes GIF erstellen. Dazu verwenden Sie entweder ein bereits aufgenommenes **Video** oder nehmen über WhatsApp schnell eines auf. Mit dem richtigen Videomaterial erstellen Sie lustige GIFs Ihrer Freunde oder Haustiere.

Die einzige Voraussetzung ist, dass das Video nicht länger als sechs Sekunden ist. Das ist kein Problem, da WhatsApp ja die Möglichkeit bietet, das Video zu kürzen.

Zeigen Sie den Chat an, in dem Sie das GIF verschicken möchten, tippen Sie neben dem Nachrichtenfeld auf +, um ein Video aufzuzeichnen oder auszuwählen und wählen Sie links unten.

Falls die Sequenz zu lange ist, können Sie diese, durch ziehen an den zwei weißen Punkten, verkürzen. Die aktuelle Dauer sehen Sie darunter ①. Ab sechs Sekunden erscheint links die Option *GIF* ②. Tippen Sie diese an und versenden Sie das Bild. Beim Empfänger wird das GIF abgespielt; zum nochmaligen Betrachten tippen Sie auf das Bild ③.

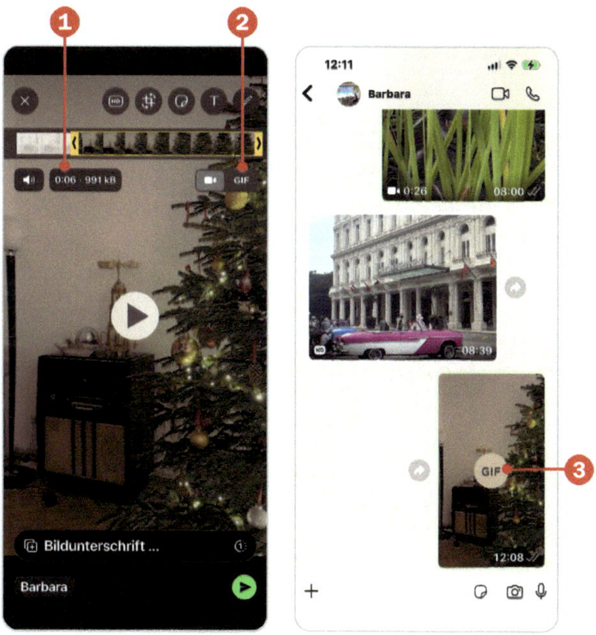

Fotos bearbeiten

Verschönern Sie vor dem Versenden ein Foto in WhatsApp, indem Sie nach der Auswahl eines Bildes links unten wählen:

- **Bild zuschneiden und drehen:** Tippen Sie auf 1 und ziehen Sie an den weißen Begrenzungslinien, um einen unschönen Teil des Fotos abzuschneiden. Mit 2 kann das Bild auch gedreht werden. Tippen Sie dann auf ***Fertig***. Mit ***Abbrechen*** verlassen Sie die Ansicht, ohne eine Änderung vorzunehmen.
- **Filter:** Es stehen verschiedene Filter zur Verfügung. Wischen Sie vertikal nach oben über das Bild, um die Filteroptionen 3 anzuzeigen. Zur Auswahl tippen Sie einen Filter an. Mit ***Ohne*** kehren Sie wieder zur Originalansicht zurück. Sind Sie mit dem Ergebnis zufrieden, tippen Sie auf ***Fertig*** 4 links oben.
- **Foto mit Emojis und Text verschönern:** Mit 5 fügen Sie Smileys und andere Grafiken ein. Tippen Sie auf 6 zur Anzeige der gelben Gesichter. Über die Leiste unten wechseln Sie zu einer anderen Emoji-Kategorie. Zum Einfügen tippen Sie ein Emoji an. Sie können es auf dem Foto mit dem Finger verschieben. Ziehen Sie zwei Finger über dem Emoji auseinander, um es zu vergrößern. Hinter Emojis können Sie Gesichter verbergen.
- **Text hinzufügen:** Tippen Sie auf T und geben Sie Ihren Text ein. Über die Leiste 7 unten wählen Sie eine andere Schriftart. Bestätigen Sie mit ***Fertig***. Mit dem Finger können Sie das Textfeld an die gewünschte Position rücken. Das Stiftsymbol bietet die Möglichkeit, mit dem Finger auf dem Foto zu malen.
- **Änderung rückgängig machen:** Änderungen am Foto nehmen Sie durch Antippen von 8 schrittweise zurück.
- **Bearbeitetes Foto versenden:** Sind Sie zufrieden mit dem Ergebnis, können Sie noch eine Bildunterschrift eingeben und das Bild dann mit ***Senden*** 9 verschicken.

Die Veränderungen werden nicht in der Originaldatei gespeichert. Das Originalbild bleibt auf Ihrem Smartphone erhalten.

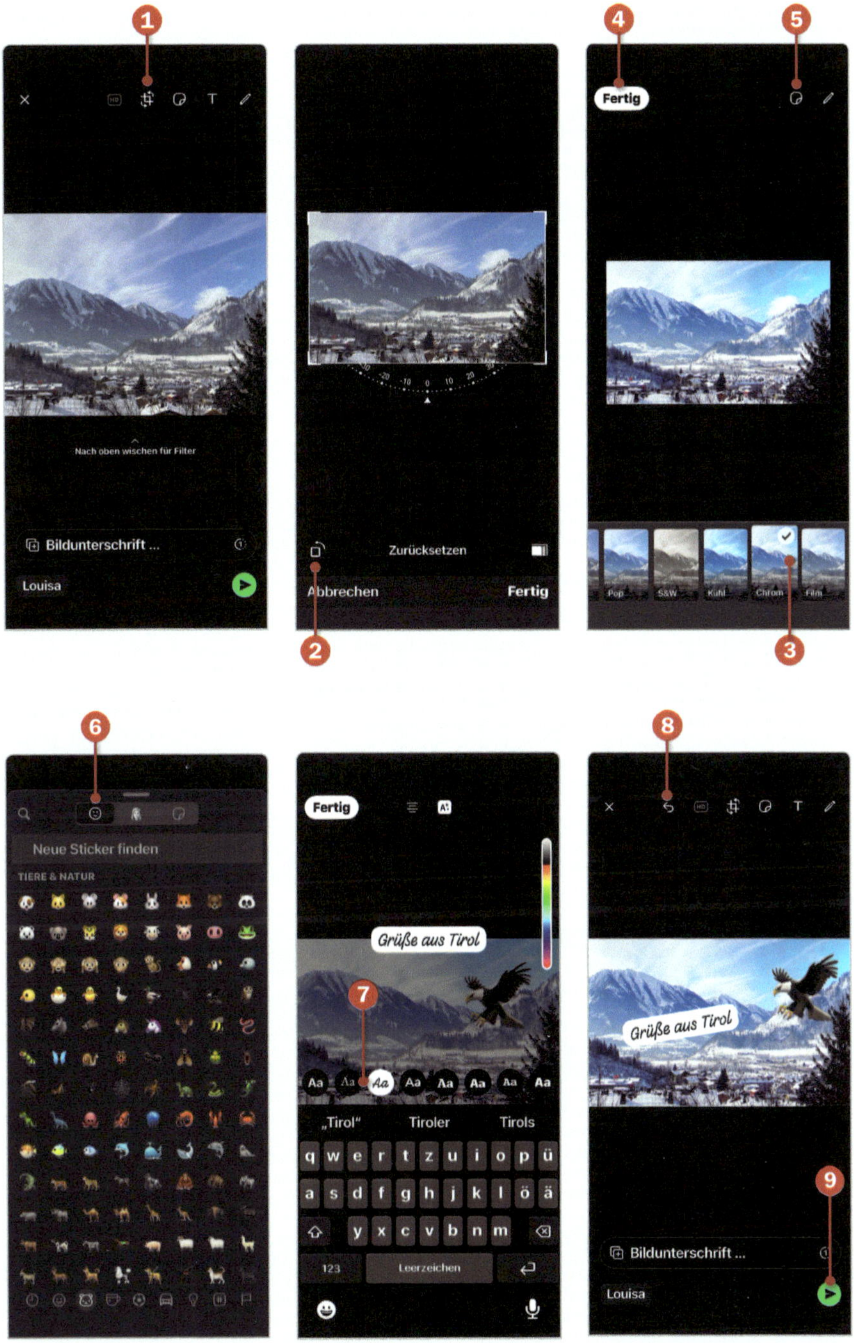
1
Nach oben wischen für Filter
Bildunterschrift ...
Louisa
Zurücksetzen
Abbrechen
Fertig
2
4
5
Fertig
Pop
S&W
Kühl
Chrom
Film
3
6
Neue Sticker finden
TIERE & NATUR
Fertig
Grüße aus Tirol
7
„Tirol“
Tiroler
Tirols
123
Leerzeichen
8
Grüße aus Tirol
9
Bildunterschrift ...
Louisa

Medien erhalten

Fotos anzeigen

Zum Betrachten der Fotos ist das Chatfenster meist ausreichend. Durch Antippen eines Bildes wird dieses gesondert dargestellt. Erhalten Sie mehrere Bilder auf einmal, werden diese zusammengefasst, davon ausgenommen sind Fotos mit Bildunterschrift.

Tippen Sie die Zusammenstellung ❶ an, um die Fotos der Reihe nach zu betrachten. Sie verlassen die Einzelansicht wieder durch Anklicken des Pfeils links ❷ oben.

Video abspielen

Das Video wird durch Antippen ❸ in einem neuen Fenster abgespielt. Sie können das Video jederzeit durch erneutes Antippen pausieren und mit einem weiteren Fingertipp fortsetzen. Nach Betrachten eines Videos kehren Sie über das Pfeilsymbol links oben ❹ (Bild nächste Seite) wieder zum Chat zurück.

Zugesandte Fotos und Videos sind auf Ihrem Smartphone gespeichert und können in der App ***Fotos*** angezeigt werden. Hierfür wird unter ***Sammlungen*** 5 automatisch ein neues ***Album*** erstellt: ***WhatsApp*** 6. Natürlich reihen sich die Fotos/Videos auch in die Gesamtübersicht unter ***Mediathek*** 7 ein. Sie können die Anzeige von WhatsApp-Fotos und -Videos in der Fotos-App allerdings unterbinden (dazu mehr auf Seite 262).

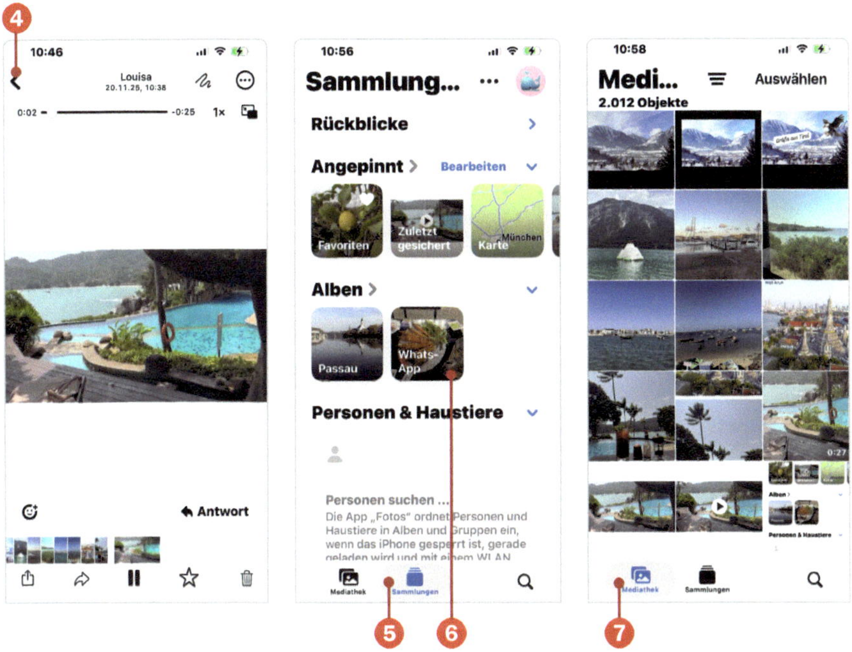

Download starten

Fotos und Videos müssen unter Umständen heruntergeladen werden. Ob der Download (d. h. das Übertragen und Speichern der Daten auf Ihrem Smartphone) automatisch geschieht oder Sie tätig werden müssen, hängt von zwei Faktoren ab: Ihren Einstellungen bei WhatsApp (dazu mehr auf Seite 291) und ob Sie mit einem WLAN verbunden sind. Wenn Sie gerade **nicht** mit einem WLAN verbunden sind, sollten Sie zur Schonung Ihres Datenvolumens darauf verzichten, viele Fotos oder Videos herunterzuladen.

Den Download starten Sie durch Antippen ⑧. In der Mitte des Bildes bzw. Videos sehen Sie den Download-Fortschritt.

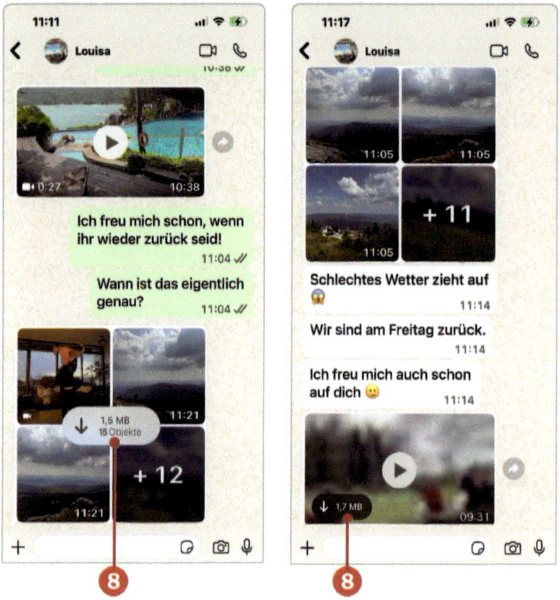

2.4 Sprach- oder Videonachrichten austauschen

Gesprochene Nachricht versenden

Wer nicht gerne tippt, dem empfehle ich die Aufnahme einer gesprochenen Nachricht. Mit der Aufnahmetaste rechts neben dem Nachrichtenfeld können Sie Sprachnachrichten aufnehmen und sofort versenden. Beim ersten Verwenden dieser Funktion müssen Sie unter Umständen ***Erlauben***, dass WhatsApp Audioaufnahmen macht.

- **Aufnahme starten:** Zum Aufnehmen halten Sie die Aufnahmetaste 🎙 gedrückt und sprechen Ihre Nachricht. Sobald Sie die Taste loslassen, wird die Nachricht sofort versendet.

- **Aufnahme verwerfen:** Falls Sie während des Sprechens entscheiden, die Sprachnachricht nicht zu versenden, halten Sie die Aufnahmetaste weiterhin gedrückt und wischen nach links. Das Löschen wird durch eine Animation symbolisiert, während das rote Mikrofon im Mülleimer verschwindet.

- **Mehr Bequemlichkeit:** Bei längeren Nachrichten ist es angenehmer, die Aufnahmetaste zu sperren; dadurch muss sie nicht die ganze Zeit gehalten werden.
- Tippen Sie dazu auf die Aufnahmetaste und ziehen Sie diese nach oben 1.
- Wenn Sie fertig sind, tippen Sie zum Versenden der Nachricht auf ▶.
- Falls Sie die Nachricht nicht übermitteln möchten, tippen Sie auf ***Löschen*** 2.
- Die Aufnahme der Nachricht kann mit 3 auch pausiert werden. Mit 4 setzen Sie die Aufnahme fort.
- Wenn Sie vor dem Versenden die Nachricht gern nochmals anhören möchten, dann pausieren Sie die Aufnahme und spielen die Sprachnachricht durch Antippen von 5 ab.

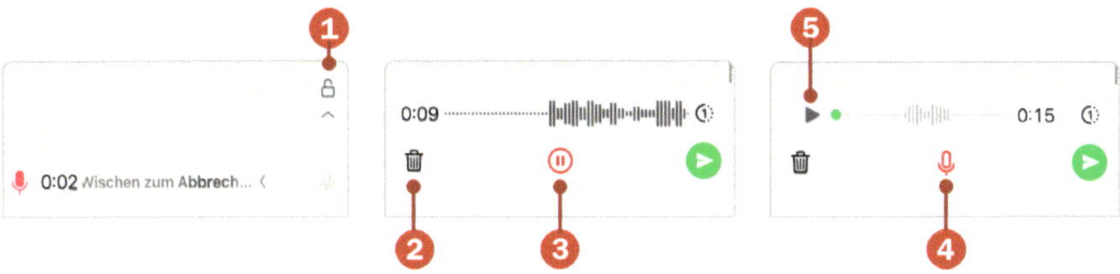

Sofortnachricht erhalten und abspielen

Die Sprachnachricht zeigt das Profilbild ❶ des Absenders. Sie wird automatisch heruntergeladen, auch wenn Sie nicht mit einem WLAN verbunden sind. Daran können Sie auch in den Einstellungen nichts ändern.

- Zum Abspielen tippen Sie auf ▶, mit ❚❚ pausieren Sie und setzen mit einem weiteren Antippen die Wiedergabe fort.

Aber Achtung: Alle Umstehenden hören mit. Hier hilft ein kleiner Trick, wenn Sie das nicht möchten: Starten Sie die Wiedergabe und halten Sie dann das Telefon ans Ohr, als würden Sie telefonieren. Dadurch wird die Nachricht nur auf dem oberen Lautsprecher übertragen.

Wiedergabe von Sprachnachrichten beschleunigen

Gerade bei Sprachnachrichten gilt für manche nicht der Grundsatz „in der Kürze liegt die Würze", sondern sie versenden Sprachnachrichten in epischer Länge. Hier hilft die beschleunigte Wiedergabe mit eineinhalbfacher oder doppelter Geschwindigkeit. Der Absender klingt dann ein wenig wie Mickey Mouse.

- Nach dem Start der Sprachnachricht tippen Sie auf *1x* ❷. Die Geschwindigkeit wechselt zu *1,5x*, nach einem nochmaligen Antippen zu *2x* und dann wieder zu *1x*.

Aufnahmen außerhalb des Chats abspielen

Gerade bei längeren Sprachnachrichten ist es sinnvoll, während des Zuhörens noch etwas anderes zu erledigen.

- Starten Sie die Wiedergabe und wechseln Sie dann zu einem anderen Chat.
- In WhatsApp wird die Sprachnachricht oben angezeigt. Hier können Sie die Wiedergabe pausieren oder mit *x* 3 das Abspielen beenden und die Leiste wieder ausblenden. Sie können aber auch eine andere App aufrufen, dadurch wird die Wiedergabe ebenfalls nicht unterbrochen.

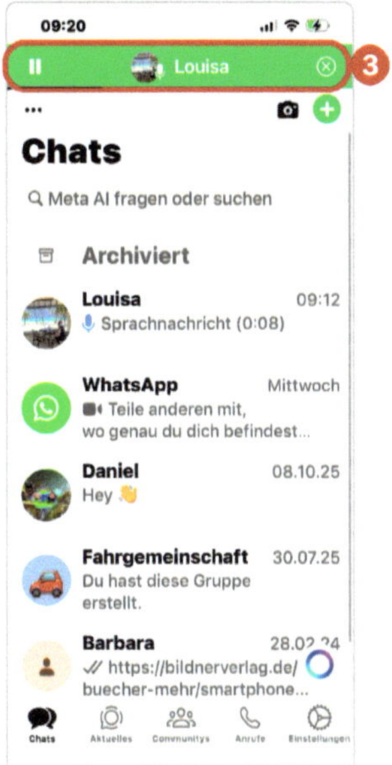

Sprachnachrichten in Text umwandeln

WhatsApp bietet eine Funktion zur Transkription von Sprachnachrichten. Damit können Sprachnachrichten automatisch in Text umgewandelt werden – eine praktische Lösung für Situationen, in denen das Anhören nicht möglich oder nicht erwünscht ist.

Transkribieren-Funktion aktivieren

Damit die Transkription von Sprachnachrichten in WhatsApp genutzt werden kann, muss die Funktion zunächst manuell in den WhatsApp-Einstellungen aktiviert werden. Dieser Schritt ist erforderlich, da die Transkription auf der Spracherkennung des iPhones basiert und ein entsprechendes Sprachpaket heruntergeladen werden muss. Die Aktivierung erfolgt wie folgt:

- Tippen Sie rechts unten auf die ***Einstellungen*** in WhatsApp und wählen Sie den Menüpunkt ***Chats***.

- Öffnen Sie ***Transkripte von Sprachnachrichten***.
- Aktivieren Sie die Option ***Manuell*** ❶ und wählen Sie darunter, wenn gewünscht, bei ***Sprache für Transkription*** ❷ eine andere Sprache aus. ***Deutsch*** ist vorausgewählt.

Sprachnachrichten transkribieren

Nach der einmaligen Aktivierung in den WhatsApp-Einstellungen und dem Herunterladen des passenden Sprachpakets steht die Funktion direkt im Chat zur Verfügung. Es kann dann jede empfangene Sprachnachricht mit wenigen Schritten transkribiert werden. Die Umwandlung erfolgt lokal auf dem Gerät, wodurch der Datenschutz gewahrt bleibt.

So geht die Umwandlung von Sprachnachrichten in Textform:

- Öffnen Sie den Chat, in dem Sie eine Sprachnachricht erhalten haben.
- Tippen Sie bei der Sprachnachricht auf ***Transkribieren*** ❶.
- Die Sprachnachricht wird nun automatisch in Text umgewandelt und direkt unter der Nachricht angezeigt ❷. Bei längeren Nachrichten können Sie auf den nach unten weisenden Pfeil ❸ tippen, um die vollständige Transkription zu sehen.

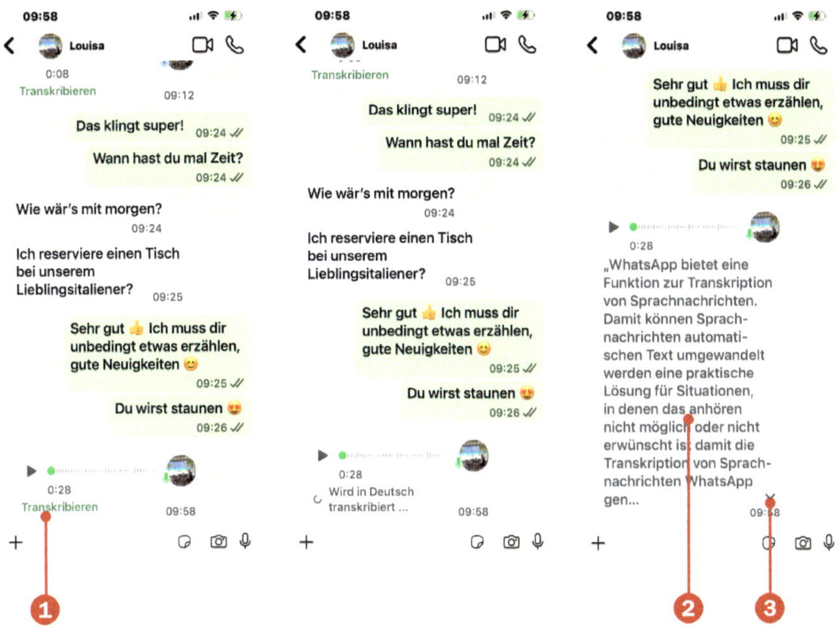

Ein Video sagt mehr als tausend Worte

Wer zum gesprochenen Wort noch ein Bild übertragen möchte, wählt die Videonachricht. Statt lange zu tippen, können Sie Ihre Botschaft direkt als bewegtes Bild verschicken. Das ist ideal, um Emotionen, spontane Momente oder schnelle Updates zu teilen.

Die Aufnahme ist kinderleicht: Mit nur wenigen Fingertipps erstellen Sie eine persönliche Videonachricht, die sofort im Chat erscheint. Die Aktivierung funktioniert ähnlich wie bei einer Sprachnachricht.

Video versenden

- Wechseln Sie in den Chat und tippen Sie etwas länger auf das Kamerasymbol 📷 1 (siehe Abbildung nächste Seite) neben dem Eingabefeld.

- Die Bedienung der Taste funktioniert analog zur Aufnahmetaste der Sprachnachricht. Halten Sie die Kamerataste gedrückt, um die Aufnahme zu starten, oder wischen Sie nach oben, um freihändig weiterzufilmen.

- Das Video verwendet beim Start die Frontkamera des Smartphones, damit Sie selbst im Bild sind. Wenn Sie etwas von Ihrer Umgebung im Video einfangen möchten, wechseln Sie die Kamera mit 2.

- Nach der Aufnahme können Sie das Video auch stoppen 3, um es sich in Ruhe anzusehen.

- Wenn Sie nicht zufrieden sind, löschen sie es und nehmen einfach eine neue Videonachricht auf. Versenden Sie diese dann über .

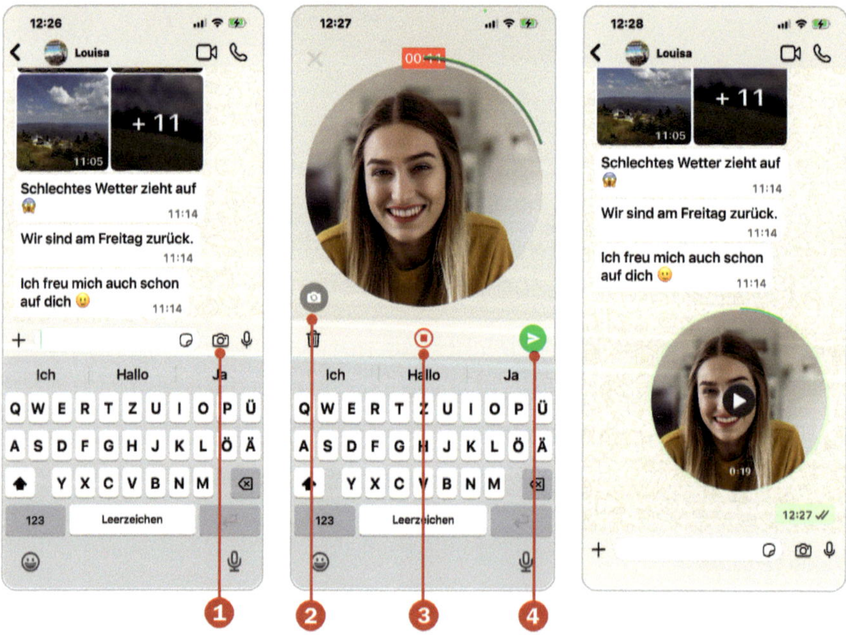

Video erhalten

Beim Empfänger wird das Video beim Öffnen des Chats automatisch abgespielt, allerdings ohne Ton. Tippen Sie das Video an, um es größer und mit Ton anzuschauen.

2.5 Dokumente versenden und erhalten

Mit WhatsApp versenden Sie schnell ein PDF, ein Word-Dokument, eine Excel-Arbeitsmappe etc. Dazu muss die Datei auf Ihrem Smartphone gespeichert sein. Dokumente können bis zu einer Grenze von 2 Gigabyte versendet werden. Gerüchte besagen, dass diese Funktion in Zukunft kostenpflichtig werden soll. In diesem Fall versenden Sie das Dokument einfach via E-Mail.

Dokument versenden

- Wählen Sie den Kontakt aus, dem Sie eine Datei schicken möchten, und tippen Sie neben dem Nachrichtenfeld auf + und dann auf ***Dokument***.

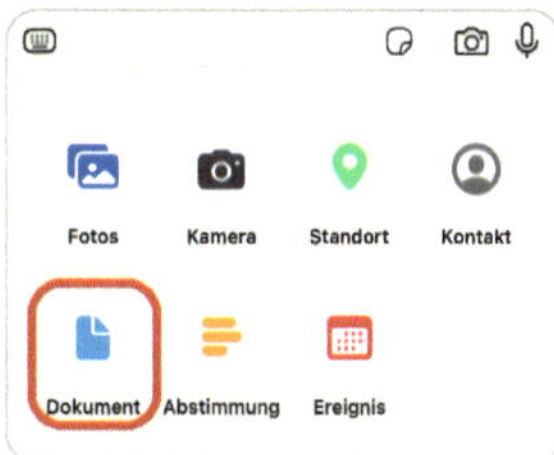

- Tippen Sie auf ***Datei auswählen***, dann erhalten Sie eine Aufstellung aller auf dem Smartphone gespeicherten Dokumente. Die Liste kann alphabetisch bzw. nach Datum sortiert werden, tippen Sie auf ❶, um die Sortierung auszuwählen. Zusammen mit der Datei wird auch die Dateigröße angezeigt.
- Wählen Sie die Datei durch Antippen aus und bestätigen Sie rechts oben mit ***Öffnen*** ❷. Anschließend können Sie noch eine Nachricht hinzufügen. Übermitteln Sie das Dokument mit Senden ❸.
- Bei großen Dateien kann der Upload durchaus etwas Zeit in Anspruch nehmen. Der Kreis neben der Nachricht gibt Auskunft über den Übertragungsfortschritt.

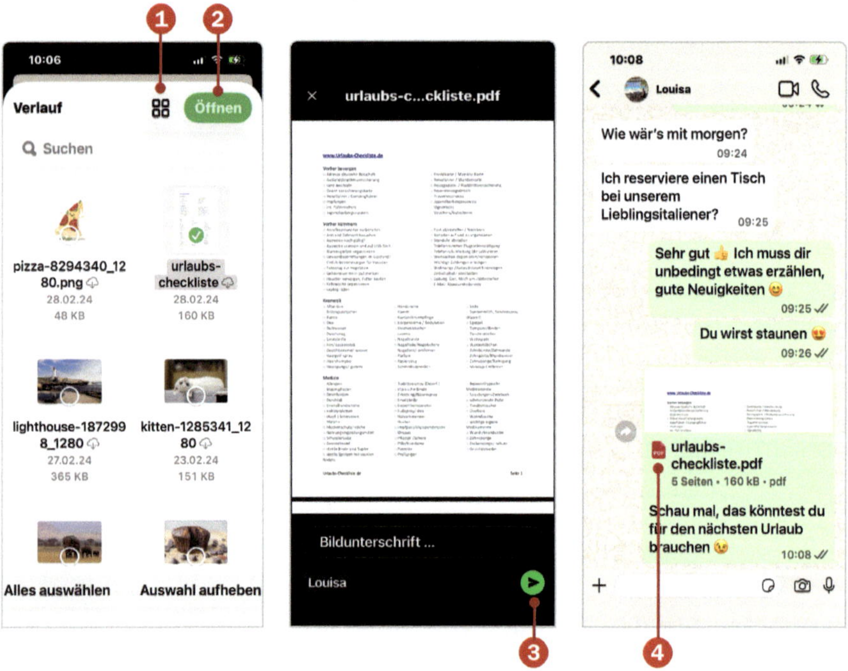

Dokumente öffnen am Beispiel eines PDFs

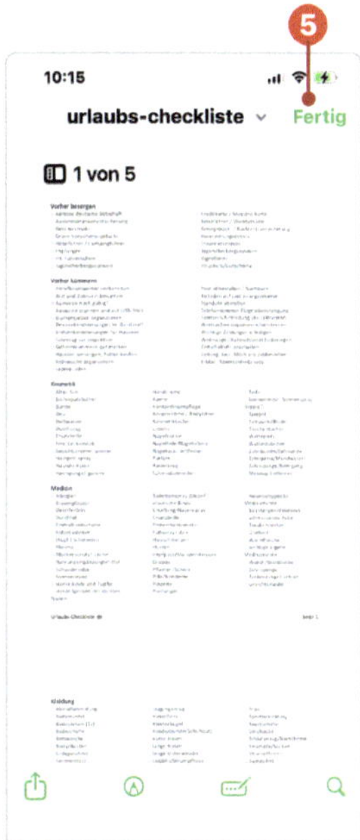

Zur Anzeige des Inhalts übersandter Word- und Excel-Dateien oder PDFs sind die entsprechenden Apps auf Ihrem Smartphone installiert.

- Tippen Sie das PDF 4 im Chat an.
- Streichen Sie vertikal über das Display, um durch das PDF zu blättern. Durch das Auseinanderziehen zweier Finger auf dem Bildschirm vergrößern Sie die Anzeige des PDFs. Ziehen Sie die Finger zusammen, um die Anzeige wieder zu verkleinern.

- Durch Antippen von ***Fertig*** rechts oben 5, kehren Sie zu WhatsApp zurück.

2.6 Kontaktdaten weiterleiten

Kontaktdaten versenden

Telefonnummern, E-Mail-Adressen oder postalische Adressen Ihrer Freunde speichern Sie in der App ***Kontakte*** auf dem Smartphone. Diese Daten können Sie via WhatsApp versenden. Und so geht's:

- Zeigen Sie den Chat mit der Person an, an die Sie eine Telefonnummer etc. senden möchten.
- Tippen Sie auf + neben dem Nachrichtenfeld und wählen ***Kontakt*** 1 aus.

- Wählen Sie den gewünschten Kontakt aus. Dieser wird dann oben angezeigt; falls Sie versehentlich den falschen Kontakt ausgewählt haben, tippen Sie auf das ***x*** 2. Tippen Sie dann auf ***Weiter*** 3.
- Im nächsten Schritt entscheiden Sie, welche Kontaktdaten versendet werden sollen. Deaktivieren Sie ggf. die Auswahl der Information durch Antippen der entsprechenden Häkchen 4.
- Tippen Sie dann auf ***Senden***.
- Im Chatfenster wird der versendete Kontakt angezeigt. Durch Antippen des Namens können Sie nochmals anzeigen, welche Informationen Sie übermittelt haben.

Kontaktdaten erhalten

Beim Empfänger wird der Name des Kontakts im Chatfenster angezeigt. Unter Umständen fehlt das Profilfoto. Dies hängt von den WhatsApp-Einstellungen des Kontakts ab. Um die Kontaktdaten im Adressbuch zu speichern, gehen Sie so vor:

- Tippen Sie auf den ***Pfeil*** 5 und entscheiden Sie, ob Sie einen vorhandenen Kontakt ergänzen oder einen neuen erstellen 6 möchten.
- Tippen Sie auf ***Fertig*** 7, um die neuen Kontaktdaten in der App Kontakte zu hinterlegen.
- Wird beim übersandten Kontakt ***Einladen*** angezeigt, ist diese Nummer nicht bei WhatsApp gelistet, d. h. dass diese Person WhatsApp bis jetzt nicht nutzt.

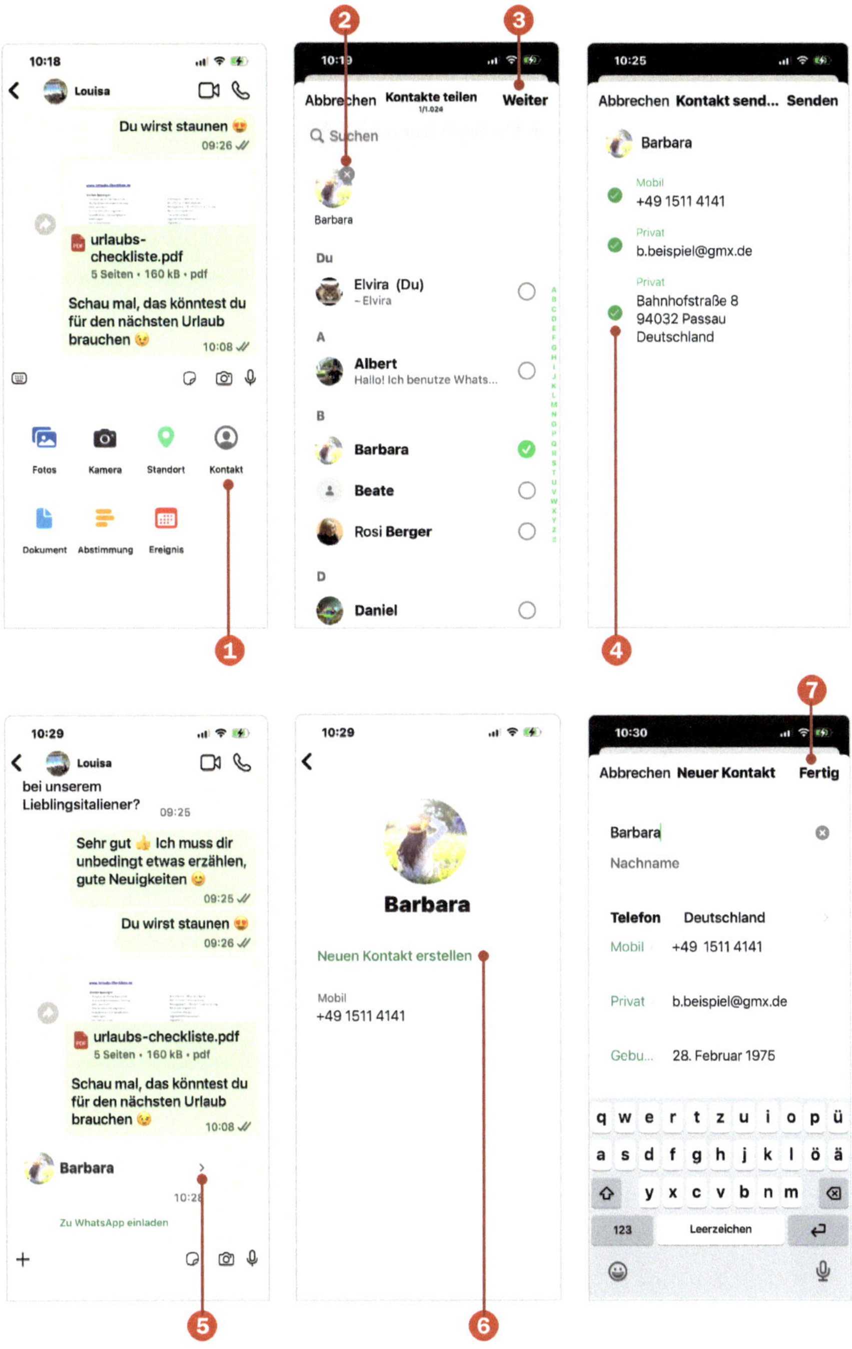

10:18
Louisa
Du wirst staunen 😍
09:26
urlaubs-checkliste.pdf
5 Seiten • 160 kB • pdf
Schau mal, das könntest du für den nächsten Urlaub brauchen 😉
10:08
Fotos
Kamera
Standort
Kontakt
Dokument
Abstimmung
Ereignis
1
2
3
10:19
Abbrechen
Kontakte teilen
1/1.024
Weiter
Suchen
Barbara
Du
Elvira (Du)
~ Elvira
A
Albert
Hallo! Ich benutze Whats...
B
Barbara
Beate
Rosi Berger
D
Daniel
10:25
Abbrechen
Kontakt send...
Senden
Barbara
Mobil
+49 1511 4141
Privat
b.beispiel@gmx.de
Privat
Bahnhofstraße 8
94032 Passau
Deutschland
4
10:29
Louisa
bei unserem Lieblingsitaliener?
09:25
Sehr gut 👍 Ich muss dir unbedingt etwas erzählen, gute Neuigkeiten 😊
09:25
Du wirst staunen 😍
09:26
urlaubs-checkliste.pdf
5 Seiten • 160 kB • pdf
Schau mal, das könntest du für den nächsten Urlaub brauchen 😉
10:08
Barbara
Zu WhatsApp einladen
5
10:29
Barbara
Neuen Kontakt erstellen
Mobil
+49 1511 4141
6
7
10:30
Abbrechen
Neuer Kontakt
Fertig
Barbara
Nachname
Telefon
Deutschland
Mobil
+49 1511 4141
Privat
b.beispiel@gmx.de
Gebu...
28. Februar 1975
123
Leerzeichen

2.7 Wo bin ich? Standort verschicken

Sie sitzen in einem Café und Ihr Freund, weiß nicht, wo es ist. Dann schicken Sie doch einfach via WhatsApp eine Wegbeschreibung. Um Ihren Standort bestimmen zu können, muss am Smartphone GPS (GPS - Global Positioning System), das System zur Positionsbestimmung, eingeschaltet sein. Diese Funktion wird bei vielen Herstellern einfach als ***Standort*** bezeichnet.

Standortinformation versenden

- Zeigen Sie den WhatsApp-Kontakt an, der erfahren soll, wo Sie sich gerade befinden. Tippen Sie dann neben dem Nachrichtenfeld auf + und wählen ***Standort*** 1 aus.
- Erlauben Sie, dass WhatsApp Zugriff auf Ihren Standort erhält. Ohne Vergabe der Berechtigung können Sie die Funktion nicht nutzen. Tippen Sie auf ***Beim Verwenden der App erlauben*** 2 oder, falls Sie die Funktion nicht oft verwenden, mit ***Einmal erlauben*** 3.
- **Standortdaten versenden:** Tippen Sie anschließend auf ***Aktuellen Standort senden*** 4. Alternative: Cafés, Restaurants und andere Geschäfte am oder in der Nähe Ihres Standorts werden ebenfalls angezeigt. Vielleicht ist das Passende dabei, dann können Sie dieses auswählen. Dadurch wird der Firmenname gleich mit übermittelt. Der Standort wird versandt.
- **Aktion abbrechen:** Falls Sie Ihren Standort doch nicht versenden möchten, kehren Sie zum Chat zurück, indem Sie oben links auf ***Abbrechen*** 5 tippen.
- **Standortermittlung nicht verfügbar:** Unter Umständen erhalten Sie diese Fehlermeldung 6; in diesem Fall ist die Standortermittlung ausgeschaltet. Durch Antippen von ***Einstellungen*** werden automatisch die Standorteinstellungen Ihres Smartphones aufgerufen und Sie können durch Antippen von ***Ort*** 7

die Standortermittlung aktivieren, indem Sie *Immer* 8 auswählen. Tippen Sie dann links oben auf den Pfeil, um wieder WhatsApp anzuzeigen.

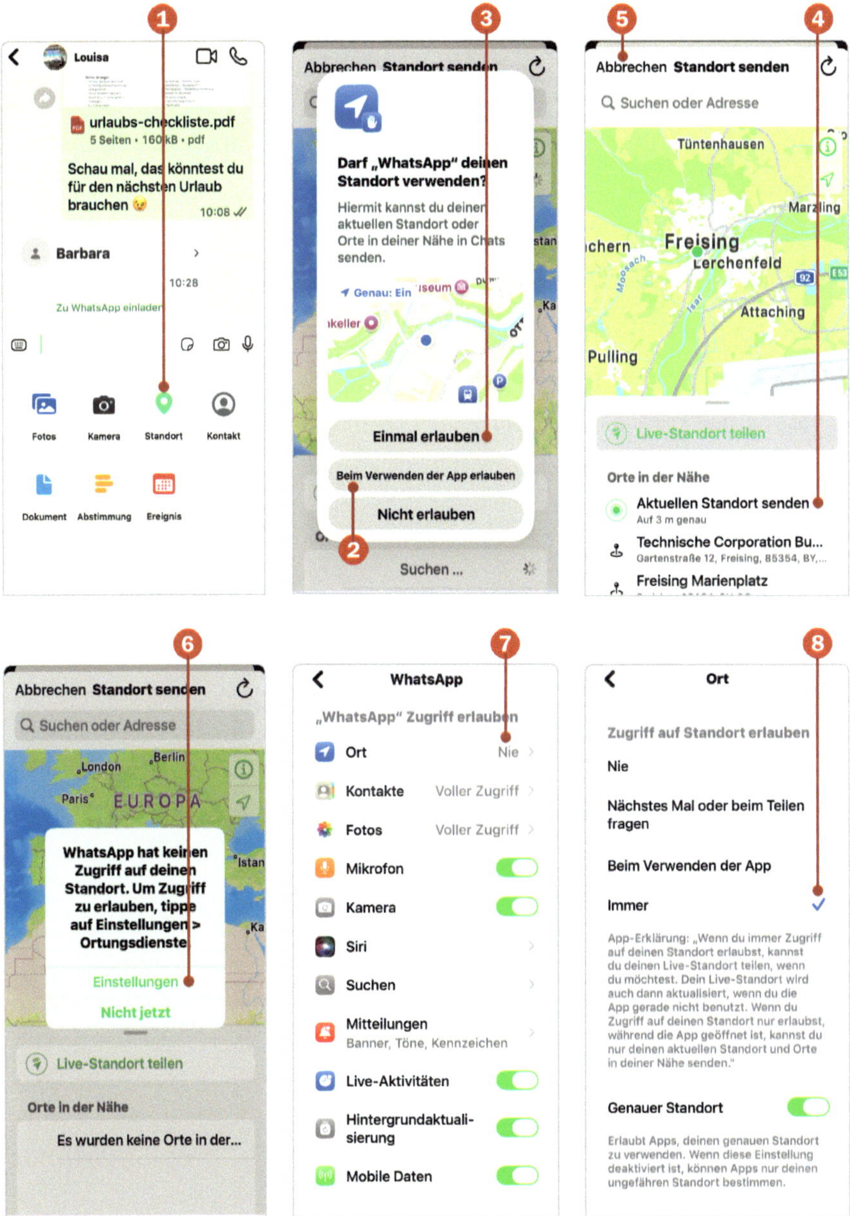

Zum übersandten Treffpunkt navigieren

Wenn Sie eine Standortinformation erhalten haben, können Sie mit der App ***Karten*** zum Treffpunkt navigieren. So geht's:

- Zur Anzeige der Wegbeschreibung tippen Sie die Standortnachricht ❶ an.
- Um eine Wegbeschreibung anzuzeigen, tippen Sie auf das Autosymbol neben dem Standort ❷. Wählen Sie dann unten aus, welche Karte Sie verwenden wollen - entweder die App ***Karten*** oder ***Google Maps*** ❸. In diesem Beispiel verwende ich die App Karten. Tippen Sie sie an.
- Die Route zum Treffpunkt wird angezeigt. Zur audiovisuellen Navigation drücken Sie dann unten auf ***LOS*** ❹.

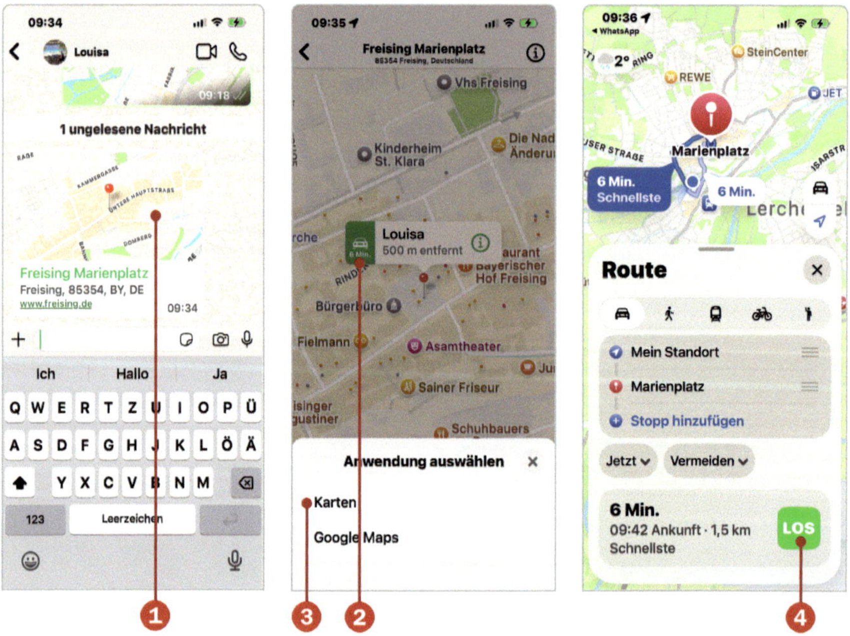

Live-Standort

Im Gegensatz zur einfachen Standortnachricht, die eine ausgewählte Position weitergibt, wird der Live-Standort aktualisiert, d. h. die Freunde, mit denen Sie Ihren Live-Standort teilen, sehen in Echtzeit, wo Sie sich befinden. Ich nutze diese Funktion beispielsweise, wenn ich jemanden besuche oder abhole. Vor der Fahrt aktiviere ich den Live-Standort für die Person. Diese sieht dann, wo ich mich befinde, weiß, dass ich mich verspäte, und kann sich rechtzeitig vor die Tür stellen.

Live-Standort teilen

- Tippen Sie im gewünschten Chat auf + und wählen ***Standort*** aus. Wählen Sie ***Live-Standort teilen*** 1.
- Tippen Sie einen Zeitraum an 2, für den Sie die Information übertragen möchten. Fügen Sie eine kurze Nachricht hinzu und tippen dann auf ***Senden***.

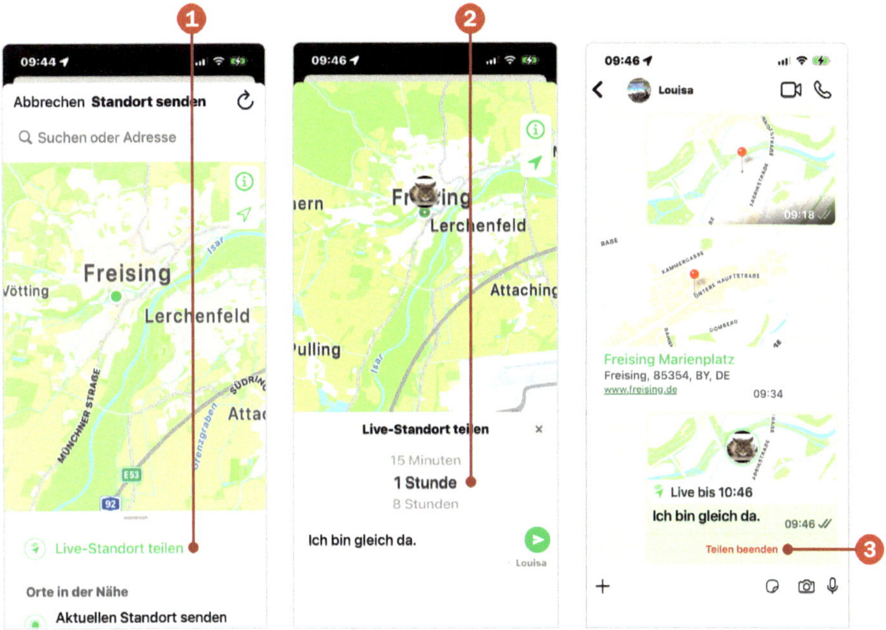

Wenn Sie vor Ablauf der gewählten Zeit die Standortübermittlung beenden möchten, tippen Sie im Chat auf *Teilen beenden* 3.

Jemanden live verfolgen

Als Empfänger eines geteilten Live-Standorts erhalten Sie eine Nachricht im Chat. Tippen Sie hier auf ***Live-Standort ansehen*** 4, um nachzuvollziehen, wo sich die Person gerade befindet 5.

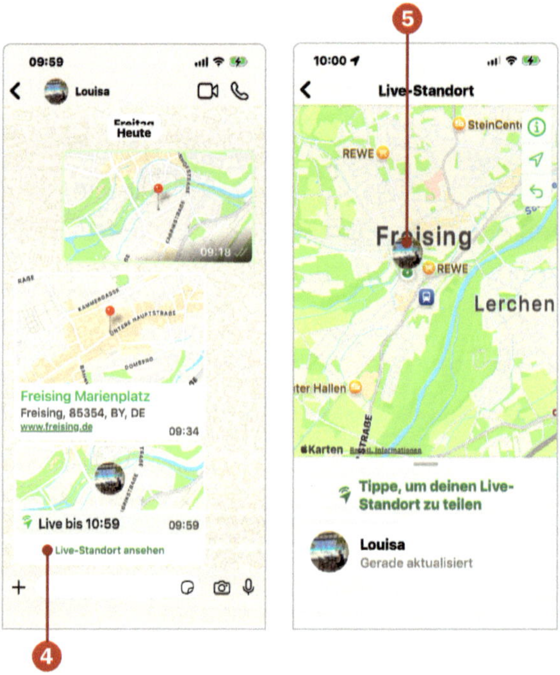

2.8 Link zu einer Webseite

Link versenden

Möchten Sie Freunde schnell auf eine interessante Webseite aufmerksam machen, dann gehen Sie so vor:

- Zeigen Sie die Seite im ***Safari***-Browser Ihres Smartphones an und tippen Sie rechts unten auf ••• 1 und dann auf ***Teilen***.

Wenn Sie auf einer Webseite, z. B. bei einem Rezept oder Zeitungsartikel, ein Symbol dieser Art entdecken, können Sie die Information über WhatsApp teilen.

- Wenn Sie öfter diesem Freund schreiben, wird der WhatsApp-Kontakt vielleicht schon oben angezeigt, sonst tippen Sie auf ***WhatsApp*** 2 und wählen den Kontakt im nächsten Schritt aus 3.
- Versenden Sie den Link im Anschluss mit ***Senden*** 4.

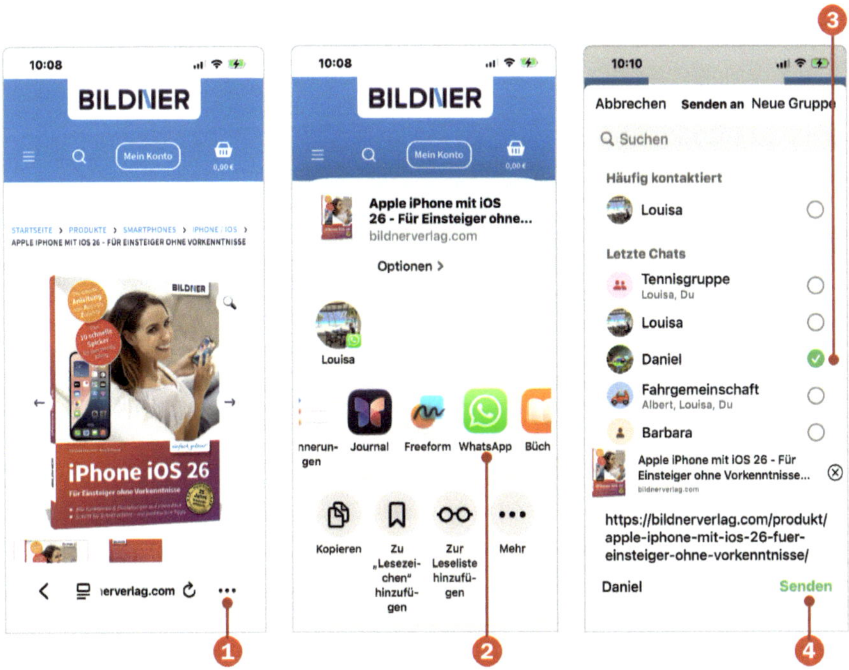

Link erhalten

Der Empfänger der Nachricht kann nun durch Antippen des Links ganz leicht die betreffende Seite an seinem Smartphone anzeigen. Achtung! Links in Nachrichten von fremden Absendern sollten Sie vorsichtshalber nicht anklicken.

2.9 Jede Stimme zählt – die Abstimmungsfunktion

Wenn Sie sich mit Ihren Freunden abstimmen wollen, z. B. welcher Kuchen für den Geburtstag gebacken werden soll oder wohin der nächste Ausflug geht, bietet WhatsApp eine einfache Möglichkeit: die Abstimmung. Diese kann sowohl im Einzelchat als auch im Gruppenchat durchgeführt werden. Doch generell macht sie weitaus mehr Sinn in einer Gruppe.

Abstimmung erstellen

- Zeigen Sie den Chat an, dessen Mitglieder befragt werden sollen und wählen Sie durch Antippen von + die ***Abstimmung*** 1 aus.
- Das Abstimmungsformular wird angezeigt. Tippen Sie ganz oben Ihre Frage 2 ein und hinterlegen Sie darunter die zur Auswahl stehenden Antwortalternativen 3. Die Eingabefelder für mehr Antwortmöglichkeiten erweitern sich automatisch.
- Die Reihenfolge der Umfrageoptionen lässt sich verändern, indem Sie das ═-Symbol antippen, halten und es dann nach oben oder unten ziehen, um es zu verschieben.
- Sie entscheiden, ob mehrere Antworten oder lediglich eine einzige erlaubt ist. Standardmäßig können mehrere Optionen ausgewählt werden. Durch Tippen auf den Schieberegler 4 ändern Sie diese Einstellung.
- Ist die Umfrage fertig erstellt, tippen Sie auf ***Senden***.

- Ihre Umfrage wird nun direkt in der Chatansicht veröffentlicht und ist zur Abstimmung freigegeben.

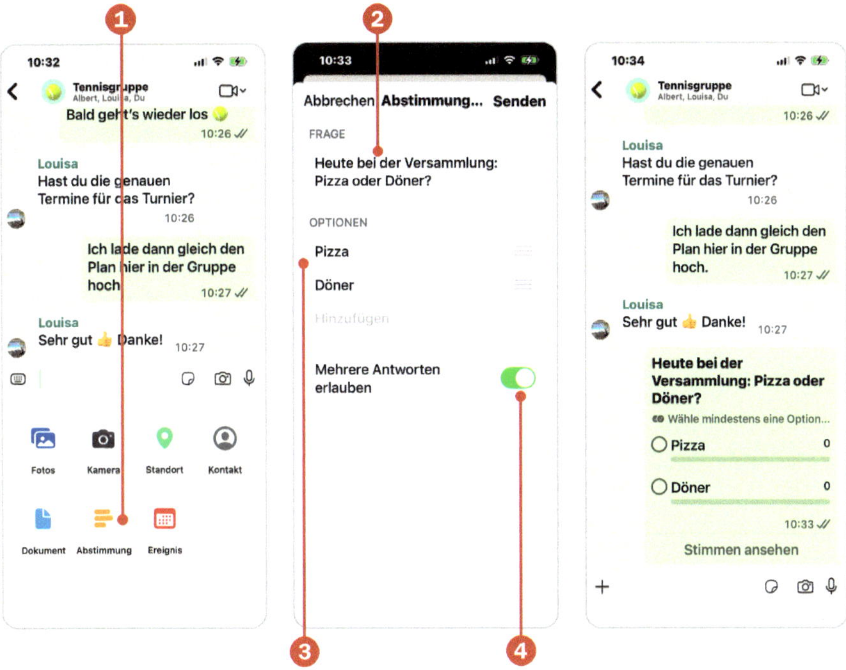

An einer Abstimmung teilnehmen

- Haben Sie oder eine andere Person eine Umfrage veröffentlicht, wird diese in der Chatansicht angezeigt. Handelt es sich um eine von Ihnen erstellte Abstimmung, steht sie, genau wie Ihre Textnachrichten, auf der rechten Seite. Ist sie von einer anderen Person, wird sie links angezeigt.
- Die erlaubte Anzahl an Stimmen, wird unter der Frage 5 ersichtlich: ***Wähle mindestens eine Option aus*** bzw. ***Wähle eine Option aus***.
- Abstimmen können Sie, indem Sie auf den Kreis der gewünschten Antwortoption, z. B. ***Pizza*** 6, tippen. Tippen Sie erneut darauf, wird die Stimme wieder zurückgezogen. Auch der Ersteller der Umfrage kann mitabstimmen.

- Die Balken dienen der Visualisierung der Stimmverteilung. Die Zahl daneben stellt jeweils die aktuelle Anzahl der abgegebenen Stimmen dar. Die Darstellung wird **live** aktualisiert.

Abstimmungsdetails ansehen

- Die Ergebnisse können sowohl vom Abstimmungsersteller, als auch von allen Abstimmenden, angesehen werden. Tippen Sie auf ***Stimmen ansehen*** 7, um sich die aktuellen ***Umfragedetails*** anzeigen zu lassen.
- Bei den Antwortoptionen 8 sehen Sie zum einen, wie viele Personen für die jeweilige Option insgesamt gestimmt haben, zum anderen werden Ihnen diese Kontakte im Einzelnen aufgelistet. Die Sortierung der Antworten erfolgt absteigend nach erhaltenen Stimmen.

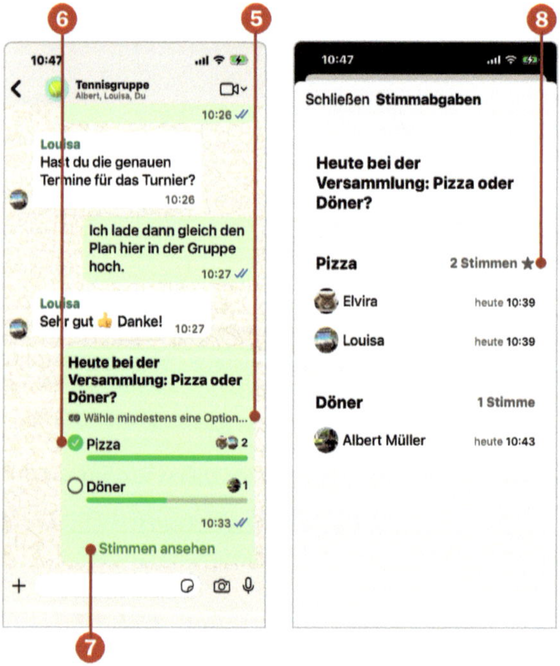

2.10 Ereignis-Planung ohne Stress

WhatsApp stellt Ihnen eine hilfreiche Funktion zur Verfügung, mit der Sie direkt im Chat Ereignisse erstellen und verwalten können. Diese Möglichkeit eignet sich besonders gut, wenn Sie gemeinsame Aktivitäten wie Geburtstagsfeiern, Teamtreffen, Ausflüge oder andere Veranstaltungen organisieren möchten – und das ganz ohne zusätzliche Apps oder unübersichtliche Nachrichtenverläufe. Die Funktion lässt sich sowohl im Einzel- als auch im Gruppenchat nutzen – in der Gruppe ist sie jedoch meist deutlich praktischer.

Ereignis senden und empfangen

Mit wenigen Schritten können Sie ein strukturiertes Ereignis anlegen, das alle wichtigen Informationen wie Datum, Uhrzeit, Ort und Beschreibung enthält. Ihre Gruppenmitglieder sehen das Ereignis direkt im Chat, können zu- oder absagen, gegebenenfalls mit „Vielleicht" antworten und bei Bedarf Kommentare hinterlassen. Änderungen am Ereignis werden automatisch angezeigt, sodass alle Beteiligten stets auf dem aktuellen Stand bleiben.

Diese Funktion macht die Planung in Gruppen deutlich einfacher, transparenter und effizienter, egal ob im privaten oder beruflichen Kontext.

Ereignis erstellen

- Wählen Sie den Gruppenchat aus, in dem Sie das Ereignis planen möchten.
- Tippen Sie auf + ❶ links neben dem Texteingabefeld.
- Wählen Sie ***Ereignis*** ❷ aus den verfügbaren Optionen.

- Füllen Sie die folgenden Felder aus: Titel des Ereignisses (z. B. „Grillabend“) ❸, Datum und Uhrzeit, Ort (optional), Beschreibung (z. B. Hinweise zur Anfahrt oder Mitbringliste).
- Tippen Sie auf ***Senden*** ❹, um das Ereignis im Gruppenchat zu veröffentlichen.

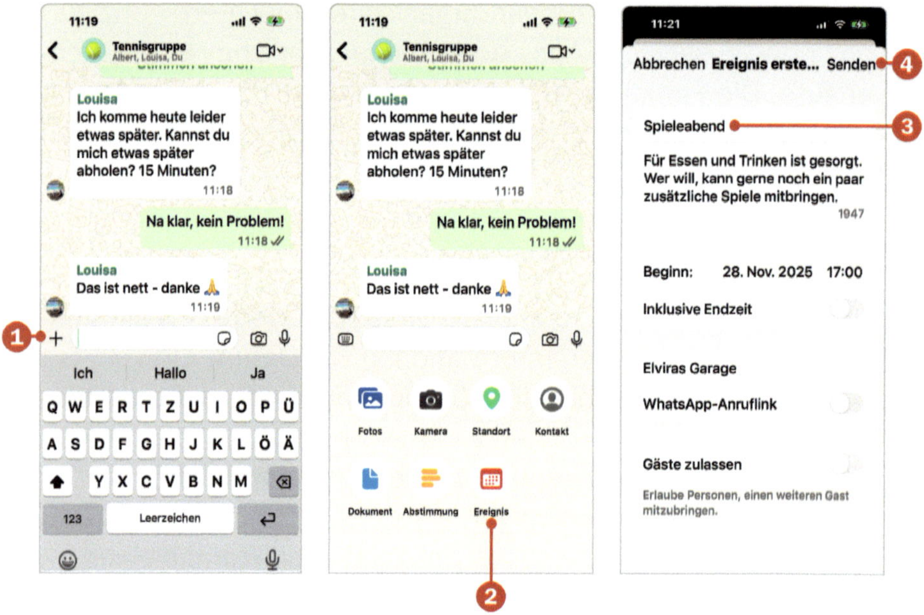

Auf ein Ereignis antworten

Wenn Sie in einem Gruppenchat ein Ereignis erhalten, haben Sie die Möglichkeit, Ihre Teilnahme direkt im Chat zu bestätigen, abzulehnen oder sofern verfügbar mit „Vielleicht“ zu antworten. Ihre Rückmeldung ist für alle Gruppenmitglieder sichtbar und trägt zu einer transparenten und effizienten Planung bei.

- Tippen Sie auf das Ereignis, um die Detailansicht zu öffnen ❺.
- Unter den Veranstaltungsdetails sehen Sie die Schaltfläche ***Antworten*** ❻. Tippen Sie darauf und wählen Sie die entsprechende Option, um Ihre Teilnahme mitzuteilen: ***Zusage***, ***Vielleicht***, ***Klappt nicht*** ❼.

- Ihre Antwort ist für alle Gruppenmitglieder sichtbar und kann jederzeit geändert werden.
- Sie können auch direkt im Chat unter dem Ereignis auf ***Antworten*** 8 tippen und eine Auswahl treffen.

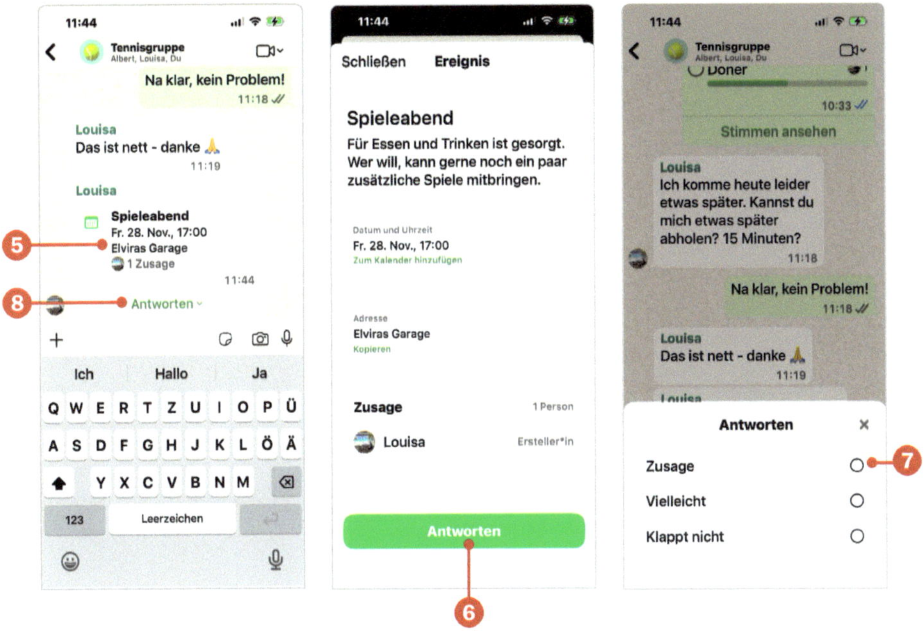

Ereignisse verwalten

Ereignis nachträglich bearbeiten oder absagen

Wenn Sie ein Ereignis in einem Gruppenchat erstellt haben, können Sie es auch nachträglich bearbeiten – etwa um Datum, Uhrzeit oder Beschreibung zu ändern:

- Öffnen Sie den Gruppenchat, der das Ereignis enthält.
- Tippen Sie unter dem Ereignis auf ***Ereignis bearbeiten*** 9 und nehmen Sie anschließend die gewünschten Änderungen vor.
- Tippen Sie auf ***Speichern*** 10, um die aktualisierte Version zu veröffentlichen.

Alle Gruppenmitglieder werden automatisch über die Änderungen informiert ⓫. Bitte beachten Sie: Nur die Person, die das Ereignis erstellt hat, kann es bearbeiten.

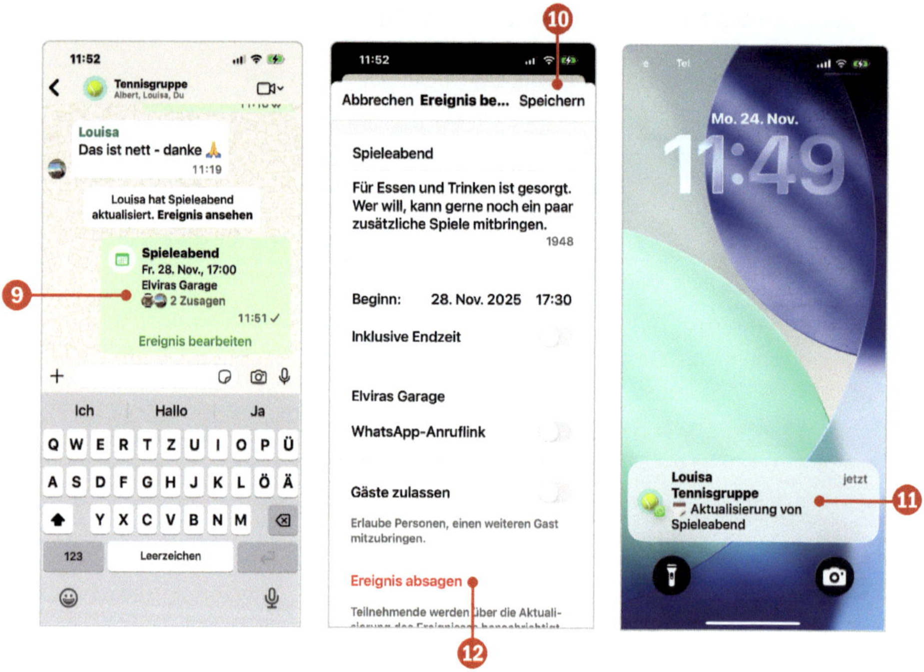

Wenn Sie ein Ereignis erstellt haben und es doch nicht stattfinden kann, haben Sie die Möglichkeit, es für alle Gruppenmitglieder abzusagen. Tippen Sie dazu auf ***Ereignis absagen*** ⓬. Bestätigen Sie die Absage mit ***Ja***.

Ereignis zum Kalender hinzufügen

Wenn Sie ein Ereignis in einem Gruppenchat erhalten, können Sie es auch direkt zu Ihrem iPhone-Kalender hinzufügen. So haben Sie Datum, Uhrzeit und weitere Details jederzeit im Blick, erhalten eine automatische Erinnerung – und das Ereignis wird nahtlos in Ihre persönliche Terminplanung integriert.

- Tippen Sie auf das Ereignis, um die Detailansicht zu öffnen.

- Wählen Sie die Option ***Zum Kalender hinzufügen*** (13) aus.
- In der Kalender-App bestätigen Sie nun die Übernahme der Daten wie Datum, Uhrzeit, Ort und Beschreibung, indem Sie rechts oben auf das Häkchen tippen (14).
- Im Kalender wird nun das Ereignis aus WhatsApp angezeigt (15).

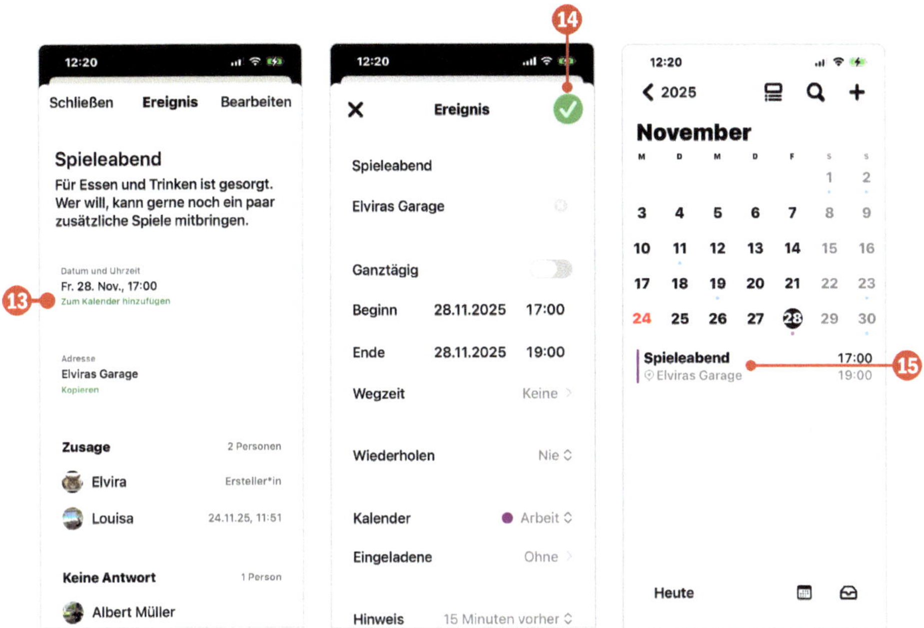

2.11 Den cleveren Assistenten Meta AI nutzen

Meta AI ist ein virtueller Assistent, der direkt in WhatsApp integriert ist. Er unterstützt Sie bei alltäglichen Aufgaben – ob bei der Beantwortung von Fragen, dem Verfassen von Texten oder der kreativen Gestaltung von Inhalten. Meta AI wurde entwickelt, um Ihre täglichen Aufgaben zu erleichtern, Ihre Kreativität zu fördern und Ihnen jederzeit intelligente Unterstützung zu bieten – ganz ohne die App verlassen zu müssen.

Das kann Meta AI für Sie tun

- **Fragen beantworten:** Stellen Sie Meta AI direkt im Chat Fragen, z. B. zu Alltagsthemen, Wissen, Reisen, Technik.
- **Texte formulieren:** Lassen Sie sich bei der Formulierung von Nachrichten, Einladungen oder beruflichen Texten helfen.
- **Übersetzungen:** Meta AI kann Nachrichten automatisch in andere Sprachen übersetzen.
- **Zusammenfassungen & Ideen:** Ob für Projekte, Präsentationen oder kreative Aufgaben – Meta AI liefert Inspiration und Struktur.

So einfach verwenden Sie Meta AI

- Tippen Sie auf das Meta AI-Symbol in der unteren rechten Ecke ❶ oder verwenden Sie alternativ die Suchleiste oberhalb der Chat-Übersicht ❷.
- Sie können Meta AI direkt im Chat über die Eingabezeile fragen ❸, z. B. „Wie wird das Wetter morgen?“ oder auffordern „Schreibe ein Gedicht über den Frühling“.

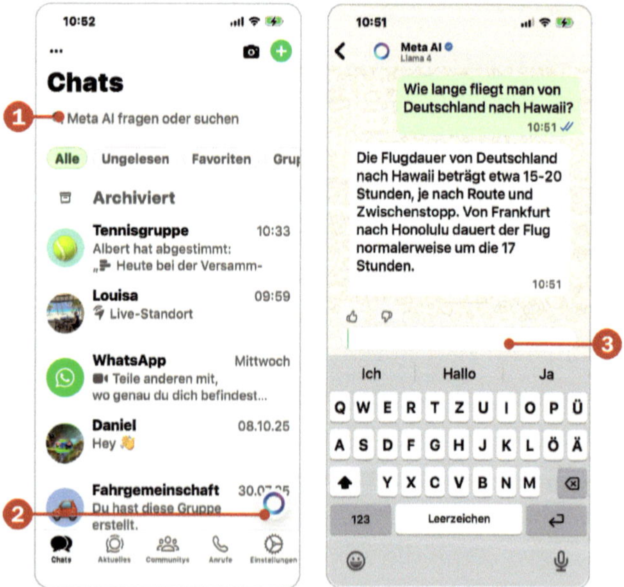

3 Text & Emojis

Was finde ich in diesem Kapitel?

- Text eintippen
- Nachricht diktieren
- Sag es mit Emojis

Das erwartet Sie hier!

- Erfahren Sie alles, was es über die **Tastatureingabe** zu wissen gibt: wie Sie Großbuchstaben eintippen, wo sich das ß versteckt, aber auch wie Sie die Eingabe vereinfachen und beschleunigen können.
- Neben der Nutzung von Wortvorschlägen können Sie lange Texte auch **diktieren**. Und manchmal sagt ein **Emoji** mehr als tausend Worte.
- Außerdem wird das Versenden von Stickern und bewegten Bildern, sogenannten GIFs, thematisiert.
- Abschließend beschäftigt sich dieses Kapitel mit dem Versand von **Avatarbildern**.

Emojis sind Bildsymbole, die mit gelben Gesichtern - den Smileys - Gefühle ausdrücken, aber auch eine Vielzahl anderer Icons beinhalten, die einfach ein Tier oder einen Gegenstand abbilden. Vor der Einführung der Bildsymbole wurden die Gesichtsausdrücke aus Tastaturzeichen zusammengestellt, wie z. B. :-) für ein lachendes Gesicht. Diese Zeichenfolgen nennt man auch Emoticons, ein Schachtelwort zusammengesetzt aus Emotion (Gefühl) und Icon (Symbol). Einige Programme wandeln die Emoticons nach der Eingabe automatisch in einen Smiley um. Übrigens war der erste lachende Smiley nicht auf einem Bildschirm zu sehen, sondern auf einem Ansteckbutton.

Dieses Kapitel ist für diejenigen unter Ihnen, die noch nicht so viel Text am Smartphone eingegeben haben. Wenn Sie schon einige SMS und E-Mails am Handy versendet haben, finden Sie hier wahrscheinlich nicht viel Neues. Dann überspringen Sie das Kapitel einfach.

3.1 Die Bildschirmtastatur genauer betrachtet

Die Tastatur sieht nicht auf jedem Handy gleich aus und auch die Bedienung ist nicht identisch. Layout und Handhabung sind abhängig von den iPhone-Modellen und vom installierten iOS-Betriebssystem. Aus diesem Grund sind Abweichungen möglich. Selbst auf dem Smartphone variiert die Darstellung der Tastatur leicht, je nach verwendeter App. Dazu kommt, dass der Nutzer das Tastaturlayout auch anpassen kann. Unten sehen Sie die Tastatur in WhatsApp auf einem iPhone 16, iPhone 11 und iPhone 7:

Groß- und Kleinschreibung

Wenn Sie in das Nachrichtenfeld von WhatsApp tippen, wird der erste Buchstabe immer als Großbuchstabe eingegeben. Gleiches gilt für die Schreibung nach einem Punkt. Das ist standardmäßig so eingestellt, kann aber deaktiviert werden. Für weitere Großbuchstaben müssen Sie tätig werden.

- Einmaliges Antippen der Umschalttaste 1 aktiviert die Großschreibung. Der folgende Buchstabe wird groß geschrieben, danach wird die Großschreibung automatisch deaktiviert. Die Farbe bzw. Füllung der Umschalttaste zeigt an, ob Klein- oder Großschreibung aktiv ist. Man erkennt das auch an der Darstellung der Buchstaben auf den Tasten.

Kleinschreibung **Großbuchstabe** **Großschreibung**

- Zur dauerhaften Eingabe von Großbuchstaben tippen zweimal auf die Umschalttaste. Dadurch wird die Taste mit einem Unterstrich angezeigt. Nochmaliges Antippen „entsperrt" die Taste wieder.

Leerzeichen, Zeilenschaltung und Zeichen löschen

Die Texteingabe findet immer am Cursor (blinkender senkrechter Strich) statt.

- Um zwischen zwei Worten ein Leerzeichen einzugeben, tippen Sie auf die Leertaste ❷ (Grafik vorige Seite).

- Mithilfe der Zeilenschaltung ❸ wechseln Sie in eine neue Zeile. WhatsApp kann allerdings auch so eingestellt sein, dass dadurch die Nachricht versendet wird.

- Tippen Sie zum Löschen einzelner Buchstaben kurz auf die Löschentaste ❹. Um einen längeren Textabschnitt zu löschen, bleiben Sie auf der Taste. Sofern ein Wort automatisch korrigiert wurde, kann mit der Löschentaste die Autokorrektur rückgängig gemacht werden. Um einen Buchstaben im Text zu löschen, müssen Sie den Cursor versetzen. Tippen Sie dazu an die gewünschte Stelle im Text. Das ist manchmal ein wenig schwierig und bedarf vielleicht einiger Wiederholungen.

Leerzeichen

Neue Zeile

Löschentaste

Umlaute und andere Buchstaben

Werden auf der Tastatur keine Umlaute angezeigt, so erhalten Sie ein ***Ä*** durch längeres Drücken von ***A***, ein ***Ü*** durch längeres Drücken von ***U***, ein ***Ö*** durch Drücken von ***O***. Wenn das Auswahlmenü angezeigt wird, ist ein Zeichen markiert. Dieses Zeichen wird eingefügt, wenn Sie den Finger vom Bildschirm nehmen. Möchten Sie ein anderes Zeichen auswählen, bleiben Sie mit dem Finger auf dem Display und bewegen diesen in Richtung des gewünschten Zeichens; steht dieses beispielsweise links von der aktuellen Auswahl, bewegen Sie den Finger nach links. Sie müssen nicht das Zeichen antippen, sondern nur die Auswahl verschieben. Wenn das Zeichen markiert ist, nehmen Sie den Finger vom Display. Auf diese Weise finden Sie durch längeres Drücken der Taste ***s*** auch das ***ß***.

Ebenso erhalten Sie weitere Buchstaben und Zeichen, wie das spanische ñ beim ***n***, die französische Ligatur œ beim ***a*** und natürlich alle Buchstaben mit Akzent.

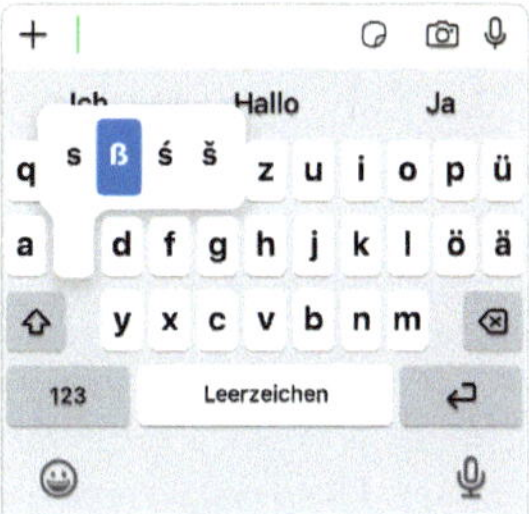

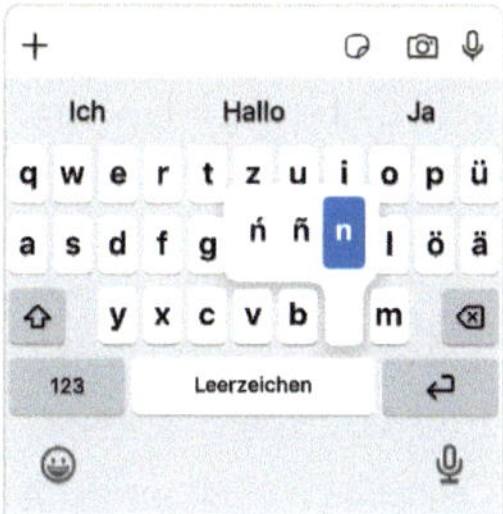

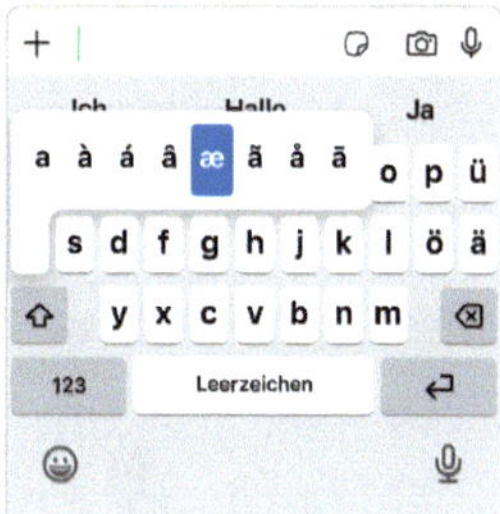

Satzzeichen, Zahlen und mehr

Für vollständige Sätze braucht man Punkt, Komma, andere Satzzeichen und Symbole, z. B. ?, @ oder #. Diese finden Sie durch Umschalten auf die Zeichentastatur. Hier sind auch die Zahlen für die Tastaturlayouts, die die Zahlenreihe nicht als festen Bestandteil am oberen Rand anzeigen.

Benötigen Sie noch weitere Zeichen, schalten Sie auf die zweite Seite um. Zur Anzeige der Buchstabentastatur tippen Sie auf ABC.

Zeichen & Zahlen	Weitere Zeichen	Buchstaben anzeigen
123	#+=	ABC

Texterkennung und Autokorrektur

Über der Tastatur befindet sich standardmäßig eine weitere Leiste. Sobald Text eingegeben wird, wechselt die Anzeige zur Texterkennung und Sie erhalten Wortvorschläge zur aktuellen Eingabe ❶.

Vorschläge auswählen

- Worte, die die automatische Texterkennung oberhalb der Tastatur vorschlägt, können durch Antippen übernommen werden. So kürzen Sie die Eingabe langer Worte ab, wie in unserem Beispiel beim Eintippen von „großartig" ❷.
- Erscheinen Worte in einem hellgrauen Feld ❸, können diese durch Drücken der Leertaste eingefügt werden. Wer einfach nur ein Leerzeichen eingeben und dabei das ursprünglich eingetippte Wort behalten möchte, der findet dieses ebenfalls auf der Vorschlagleiste und kann es dort auswählen.
- Sie erhalten auf Grundlage des bereits eingegebenen Texts passende Vorschläge für das nächste Wort. Manchmal kann man Wort für Wort einen ganzen Satz übernehmen.

- Automatische Korrekturen können mit der Löschentaste 4 rückgängig gemacht werden. Falsch geschriebene oder nicht im Wörterbuch enthaltene Begriffe werden farbig unterstrichen.

Wichtig! Viele der beschriebenen Tastaturfunktionen können in den Tastatureinstellungen verändert werden und sind dann an Ihrem Smartphone vielleicht gerade nicht aktiv oder sehen etwas anders aus. Bleiben Sie mit dem Finger etwas länger auf dem Smiley-Symbol 😀 5 und tippen Sie auf *Tastatureinstellungen*.

Tastatur ausblenden: Sie können jederzeit die Tastatur ausblenden, um beispielsweise eine Nachricht weiter oben im Chat noch lesen zu können. Dazu tippen Sie in die Mitte des Bildschirms und wischen nach unten.

Bitte zum Diktat!

Bitten Sie zum Diktat und sparen Sie sich das lästige Eintippen. Mit der Spracheingabe können Sie eine Nachricht schnell diktieren. Sprechen Sie einfach den gewünschten Text in das Mikrofon des Smartphones und dieser wird automatisch ins Nachrichtenfeld von WhatsApp eingetragen. Für die Nutzung wird eine aktive Verbindung zum Internet benötigt. Das Handy muss also mit einem WLAN oder mobilen Datennetz verbunden sein.

Spracheingabe	Sprachnachrichten
	Verwechseln Sie die Spracheingabetaste auf der Tastatur nicht mit der Aufnahmetaste für Sprachnachrichten, die sich neben dem Nachrichtenfeld befindet.

Spracheingabe starten

- Tippen Sie auf das Spracheingabesymbol 1, dargestellt durch ein Mikrofon unterhalb der Tastatur.
- Um die Spracheingabe nutzen zu können, tippen Sie im nächsten Fenster auf ***Diktierfunktion aktivieren*** 2.
- Aus Datenschutzgründen sollten Sie Apple nicht erlauben, Ihre Audioaufnahmen zu speichern und zu prüfen, tippen Sie deswegen als Nächstes auf ***Später*** 3.

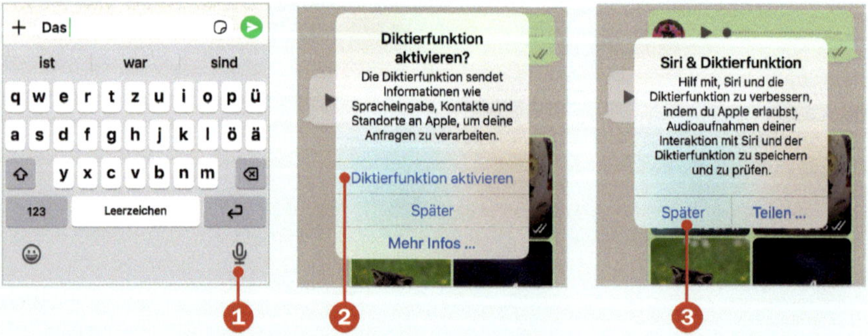

- Alles, was Sie jetzt sagen, wird in das Nachrichtenfeld geschrieben. Sie können auch Satzzeichen wie „Punkt" oder „Fragezeichen" diktieren.

- Zum Löschen einzelner Worte brechen Sie die Aufnahme durch Drücken von (4) oberhalb des Texteingabefelds ab und verwenden die Löschentaste.

- Sie können natürlich auch nachträglich noch Text korrigieren. Versetzen Sie dazu durch Antippen einfach den Cursor und löschen Sie Inhalte oder fügen Sie Worte ein. Lesen Sie den Text vor dem Versenden, manchmal werden diktierte Satzzeichen ausgeschrieben oder Teile einfach falsch verstanden.

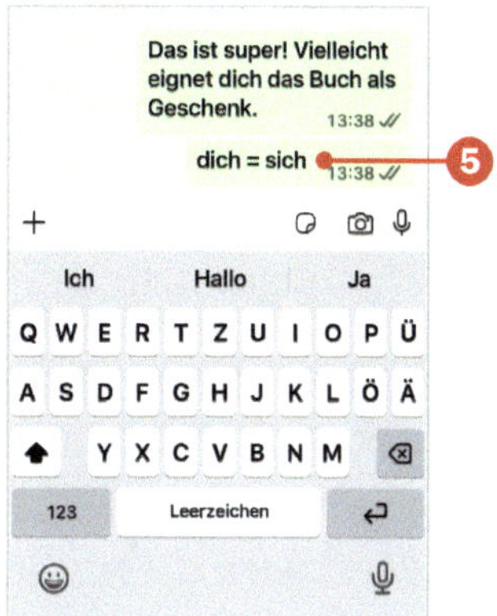

- Wenn man doch einmal versendet hat, ohne den Text durchzulesen, behilft man sich schnell mit einer Berichtigung (5). Oder Sie verwenden die Bearbeitungsfunktion, mehr dazu lesen Sie auf Seite 204.

3.2 Emojis einfügen

Emojis, wie lachende Gesichter oder Bilder von Gegenständen, sind aus der heutigen schriftlichen Kommunikation kaum noch wegzudenken. Mit ihnen drücken wir Gefühle 😘 aus, umschreiben schnell Sachverhalte, wie 🪫 (Akku fast leer) oder ersparen uns das Tippen, z. B. „Ich esse gerade 🍰“.

Seit Ende 2017 verwendet WhatsApp ein eigenes Design für Emojis. Jahr für Jahr kommen neue hinzu. Im Frühjahr 2025 erhielt WhatsApp ein Emoji-Update mit acht neuen Symbolen. Enthalten waren ein neues Gesicht 🫩 (ein müdes Gesicht mit Augenringen), eine neue Flagge 🇨🇶 (Kanalinsel Sark, die zwischen Großbritannien und Frankreich liegt), neue Gegenstände, wie 🪏 oder 🪉 und ein paar weitere Grafiken, darunter z. B. das Wurzelgemüse 🫜.

Emojis werden automatisch über ein WhatsApp-Update erweitert. Falls für Ihr Smartphone die neuen Emojis noch nicht verfügbar sind, eine Nachricht an Sie aber ein neues Zeichen enthält, dann wird dieses durch ein Fragezeichen-Symbol dargestellt.

Am Ende des Buchs finden Sie eine Liste häufig verwendeter Emojis und was diese ausdrücken sollen. Jedoch ist es nicht immer möglich, eine eindeutige Bedeutung festzulegen. Emojis haben zwar eine feststehende Bezeichnung und damit einen Sinn, doch wird die Darstellung von Nutzern missinterpretiert oder durch einen anderen kulturellen Hintergrund anders verwendet.

Dazu eine kleine Geschichte: Ich habe einmal folgende Nachricht erhalten: "Ich gehe zum Bäcker 💩 holen. Magst Du auch?" Eigentlich wurde ich gefragt, ob man mir einen Kackhaufen mitbringen soll; vom Schreiber war die Süßigkeit Granatsplitter gemeint. Bei der Interpretation eines Emojis sollte man also immer den Kontext und das schreibende Gegenüber einbeziehen.

Emoji verschicken

- Tippen Sie unterhalb der Tastatur auf , um die verfügbaren Emojis anzuzeigen.
- Neben Emojis können auch GIF-, Avatar-Bilder oder Sticker eingefügt werden. Der Avatar ist eine Figur, die Sie in WhatsApp selbst erstellen können. Wenn Sie noch keinen Avatar kreiert haben, wird diese Option hier nicht angezeigt. Mehr zu GIF, Avatar und Sticker erfahren Sie ab Seite 96. Tippen Sie auf im Nachrichtenfeld, dann können Sie zwischen den einzelnen Symbolbereichen durch horizontales Wischen wechseln.

- Die Emojis sind in mehrere Kategorien unterteilt, die Sie durch Antippen anzeigen. Sie können auch horizontal über das Display streichen, um zu wechseln. Der erste Bereich (***Oft benutzt***) enthält die in letzter Zeit verwendeten Grafiken. Tippen Sie das Emoji an, um es an der Cursorposition einzufügen.

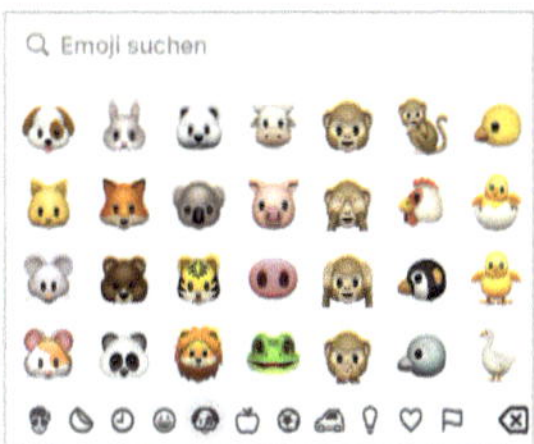

Links: Smileys & Personen
Rechts: Tiere & Natur

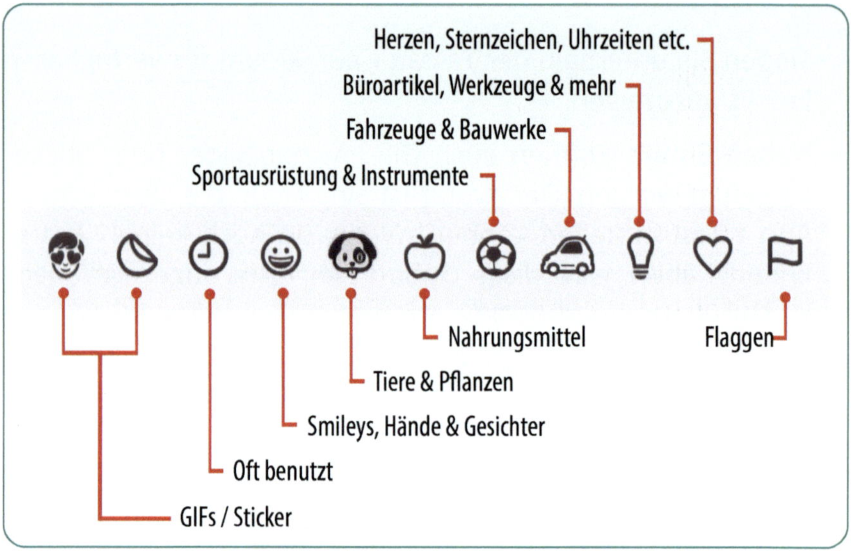

- **Emoji entfernen:** Emojis löschen Sie wie Text mit der Löschentaste ⌫ 1. Diese befindet sich unten rechts.
- **Zur Texteingabe zurückkehren:** Durch Antippen von ABC 2 links unten zeigen Sie wieder die Bildschirmtastatur an.
- Anstelle von Wortvorschlägen können auch Vorschläge für Emojis auf der Leiste oberhalb der Tastatur angezeigt werden. Wenn Sie diese 3 auswählen, wird das getippte Wort durch das Bild ersetzt.

Emojis personalisieren

Einige Emojis, wie Hände und Gesichter, können in verschiedenen Farben verwendet werden.

Wenn Sie eines dieser Emojis zum allerersten Mal antippen, erhalten Sie einen Hinweis auf die Handhabung. Bestätigen Sie in diesem Fall mit ***Ok, verstanden***.

- Bei der ersten Verwendung eines Emojis wird dieses in verschiedenen Farbvarianten ❶ angeboten. Treffen Sie eine Wahl durch Antippen. Das Emoji wird in das Nachrichtenfeld eingefügt und das Symbol in der Auswahl ab jetzt in der gewählten Farbe ❷ angezeigt und eingefügt.

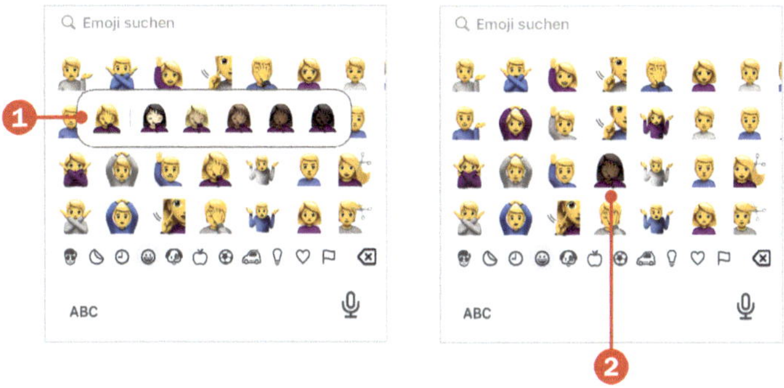

Geschlecht auswählen

Es gibt eine Reihe von Emojis mit mehreren Personen für die neben Haut- und Haarfarbe auch die Geschlechterkombination angepasst werden kann. Im Beispiel auf der nächsten Seite wurde ein Pärchen ausgewählt, durch Antippen bestimmen Sie jetzt das Aussehen der linken ❸ und der rechten Person. Das Pärchen wird dann in der neuen Kombination ❹ angezeigt. Tippen Sie diese an, um sie in das Nachrichtenfeld einzufügen.

Nach Emojis suchen

Sie können ein Emoji nicht finden? Dann suchen Sie danach:

- Tippen Sie in die Suchleiste neben dem Lupensymbol 1 an und geben Sie einen Suchbegriff ein. Das kann natürlich genau das sein, was Sie suchen, z. B. „Nilpferd“, oder auch allgemeiner gehalten sein, wie ein Gemütszustand, z. B. „nervös“ oder „Strand“. Mit letzterem Suchbegriff erhalten Sie Badehose, Palme, Sonnenschirm etc. Das passende Symbol kann durch Antippen eingefügt werden.

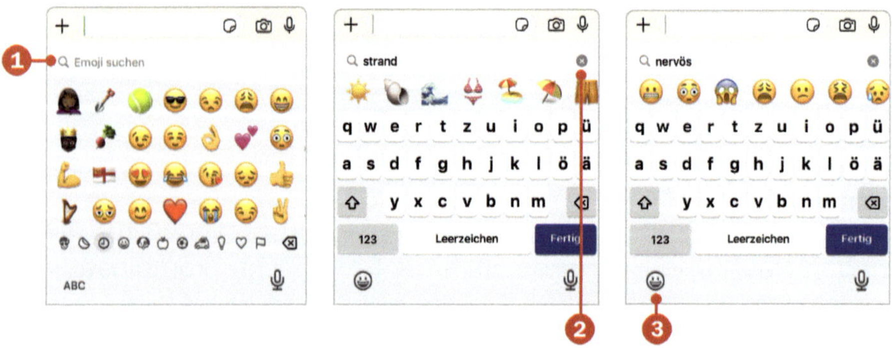

- Mit 2 löschen Sie den Suchbegriff wieder.
- Wenn Sie die Suche verlassen möchten, dann tippen Sie erneut unterhalb der Tastatur links unten auf 3.

Emojis als Nachrichtenreaktion

Eigentlich ist alles gesagt, dennoch möchte man nochmals kurz reagieren, einfach um zu sagen „Ja, ich hab's gesehen" oder „Ich stimme zu". Dafür wurde die Nachrichtenreaktion in Form von Emojis erfunden.

- Tippen Sie etwas länger auf die Nachricht; eine Auswahl an Emojis wird angezeigt. Wählen Sie eines aus. Dieses wird sofort versendet und direkt bei der Nachricht angezeigt.
- Der Empfänger erhält die üblichen Benachrichtigungen und sieht das Reaktionsemoji ebenfalls bei der Nachricht.

Bedeutung von links nach rechts:
Gefällt mir
Liebe
Lachendes Gesicht
Überrascht
Traurig
Danke

Wenn Sie auf + tippen, können Sie auf alle anderen Emojis zugreifen.

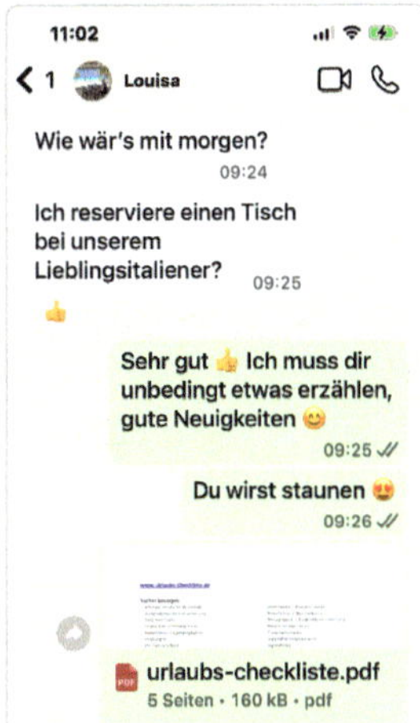

Diese Art der Reaktion erfreut sich in vielen Apps größter Beliebtheit und kann natürlich auch auf Fotos angewendet werden.

3.3 GIFs, Sticker und Avatarbilder verschicken

Neben den Emojis stellt WhatsApp eine Reihe von animierten GIF-Bildern zur Verfügung. Dabei handelt es sich um kurze Bildsequenzen, die fortlaufend wiederholt werden und so den Eindruck eines bewegten Fotos erzeugen, z. B. ein klatschender Mann.

- **GIF versenden:** Tippen Sie im Nachrichtenfeld auf 1 und wählen dann GIF 2 aus. Über das Suchensymbol 3 können Sie nach bestimmten Inhalten suchen. Wählen Sie eine Datei durch Antippen aus. Optional können Sie diese durch eine Nachricht ergänzen. Tippen Sie dann auf ***Senden***.
- **GIF erhalten:** Zum Betrachten des GIFs tippen Sie im Chat auf das Bild 4. Zum Stoppen der Bildsequenz streichen Sie kurz vertikal über das Display.

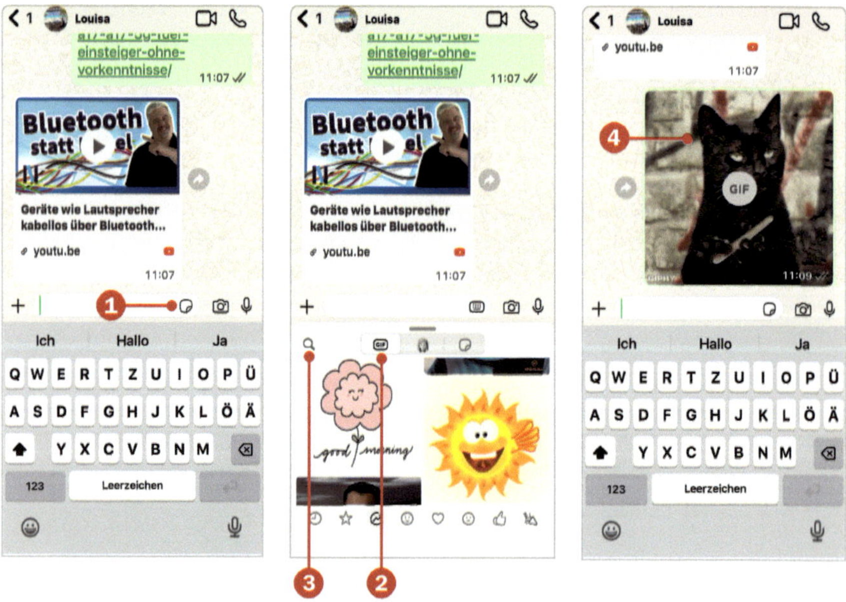

Sticker sind kleine, teilweise sogar bewegte Bilder ähnlich der Emojis. Diese werden allerdings nach Auswahl sofort versendet und können nicht mit Text verschickt werden.

- **Sticker versenden:** Tippen Sie im Nachrichtenfeld auf und wählen dann ❶ aus. Der erste Bereich ❷ enthält Ihre zuletzt verwendeten Sticker. Darauf folgen die Favoriten und dann die bereits heruntergeladenen Stickersets ❸. Zum Versenden eines Stickers tippen Sie den Bereich oder das Set an und wählen dann den Sticker aus.
- **Stickerset hinzufügen/entfernen:** Durch Antippen des Plus-Symbols ❹ werden alle Stickersets angezeigt. Stickersets, die mit einem Häkchen versehen sind, haben Sie bereits Ihrer Sammlung hinzugefügt. Zum Herunterladen einer neuen Sammlung tippen Sie auf das Plus-Symbol ❺. Im Register ***Meine Sticker*** können Sie Stickersets, die Sie nicht mehr benötigen, wieder entfernen. Tippen Sie dazu auf ***Bearbeiten*** ❻ und anschließend auf das Löschensymbol.

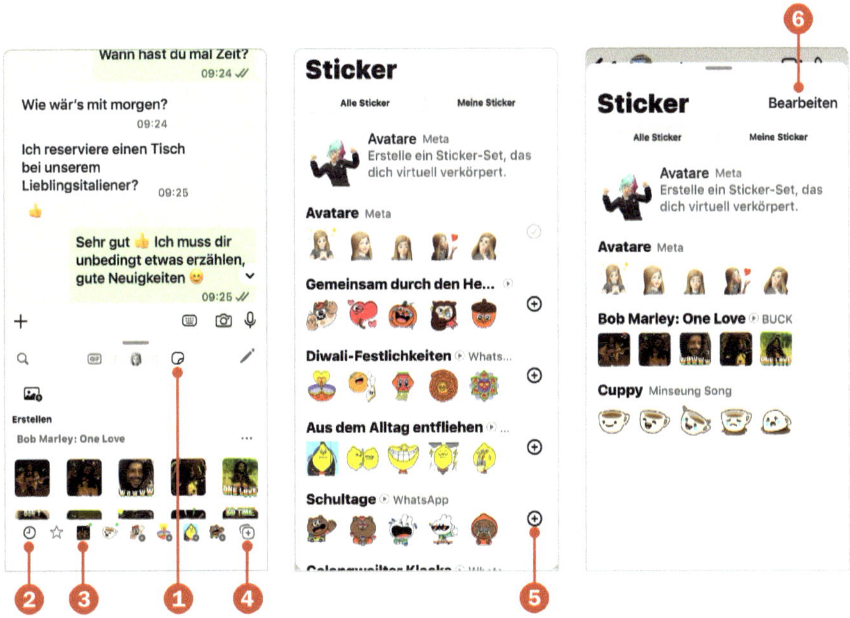

In WhatsApp kann ein Avatar erstellt werden; dabei handelt es sich um eine Figur, die man dem eigenen Aussehen nachempfindet. Der Avatar kann dann als Profilbild verwendet werden. Sobald ein Avatar kreiert wurde (siehe dazu Seite 90), werden auf dieser Grundlage automatisch verschiedene Sticker erstellt.

- **Avatarbild versenden:** Tippen Sie im Nachrichtenfeld auf ⊙ und dann auf das Avatarsymbol ❶ aus. Hier wird Ihr Avatar hinterlegt, weswegen Ihre Darstellung von der im Buch abweicht. Der erste Bereich unten 🕘 ❷ enthält Ihre zuletzt verwendeten Avatarbilder. Darauf folgen die Favoriten und dann weitere Unterkategorien, die nach Emotionen, z. B. ***Glücklich***, ***Liebe*** usw., sortiert sind. Wählen Sie eine Kategorie und dann das gewünschte Bild. Dieses wird sofort versendet und erscheint oben im Chat.

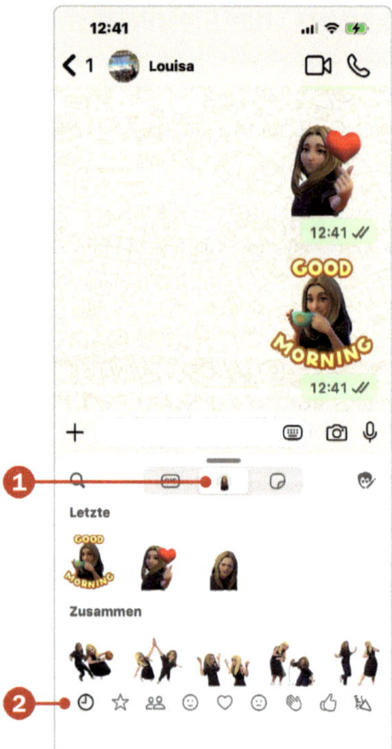

4 Freunde schnell informieren

Was finde ich in diesem Kapitel?

- Gruppenchat
- Broadcast
- Status und Kanäle

Das erwartet Sie hier!

Oft gibt es Informationen, die man gleich mehreren Freunden mitteilen möchte. Hier kommen Gruppenchat, Broadcast und die Statusmitteilung ins Spiel.

- Die Mitglieder eines **Gruppenchat** unterhalten sich gemeinsam in einem Chat; beliebt sind alle Arten von Verwandtschafts- oder Freundes-Chats, zum schnellen Austausch von Infos und vor allem Fotos. Die Telefonnummern der Gruppenmitglieder sind im Chat ersichtlich. Manche Gruppenchats haben einen etwas offizielleren Charakter, z. B. zur Organisation einer Yoga-Gruppe oder einer Fahrgemeinschaft.
- Mit einem **Broadcast** senden Sie eine Nachricht an einen ausgesuchten Personenkreis. Bei den Empfängern landet die Nachricht allerdings im Einzelchat; es sieht also für den Freund so aus, als hätten Sie ihm persönlich geschrieben. Dadurch sieht er auch keine anderen Telefonnummern. Diese Anonymität der anderen Empfänger ist oft der Grund, warum der Broadcast verwendet wird.
- Im **Status** teilen Sie Fotos, kurze Texte oder Sprachnachrichten mit Ihren Freunden. Hier soll niemand im Besonderen informiert werden, es geht mehr darum, ein tolles Bild, ein lustiges Video oder einen schönen Spruch an die weiterzugeben, die es interessiert. Auf eine Statusmeldung erwartet man keine Antwort. Die Meldung wird 24 Stunden lang angezeigt, ehe sie automatisch wieder verschwindet.
- **Kanäle** werden von Unternehmen, Organisationen, Vereinen aber auch Einzelpersonen betrieben und mit Informationen gefüllt. Wen dieser spezielle Inhalt interessiert, kann einen Kanal abonnieren.

4.1 Nachrichten in einer Gruppe austauschen

WhatsApp bietet die Möglichkeit, Kontakte zu einer Gruppe zusammenzufassen und Nachrichten auszutauschen, z. B. zur Koordination von Fahrgemeinschaften oder um zu entscheiden, wer was zu einer Grillparty mitbringt. Mit einem Gruppenchat erhalten alle Teilnehmer schnell alle Nachrichten und Fotos und antworten automatisch auch allen. Sie können bis zu 1.024 Personen in einem Gruppenchat zusammenfassen.

Gruppe zusammenstellen

Einen Gruppenchat erstellen

- Zeigen Sie den Bereich ***Chats*** an und wählen Sie oben rechts ***Neue Gruppe*** aus (1).
- Fügen Sie der Gruppe zunächst Teilnehmer hinzu. Dazu tippen Sie in der angezeigten Kontaktliste jeden gewünschten Teilnehmer an. Die aufgenommenen Personen werden oben aufgeführt. Durch Antippen von ***x*** (2) kann ein versehentlich hinzugefügter Freund wieder entfernt werden.
- Tippen Sie dann auf ***Weiter*** und geben Sie einen Namen für die Gruppe ein. Dieser darf 100 Zeichen lang sein.
- Zur Auswahl eines Gruppenbilds tippen Sie auf das Kamerasymbol (3): Hier können Sie über die App ***Fotos*** ein Bild auswählen, mit ***Foto aufnehmen*** schnell ein Foto knipsen oder unter ***Emoji und Sticker*** (4) ein Bildsymbol auswählen. Bestätigen Sie mit ***Fertig*** (5).
- Zu den Einstellungsoptionen (6) kommen wir später. Erläuterung zu ***selbstlöschenden Nachrichten*** erhalten Sie auf Seite 219 und zu den ***Gruppenberechtigungen*** ab Seite 107.
- Tippen Sie dann auf ***Erstellen*** (7).

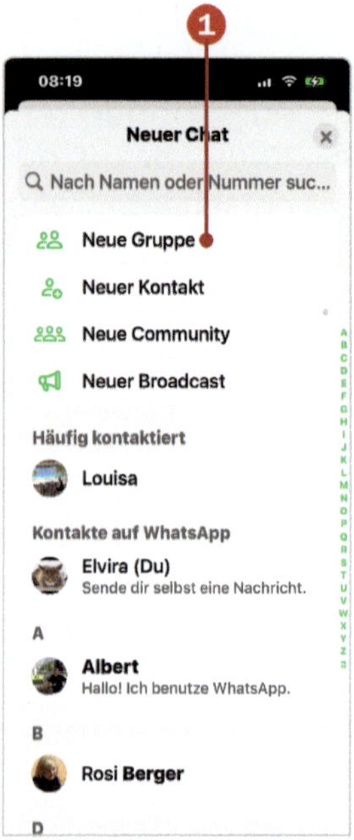
1
08:19
Neuer Chat
Nach Namen oder Nummer suc...
Neue Gruppe
Neuer Kontakt
Neue Community
Neuer Broadcast
Häufig kontaktiert
Louisa
Kontakte auf WhatsApp
Elvira (Du)
Sende dir selbst eine Nachricht.
A
Albert
Hallo! Ich benutze WhatsApp.
B
Rosi Berger
D

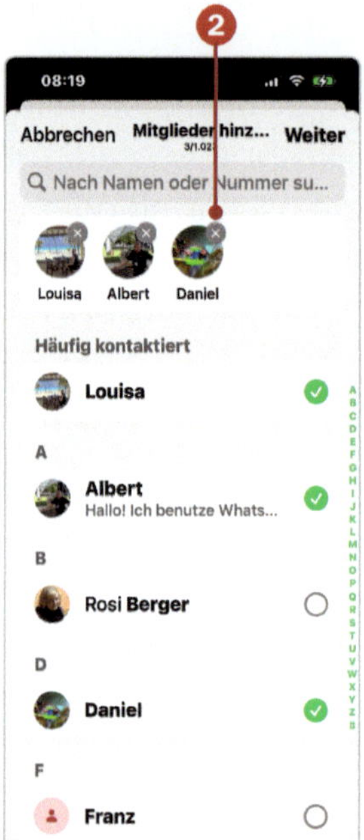
2
08:19
Abbrechen
Mitglieder hinz...
3/1.023
Weiter
Nach Namen oder Nummer su...
Louisa
Albert
Daniel
Häufig kontaktiert
Louisa
A
Albert
Hallo! Ich benutze Whats...
B
Rosi Berger
D
Daniel
F
Franz

3
08:27
Zurück
Neue Gruppe
Erstellen
7
Yoga-Gruppe
Selbstlöschende Nachrichten
6
Gruppenberechtigungen
MITGLIEDER: 3 VON 1.023
Hinzuf...
Louisa
Albert
Daniel
„Gruppe"
Gruppen
ruppenarbeit
123
Leerzeichen
Fertig

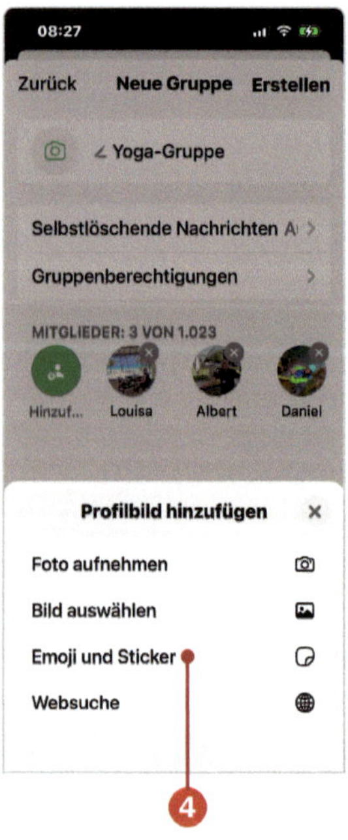
08:27
Zurück
Neue Gruppe
Erstellen
Yoga-Gruppe
Selbstlöschende Nachrichten
Gruppenberechtigungen
MITGLIEDER: 3 VON 1.023
Hinzuf...
Louisa
Albert
Daniel
Profilbild hinzufügen
Foto aufnehmen
Bild auswählen
Emoji und Sticker
Websuche
4

08:28
Abbrechen
Emoji
Sticker
Fertig
Rosa
Emoji suchen
ABC
5

08:30
Yoga-Gruppe
Albert, Daniel, Louisa, Du
8
Heute
Du hast diese Gruppe erstellt
Gruppe · 4 Mitglieder
Mitglieder können Personen hinzufügen oder über einen Link einladen.
Bearbeiten
+ Mitglieder hinzufügen
Per Link oder QR-Cod...
Nachrichten und Anrufe sind Ende-zu-Ende-verschlüsselt. Nur Personen in diesem Chat können sie lesen, anhören oder teilen. Mehr erfahren
So, jetzt geht's bald los
08:30

Im letzten Bild sehen Sie den Gruppenchat, wie er beim Initiator angezeigt wird. Zum Gruppenchat „Yoga-Gruppe" gehören die Teilnehmer Albert, Daniel, Louisa und Du 8. Sie können jetzt Ihre erste Nachricht eingeben.

Wichtig! In einem Gruppenchat geben Sie die Telefonnummern der Teilnehmer bekannt. Unter Freunden hat meist sowieso schon jeder die Nummer des anderen und somit stört sich niemand daran. Allerdings ist das nicht immer gewünscht, vor allem, wenn sich die Gruppenmitglieder untereinander nicht kennen. Hier ist es besser, vorher die Zustimmung einzuholen oder einen Link zu verschicken (siehe Seite 118).

Gruppenchat anzeigen

Für die eingeladenen Teilnehmer und natürlich auch den Ersteller der Gruppe wird der Gruppenchat automatisch im Bereich ***Chats*** 9 angezeigt und kann durch Antippen geöffnet werden. Sie verlassen den Chat wie üblich durch Antippen des Pfeils links oben.

Das Versenden von Nachrichten, Fotos oder anderen Informationen funktioniert im Gruppenchat genauso wie in den Einzelchats. Oben am Rand der Nachricht wird der Name 10 des Absenders angezeigt bzw. seine Telefonnummer.

Am oberen Bildschirmrand sehen Sie die Namen 11 der Teilnehmer; bei großen Gruppen natürlich nur einen Teil. Sind hier auch Telefonnummern aufgeführt, sind diese Gruppenmitglieder nicht mit ihrer Nummer in Ihrem Adressbuch gespeichert. Für mehr Übersicht ist es ratsam, bei Gruppen mit längerfristigem Charakter die Teilnehmer, für die eine Telefonnummer angezeigt wird, im Adressbuch zu speichern. Dazu gleich mehr.

Gruppenchat sofort wieder verlassen

Wurden Sie von jemandem zu einem Gruppenchat hinzugefügt, dessen Telefonnummer nicht in Ihrer App ***Kontakte*** hinterlegt ist, erhalten Sie die Option ***Gruppe verlassen*** ⓬. Sollten Sie die Person kennen und in der Gruppe bleiben möchten, blenden Sie den Bereich durch Auswahl von ***Bleiben*** einfach aus. In diesem Fall würde ich Ihnen raten, die Handynummer der Person auch gleich in Ihrer App ***Kontakte*** zu speichern.

> Normalerweise wird man nur zu Gruppen hinzugefügt, für die man auch ein Interesse signalisiert hat. Sollten Bekannte sich nicht an die Regel halten, können Sie festlegen, dass diese Sie nicht zu einer Gruppe hinzufügen dürfen. Wie das geht, lesen Sie auf Seite 122.

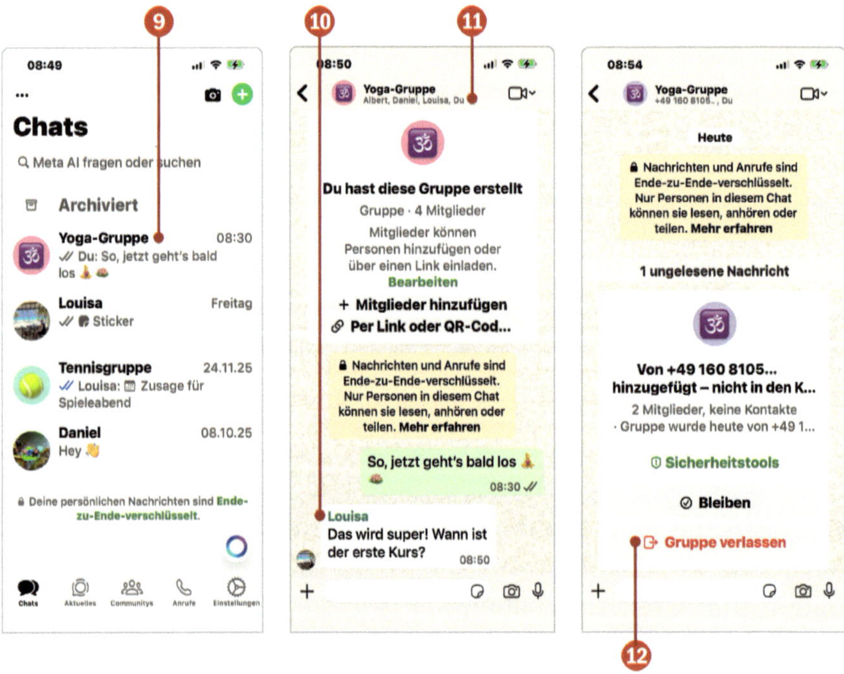

Wer ist denn jetzt in der Gruppe?

In der Gruppeninfo sind nochmals alle Mitglieder aufgelistet. Darüber hinaus finden Sie hier weitere Einstellungs- und Bearbeitungsoptionen und erhalten eine Übersicht aller ausgetauschten Medien. Welche Optionen die Gruppeninfo enthält, ist auch davon abhängig, ob Sie Gruppenadmin sind. Dazu gleich mehr.

- Um die Gruppeninfo einzusehen, zeigen Sie den Gruppenchat an und tippen dann oben auf den Bereich 1, der den Gruppennamen enthält. Streichen Sie vertikal über den Bildschirm, um alle Informationen durchzusehen.
- Wischen Sie über das Display, um im unteren Bereich zur Anzeige der Gruppenmitglieder 2 zu gelangen.
- Sie verlassen die Gruppeninfo und zeigen den Chat wieder durch Anklicken des Pfeils 3 links oben an.

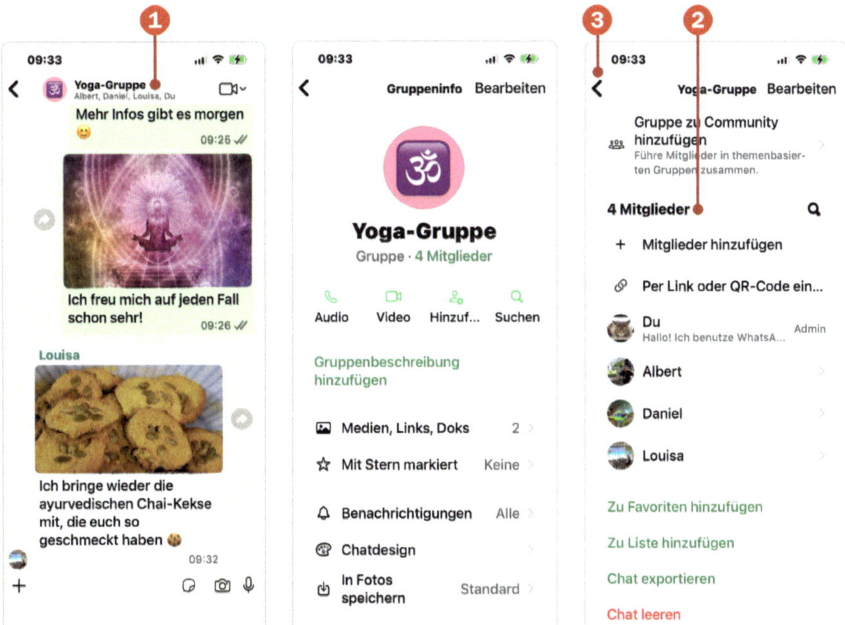

So ergänzen Sie fehlende Telefonnummern

Zur Speicherung der Handynummer eines Gruppenmitglieds in Ihrem Adressbuch gehen Sie so vor:

- Zeigen Sie die Gruppeninfo des Chats an. Scrollen Sie nach unten und tippen Sie auf den Teilnehmer 1, dessen Nummer Sie hinzufügen möchten.

- Wählen Sie dann *Info* 2 und anschließend ***Neuen Kontakt erstellen*** 3 (neuer Eintrag). Es öffnet sich ein neues Kontaktformular, die Telefonnummer und ggf. der Name sind bereits hinterlegt. Geben Sie weitere Infos ein und tippen Sie dann auf ***Fertig*** 4.

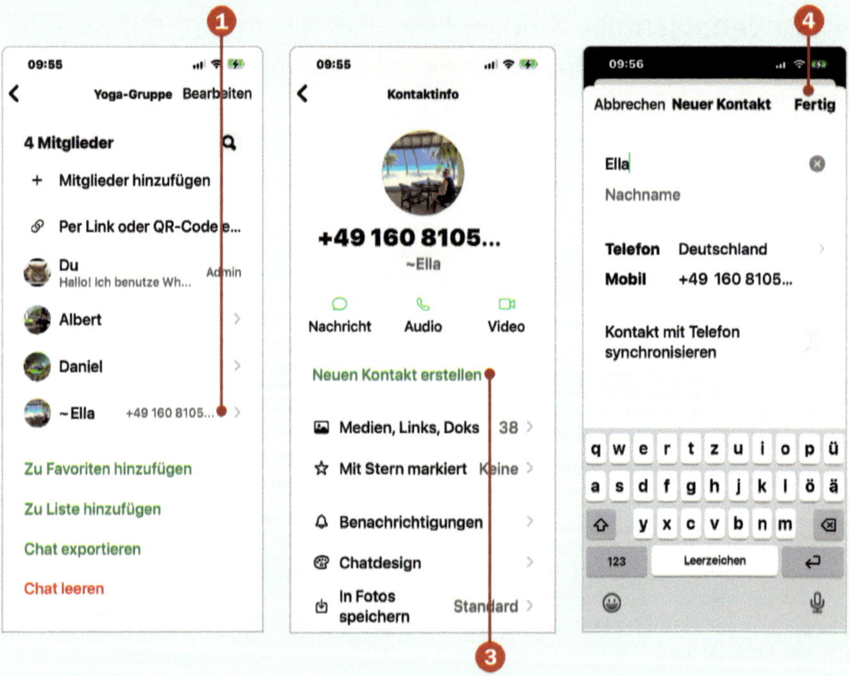

Herrscher der Gruppe: der Gruppenadmin

Jede Gruppe hat mindestens einen Gruppenadministrator (= ***Gruppenadmin***). Dieser ist mit zusätzlichen Bearbeitungsrechten ausgestattet, wie das Hinzufügen und Entfernen von Teilnehmern oder das Festlegen weiterer Administratoren. Außerdem können Gruppenadmins nicht nur eigene, sondern alle Nachrichten im Chat löschen. Gruppenadmin wird automatisch die Person, die den Chat erstellt hat.

Um herauszufinden, wer Admin ist, öffnen Sie die ***Gruppeninfo*** und scrollen nach unten, um die Teilnehmer der Gruppe anzuzeigen. Mindestens eine Person hat den Zusatz ***Admin***. Im Beispiel unten sehen Sie die Gruppeninfo derselben Gruppe, einmal die Anzeige des Admins 1 und einmal die Anzeige eines anderen Gruppenmitglieds 2. Der Gruppenadmin verfügt über mehr Bearbeitungsrechte, die in den ***Gruppenberechtigungen*** zusammengefasst sind 3.

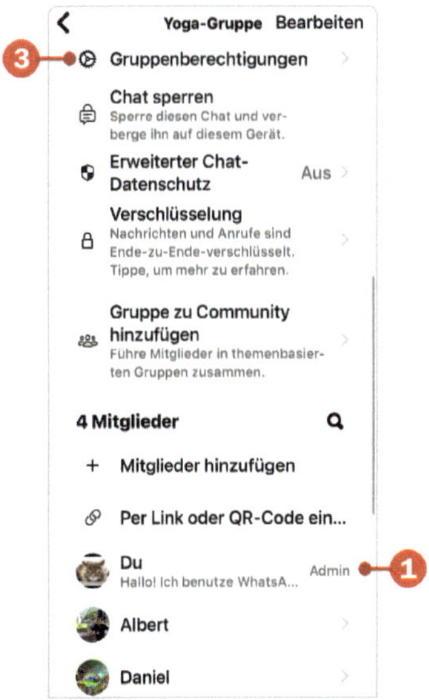

Anzeige beim Ersteller der Gruppe

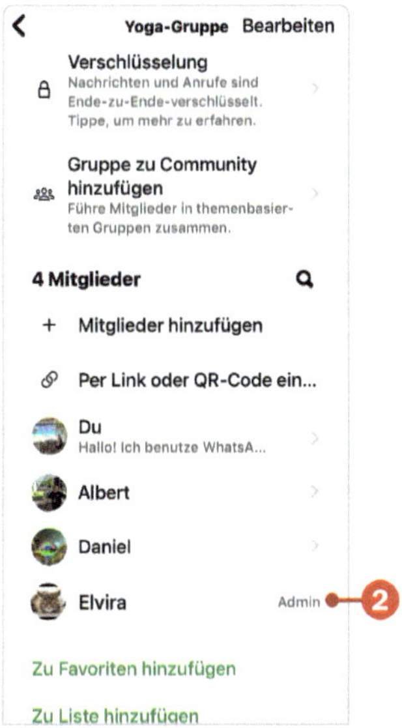

Anzeige bei einem Gruppenmitglied

Weitere Gruppenadministratoren benennen

Als Gruppenadmin steht Ihnen innerhalb der ***Gruppeninfo*** die Option ***Gruppenberechtigungen*** 4 zur Verfügung. Tippen Sie diese an.

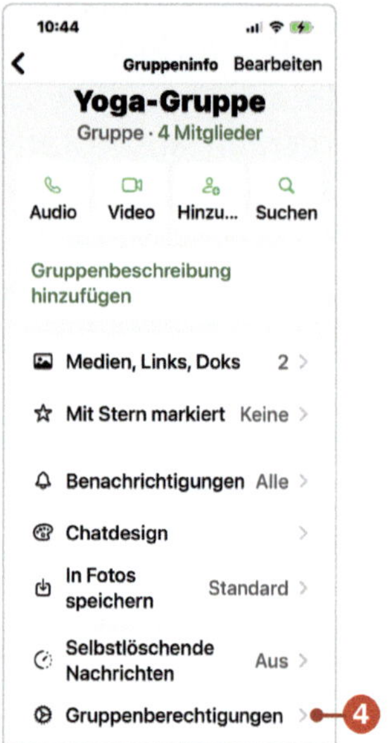

Hier können Sie durch Auswahl von ***Gruppenadmins*** 5 einen oder mehrere Teilnehmer der Gruppe mit Administrationsrechten ausstatten. Versehen Sie die Person 6, die auch Administrationsrechte erhalten soll, mit einem Häkchen, und bestätigen Sie mit ***Fertig***.

Für den neuen Administrator wird im Gruppenchat eine Nachricht 7 eingeblendet, dass er jetzt Admin ist. Diese Meldung erhalten die anderen Gruppenmitglieder nicht. Sie können diese Information nur der Gruppeninfo entnehmen.

Der neue Admin des Gruppenchats hat dieselben Rechte wie der Gruppengründer, bis auf zwei kleine Ausnahmen: Er kann dem Ersteller der Gruppe nicht den Adminstatus nehmen, der Initiator den neuen Admins schon. Und der Gruppengründer kann nicht aus der Gruppe entfernt werden.

Gruppenadmin wieder entfernen

Rufen Sie auf demselben Weg den Bereich ***Gruppenadmins*** auf. Oben sind der oder die weiteren Gruppenadmins aufgeführt. Durch Antippen des ***x*** auf dem Profilbild 8 können Sie der Person die Administrationsrechte wieder entziehen. Bestätigen Sie mit ***Fertig***.

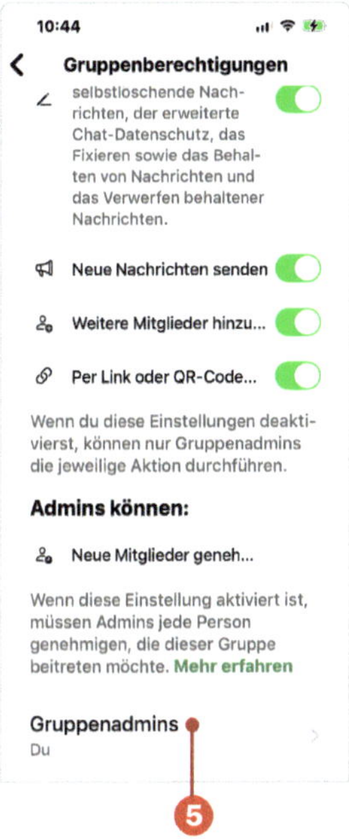

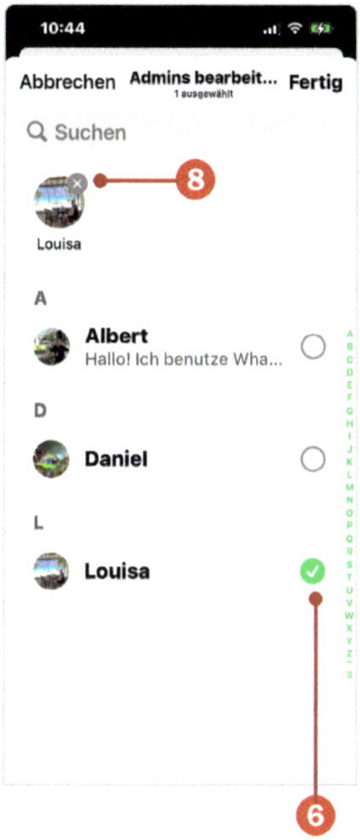

Rechte der Teilnehmer festlegen

Standardmäßig darf jedes Gruppenmitglied Gruppeneinstellungen vornehmen. Außerdem dürfen Mitglieder andere hinzufügen. Und natürlich darf auch jedes Gruppenmitglied Nachrichten versenden. Diese Rechte können vom Gruppenadmin eingeschränkt werden.

Zeigen Sie als Gruppenadmin die ***Gruppeninfo*** an und tippen Sie auf ***Gruppenberechtigungen*** 1, zur Verwaltung der Rechte in der Gruppe.

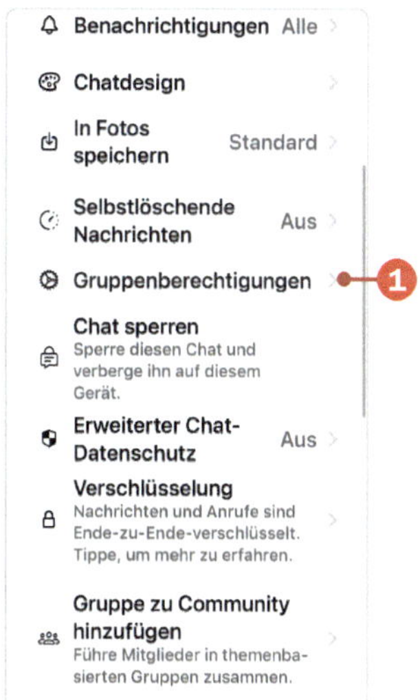

Gruppeneinstellungen schützen

Wenn Sie möchten, dass Ihre Einstellungen, bezüglich dem Namen der Gruppe, dem Gruppenbild und der -beschreibung, sowie den Einstellungen zu selbstlöschenden Nachrichten, so bleiben, wie Sie sie vorgenommen haben, dann tippen Sie auf den Regler bei ***Gruppeneinstellungen bearbeiten*** 2. Der Schalter wird damit ausgeschaltet und eine Bearbeitung durch Gruppenmitglieder ist nicht mehr möglich. Nur der Gruppenadmin kann noch Änderungen vornehmen.

Gruppenmitglieder dürfen keine Nachrichten senden

In einem Chat unter Freunden werden sicherlich alle Mitglieder Nachrichten senden dürfen. Interessant ist die Einschränkung von Teilnehmerrechten in Chats mit offiziellerem Charakter.

Dazu ein Beispiel: Als Leiter einer Sportgruppe haben Sie einen Gruppenchat erstellt, um die Termine zu koordinieren. Auf die Information „Der Waldlauf fällt wegen Regen leider heute aus." möchten Sie vielleicht keine Antworten, wie „Dachte ich mir schon" oder „Schade", erhalten.

Für Chats dieser Art kann es sinnvoll sein, den Teilnehmern nur ein Leserecht einzuräumen. Dazu tippen Sie bei ***Neue Nachrichten senden*** 3 auf den Schalter. Teilnehmer der Gruppe werden im Chat über die Rechtevergabe informiert. Wenn keine Schreibrechte vorliegen, wird das Nachrichtenfeld nicht angezeigt. Nur Admins dürfen Nachrichten verfassen.

Nur der Admin darf Mitglieder hinzufügen

Dass Gruppenmitglieder weitere Personen zum Gruppenchat hinzufügen können, kann praktisch sein. Wenn Sie das nicht möchten, tippen Sie auf den Schalter bei ***Weitere Mitglieder hinzufügen*** 4. Der Schalter ist aus und nur Admins können Mitglieder hinzufügen.

Admin genehmigt neue Mitglieder

Überlegen Sie, ob für Ihre Gruppe eine weitere Alternative sinnvoll ist: Sie können erlauben, dass alle Gruppenmitglieder weitere Personen hinzufügen dürfen, legen aber zusätzlich fest, dass der Beitritt neuer Mitglieder von einem Gruppenadmin genehmigt werden muss. Tippen Sie auf den Schalter bei ***Neue Mitglieder genehmigen*** 5 und schalten Sie ihn ein. Lehnt der Gruppenadmin ab, kann die Person nicht Mitglied der Gruppe werden. Die Beitrittsanfragen erscheinen oben im Gruppenchat des Admins. Tippen Sie im Banner auf ***Prüfen*** 6 und entscheiden Sie, ob die Person Mitglied 7 der Gruppe werden darf.

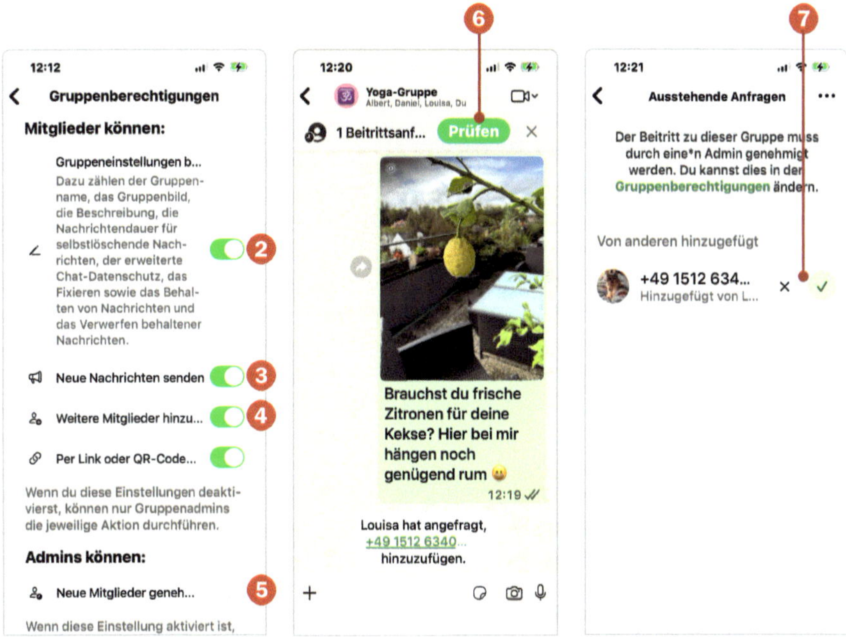

Gruppeninformationen bearbeiten

Name der Gruppe, Bild und die Gruppenbeschreibung können von jedem Gruppenmitglied geändert werden. Öffnen Sie die ***Gruppeninfo***, um die einzelnen Elemente zu bearbeiten.

Gruppenbeschreibung hinzufügen oder ändern

Zu jeder Gruppe kann eine Beschreibung hinterlegt werden. Sicherlich kommen die meisten Gruppenchats auch ohne aus. In Gruppen mit vielen Teilnehmern, z. B. einem Vereins-Chat, kann es sinnvoll sein, wichtige Infos, Ansprechpartner etc. zu hinterlegen.

Tippen Sie in der ***Gruppeninfo*** auf ***Gruppenbeschreibung hinzufügen*** ❶, geben Sie einen Text ein und bestätigen diesen mit ***Speichern*** ❷. Im Gruppenchat wird oben der neue Beschreibungstext eingeblendet. Sie können den Beschreibungstext jederzeit antippen und ändern. Da sich der Text in der Gruppeninfo versteckt, wird nach der Erstellung bei den Mitgliedern automatisch im Chat angezeigt, dass die Gruppenbeschreibung geändert wurde. Durch Antippen des Textes ❸ können Sie sich die Beschreibung ansehen.

Gruppenname ändern

Tippen Sie in der ***Gruppeninfo*** rechts oben auf ***Bearbeiten*** ❹ und tippen eine neue Bezeichnung für die Gruppe ein ❺. Bestätigen Sie mit ***Fertig*** ❻.

Gruppenbild austauschen

Zum Ändern des Bildes tippen Sie in der ***Gruppeninfo*** wieder rechts oben auf ***Bearbeiten*** und anschließend nochmals auf ***Bearbeiten*** ❼ und wählen dann, wie bereits gezeigt, das passende ❽ aus.

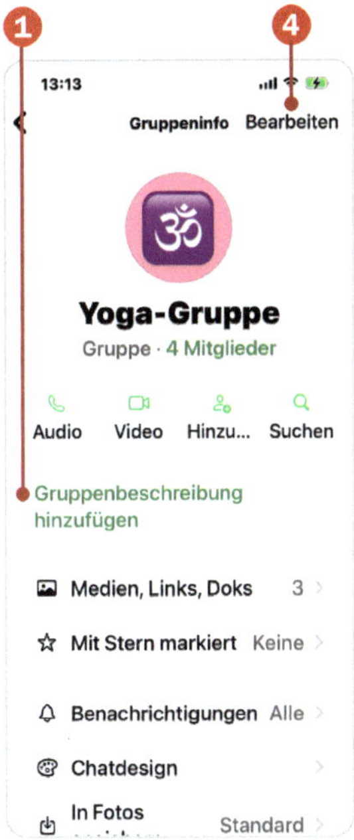
1
4
13:13
Gruppeninfo
Bearbeiten
Yoga-Gruppe
Gruppe · 4 Mitglieder
Audio
Video
Hinzu...
Suchen
Gruppenbeschreibung hinzufügen
Medien, Links, Doks 3
Mit Stern markiert Keine
Benachrichtigungen Alle
Chatdesign
In Fotos
Standard

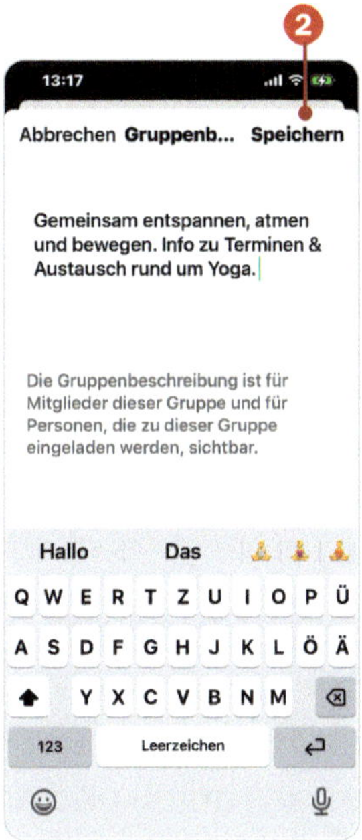
2
13:17
Abbrechen
Gruppenb...
Speichern
Gemeinsam entspannen, atmen und bewegen. Info zu Terminen & Austausch rund um Yoga.
Die Gruppenbeschreibung ist für Mitglieder dieser Gruppe und für Personen, die zu dieser Gruppe eingeladen werden, sichtbar.
Hallo
Das
123
Leerzeichen

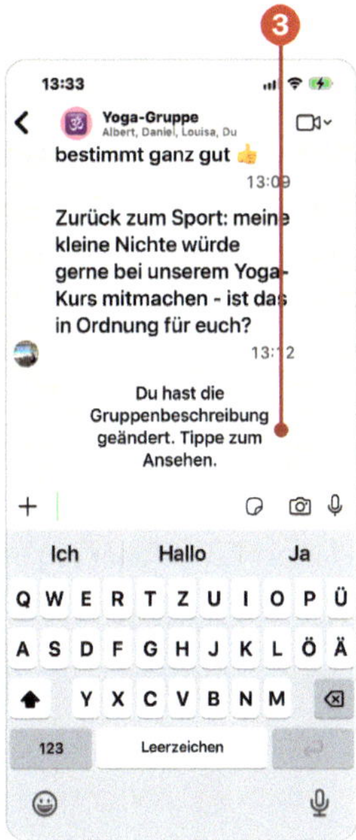
3
13:33
Yoga-Gruppe
Albert, Daniel, Louisa, Du
bestimmt ganz gut
13:09
Zurück zum Sport: meine kleine Nichte würde gerne bei unserem Yoga-Kurs mitmachen - ist das in Ordnung für euch?
13:12
Du hast die Gruppenbeschreibung geändert. Tippe zum Ansehen.
Ich
Hallo
Ja
123
Leerzeichen

13:17
Abbrechen
Gruppe bearbe...
Fertig
6
Bearbeiten
7
Yoga-Gruppe
5
„Gruppe"
Gruppen
uppenarbeit
123
Leerzeichen
Fertig

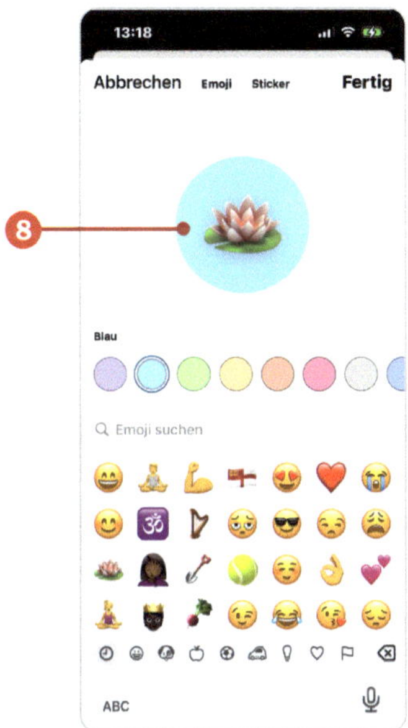
13:18
Abbrechen
Emoji
Sticker
Fertig
8
Blau
Emoji suchen
ABC

Personen hinzufügen bzw. entfernen

Manchmal stellt man fest, dass noch einer fehlt! Das ist kein Problem, da eine Gruppe auch im Nachhinein noch um Teilnehmer erweitert werden kann. In den Standardeinstellungen kann jedes Mitglieder der Gruppe weitere Teilnehmer hinzufügen. Allerdings kann dieses Recht, wie Sie schon wissen, entzogen werden.

Personen aus dem Gruppenchat entfernen, kann hingegen nur der Admin.

Weitere Teilnehmer ergänzen

Zum Hinzufügen eines weiteren Mitglieds zu einer bestehenden Gruppe gehen Sie so vor:

- Zeigen Sie den Gruppenchat an und öffnen Sie die ***Gruppeninfo*** ❶. Wischen Sie nach unten und tippen Sie dann auf ***Mitglieder hinzufügen*** ❷.
- Ihre Kontakte werden angezeigt. Hier sehen Sie, wer schon zur Gruppe gehört ❸. Wählen Sie die gewünschte Person durch Antippen aus. Das zukünftige neue Mitglied ❹ wird oben angezeigt Bestätigen Sie mit ***Hinzu***.

> Der neue Teilnehmer sieht keine Nachrichten, die vor seinem Beitritt versendet wurden.

Teilnehmer löschen

Sie müssen Gruppenadmin sein, um ein Mitglied der Gruppe löschen zu können. Zum Entfernen einer Person aus der Gruppe zeigen Sie die ***Gruppeninfo*** an und tippen auf das zu entfernende Gruppenmitglied, in unserem Beispiel ***Albert***. Im nächsten Schritt wählen Sie ***Aus Gruppe entfernen*** ❺ aus und stimmen der folgenden Abfrage mit ***Entfernen*** ❻ zu.

1
13:42
Yoga-Gruppe
Albert, Daniel, Louisa, Du
Louisa
Gerne! Eine Zitrusnote in den Keksen macht sich bestimmt ganz gut
13:09
Zurück zum Sport: meine kleine Nichte würde gerne bei unserem Yoga-Kurs mitmachen - ist das in Ordnung für euch?
13:12
Du hast die Gruppenbeschreibung geändert. Tippe zum Ansehen.
Jeder ist herzlich willkommen
13:38
Louisa
Super Sie freut sich schon!
13:42

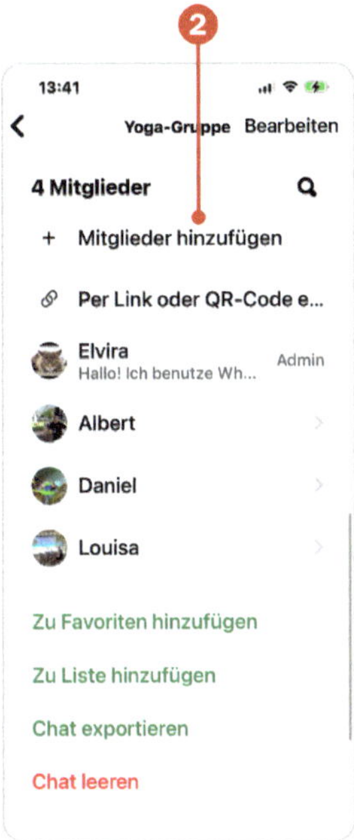
2
13:41
Yoga-Gruppe
Bearbeiten
4 Mitglieder
Mitglieder hinzufügen
Per Link oder QR-Code e...
Elvira
Hallo! Ich benutze Wh...
Admin
Albert
Daniel
Louisa
Zu Favoriten hinzufügen
Zu Liste hinzufügen
Chat exportieren
Chat leeren

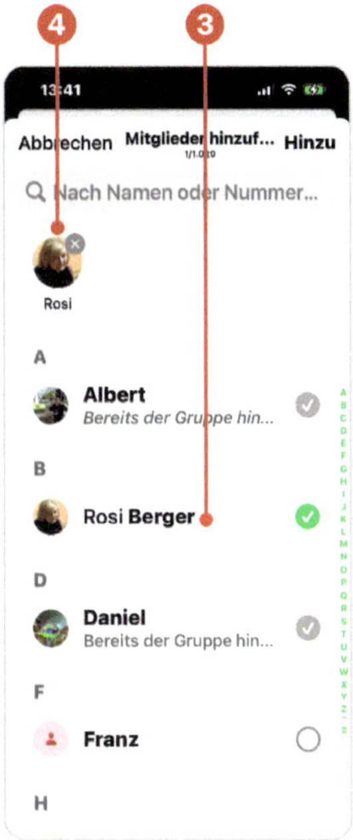
4
3
13:41
Abbrechen
Mitglieder hinzuf...
Hinzu
Nach Namen oder Nummer...
Rosi
A
Albert
Bereits der Gruppe hin...
B
Rosi Berger
D
Daniel
Bereits der Gruppe hin...
F
Franz
H

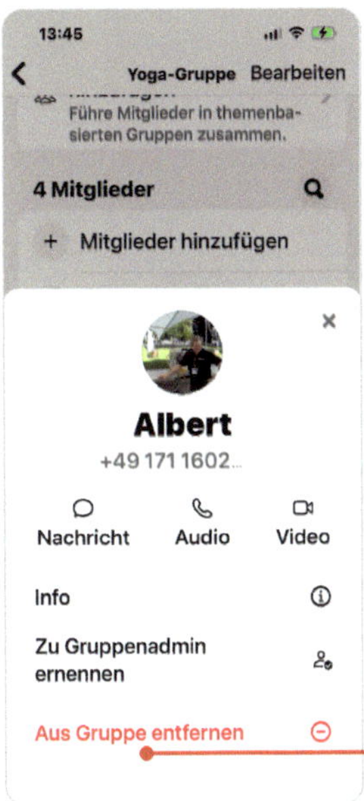
13:45
Yoga-Gruppe
Bearbeiten
Führe Mitglieder in themenbasierten Gruppen zusammen.
4 Mitglieder
Mitglieder hinzufügen
Albert
+49 171 1602...
Nachricht
Audio
Video
Info
Zu Gruppenadmin ernennen
Aus Gruppe entfernen

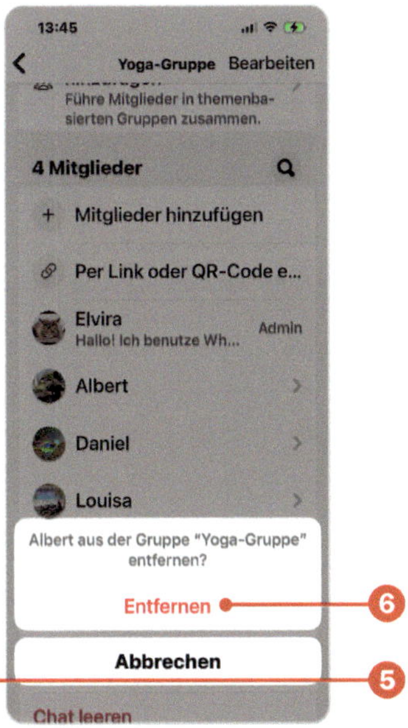
13:45
Yoga-Gruppe
Bearbeiten
Führe Mitglieder in themenbasierten Gruppen zusammen.
4 Mitglieder
Mitglieder hinzufügen
Per Link oder QR-Code e...
Elvira
Hallo! Ich benutze Wh...
Admin
Albert
Daniel
Louisa
Albert aus der Gruppe "Yoga-Gruppe" entfernen?
Entfernen
6
Abbrechen
5
Chat leeren

Einen Gruppenchat verlassen und die Gruppe löschen

Jeder Teilnehmer entscheidet für sich, ob er Teil eines Chats bleiben möchte. Natürlich können Sie eine Gruppe verlassen, wenn das Ereignis, z. B. die organisierte Geburtstagsparty oder der Wochenendausflug, vorüber ist. So verhindern Sie „Gruppenleichen".

Die Gruppe kann dann auch gleich gelöscht werden. Vielleicht macht es bei manchen Gruppen mehr Sinn, diese stummzuschalten (siehe auch Seite 212). Sie können die Gruppe aber auch archivieren, sodass Ihnen der Gruppenchat nicht mehr in der Chatliste angezeigt wird (siehe auch Seite 252).

Gruppe verlassen

- Öffnen Sie den Gruppenchat und zeigen Sie die ***Gruppeninfo*** an.
- Tippen Sie auf ***Gruppe verlassen*** 1 und bestätigen Sie mit ***Gruppe verlassen*** 2. Die Gruppe wird noch im Chat angezeigt, es können aber keine Nachrichten mehr gelesen oder versendet werden.

Der oder die Gruppenadmin(s) werden im Chat 3 darüber informiert, dass die Person die Gruppe verlassen hat. Einfache Gruppenmitglieder erhalten diese Information nicht. Andere Gruppenmitglieder können Ihren Weggang nur über das Fehlen Ihres Namens in der Mitgliederliste der Gruppeninfo schlussfolgern.

Gruppe löschen

Sie können eine Gruppe nur löschen, wenn Sie diese zuvor verlassen haben. In der ***Gruppeninfo*** erhalten Sie den Befehl zum Löschen der Gruppe, sobald Sie die Gruppe verlassen haben. Tippen Sie auf ***Gruppe löschen*** 4. Bestätigen Sie mit ***Gruppe löschen*** 5.

Über ***Verlassen und für mich löschen*** 6 können Sie eine WhatsApp-Gruppe schnell verlassen und gleichzeitig den gesamten Chatverlauf von Ihrem Gerät entfernen.

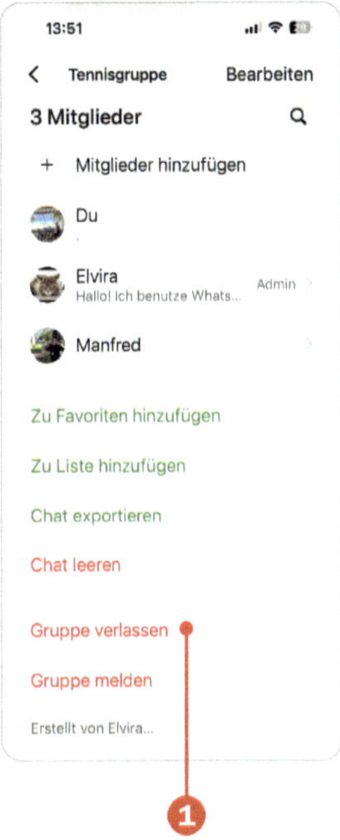

Anzeige Gruppenadmin

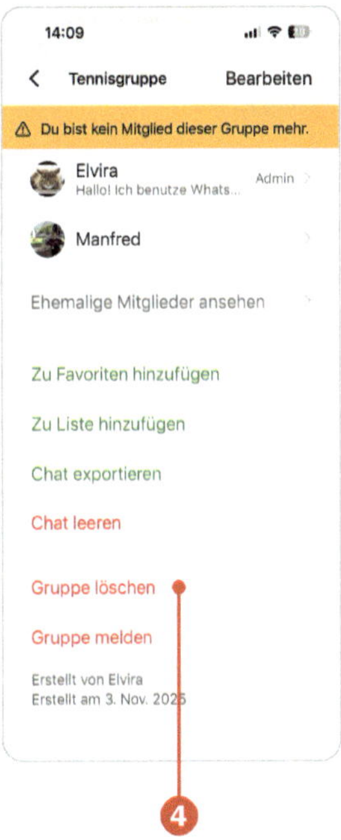

Falls der Gruppenadministrator einen Chat verlässt, erhält ein anderes Gruppenmitglied Adminrechte. In diesem Fall ist es von Vorteil, wenn der scheidende Admin vor seinem Weggang eine andere Person zum Admin macht (siehe dazu auch Seite 108).

Zu einer Gruppe mit Link oder QR-Code einladen

Bei einem Gruppenchat sieht jeder Teilnehmer die Handynummern der anderen Mitglieder. Gerade bei großen Gruppen (Verein, Orga-Teams etc.) können Sie nicht davon ausgehen, dass jede Person damit einverstanden ist, ungefragt zu einer Gruppe hinzugefügt zu werden. Die Lösung ist eine Gruppeneinladung.

Gruppe erstellen und Link versenden

- Erstellen Sie eine Gruppe mit den Personen (mindestens Sie und noch eine Personen), von denen Sie wissen, dass Sie Mitglieder der Gruppe sein möchten.
- Zeigen Sie die Gruppe an und öffnen Sie die Gruppeninfo durch Tippen auf den Bereich oben. Wählen Sie ***Per Link oder QR-Code einladen*** 1 aus.
- Mit ***Link über WhatsApp senden*** 2 können Sie einen oder mehrere Chats auswählen, denen Sie den Link schicken.
- Alternativ können Sie mit ***Link kopieren*** 3, diesen in der Zwischenablage speichern. Dann zeigen Sie einen Chat an und fügen den Link dort ein. Tippen Sie dazu etwas länger in das Nachrichtenfeld und wählen Sie ***Einsetzen*** 4 aus.

Alternativ können Sie den kopierten Link auch per E-Mail verschicken oder Sie verschicken den Link via *Broadcast* (siehe ab Seite 124).

- Das Einladen von Personen per QR-Code erfolgt ähnlich. Tippen Sie auf ***QR-Code*** 5 und rechts oben auf das Teilen-Symbol 6. Sie können den QR-Code direkt jemandem zeigen, damit er ihn mit seiner Kamera scannt. Oder Sie teilen den QR-Code als Bild über andere Apps (z. B. E-Mail, iMessage).

Gruppe beitreten

- Möchten Sie der Gruppe beitreten, so tippen Sie auf ***Gruppe beitreten*** 7. Sie sehen die Anzahl der aktuellen Mitglieder. Tippen Sie auf ***Gruppe beitreten*** 8.

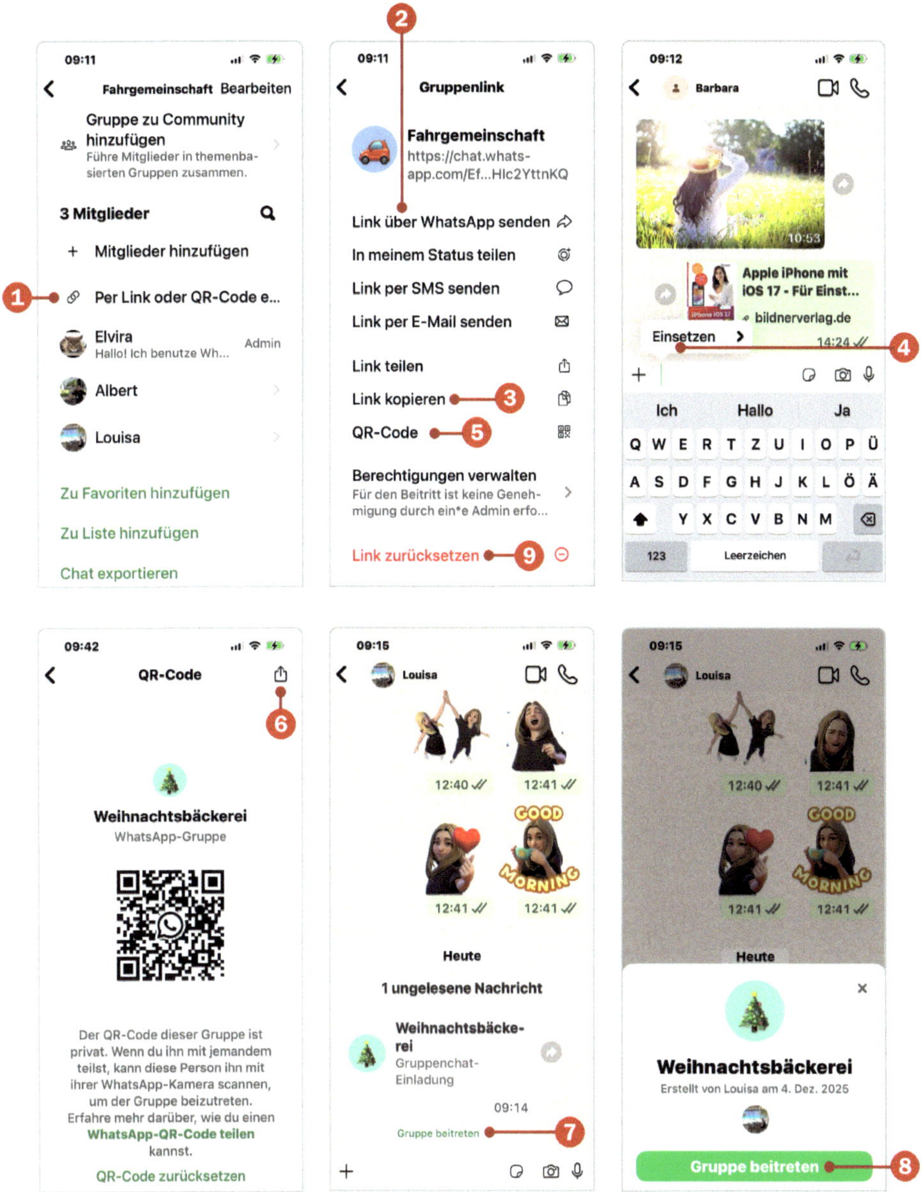

Jeder, der den Link hat, kann der Gruppe beitreten. Der Link kann von anderen weitergegeben werden und so können Personen der Gruppe beitreten, die Sie anfänglich nicht eingeladen haben. Wenn Sie möchten, dass der Link nicht mehr zum Gruppenbeitritt verwendet werden kann, tippen Sie auf ***Link zurücksetzen*** 9.

Gemeinsame Gruppen entdecken

Auch mal interessant zu wissen, welche Gruppen man mit einer bestimmten Person teilt.

- Öffnen Sie den Einzelchat mit der Person und tippen Sie oben auf die Kontaktinfo ❶.
- Scrollen Sie bis ganz nach unten zum Bereich ***gemeinsame Gruppen***. Dort werden Ihnen alle Gruppen ❷ angezeigt, in denen Sie beide Mitglieder sind. Sie können auch eine Gruppe antippen, um zu dieser zu wechseln.

Festlegen, wer mich zu einer Gruppe hinzufügen darf

In der Standardeinstellung können alle Personen, die Ihre Telefonnummer haben, Sie zu einer Gruppe hinzufügen. Wenn Sie das nicht möchten, verhindern Sie das über ***Einstellungen*** ▸ ***Datenschutz*** und antippen von ***Gruppen*** ❶.

Hier steht Ihnen mit der Option ***Meine Kontakte*** die Möglichkeit zur Verfügung, festzulegen, dass nur Personen berechtigt sind, Sie zu einer Gruppe hinzuzufügen, die auch in Ihrem Adressbuch (App Kontakte) gespeichert sind.

Alternativ erhalten Sie mit Auswahl von ***Meine Kontakte außer…*** ❷ eine Liste Ihrer Kontakte und können einzelne Personen durch Antippen ausschließen. Diese Kontakte erhalten ein rot hinterlegtes Häkchen. Bestätigen Sie die Auswahl mit ***Fertig***.

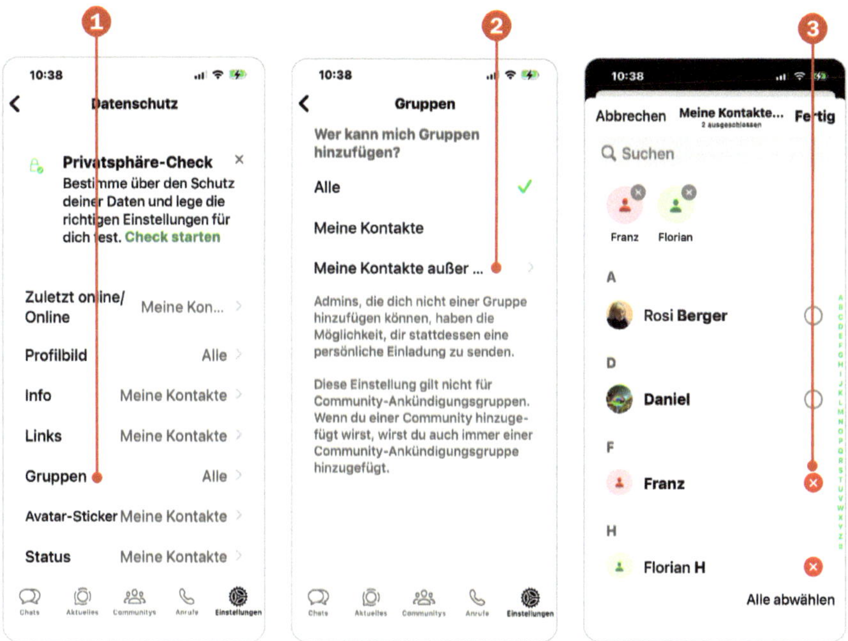

Was passiert, wenn mich eine unberechtigte Person zu einer Gruppe hinzufügt?

Wenn eine nicht berechtigte Person Sie zu einer Gruppe hinzufügen möchte, so erhält diese eine Mitteilung und hat daraufhin die Möglichkeit, Ihnen eine Einladung im Einzelchat zu senden. Sie sind **nicht** automatisch Teil der Gruppe.

Wenn Sie teilnehmen möchten, tippen Sie auf die Gruppeneinladung ❶. Im nächsten Fenster sehen Sie die Teilnehmerzahl. Sofern weitere Gruppenmitglieder in Ihrem Adressbuch gespeichert sind, sehen Sie deren Profilbild ❷. Es kann sein, dass die Gruppe weitere Mitglieder hat, die ebenfalls untersagt haben, zu einer Gruppe hinzugefügt zu werden.

Tippen Sie auf ***Gruppe beitreten***. Nach drei Tagen läuft die Einladung ab und Sie können nicht mehr beitreten. Erst wenn Sie der Gruppe beigetreten sind, sehen die anderen Gruppenmitglieder Ihre Telefonnummer. Wenn Sie nicht beitreten möchten, können Sie die Meldung einfach ignorieren oder im Einzelchat antworten, warum Sie nicht mitmachen möchten.

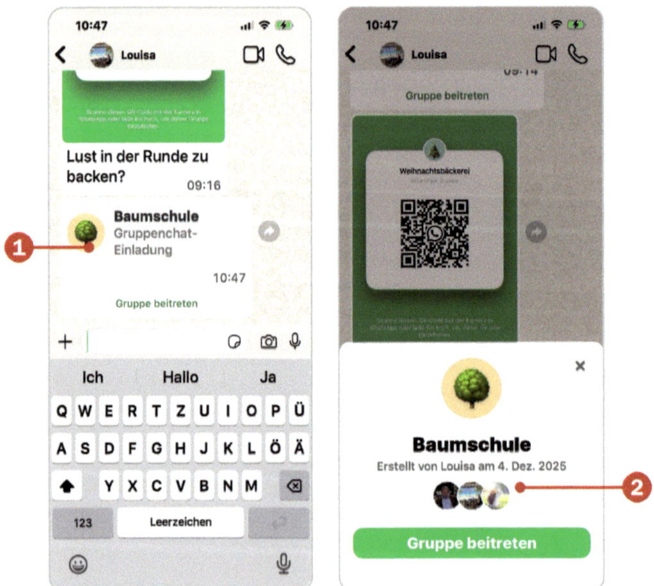

Was passiert, wenn ich nicht berechtigt bin, eine Person hinzuzufügen?

Sobald Sie versuchen, eine Person zu einer Gruppe hinzuzufügen, die das untersagt hat, erhalten Sie eine Meldung. Wenn Sie überzeugt sind, dass die Person Teil der Gruppe sein möchte, tippen Sie auf ***Zu Gruppe einladen*** 1. Zur näheren Bezeichnung der Gruppe kann der Text verändert werden 2. Klicken Sie dann auf ▶. Damit erhält der Freund eine Einladung zur Gruppe im Einzelchat und kann entscheiden, ob er teilnehmen möchte (siehe vorige Seite).

Der Initiator der Gruppe sieht in der Gruppeninfo, welche Personen als Gruppenmitglied hinzugefügt wurden und wer nur eingeladen 3 werden konnte. Sobald eine Person über die Einladung beitritt, wird diese automatisch bei den Gruppenmitgliedern angezeigt.

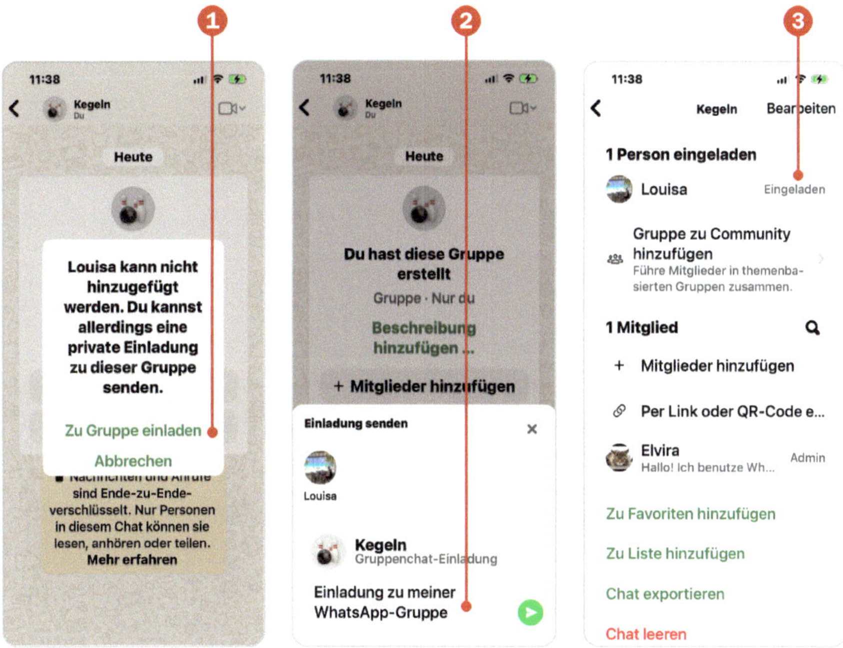

4.2 Broadcast: eine Nachricht an viele senden

Eine Broadcast-Liste erlaubt es Ihnen, eine Nachricht an mehrere Kontakte auf einmal zu versenden. Die Broadcast-Nachricht wirkt für den Empfänger wie eine gewöhnliche Nachricht in einem Einzelchat. Im Gegensatz zum Gruppenchat ist es für die angeschriebenen Personen also nicht ersichtlich, dass sie gemeinsam kontaktiert wurden. So werden auch nicht die Telefonnummern der Empfänger untereinander übermittelt. Sie können bis zu 256 Kontakte einer Broadcast-Liste hinzufügen. Die Antworten der Einzelnen erhält nur der Ersteller des Broadcasts.

Ein Broadcast erspart Ihnen das Schreiben vieler einzelner identischer Nachrichten! Er ist beispielsweise das Mittel der Wahl beim Versenden von Festtagsgrüßen oder Sie haben eine neue Telefonnummer und möchten Ihren Freundeskreis informieren.

Broadcast versenden und empfangen

Broadcast erstellen und verschicken

- Zeigen Sie den Bereich ***Chats*** an, wählen Sie rechts oben ⊕ ❶ und tippen Sie auf ***Neuer Broadcast***.

Achtung! Personen, denen Sie einen Broadcast senden, müssen Ihre Handynummer im Adressbuch (App Kontakte) gespeichert haben. Hat der Broadcast-Empfänger Ihre Handynummer nicht gespeichert, erhält er auch den Broadcast nicht.

- Eine Liste aller Kontakte erscheint. Tippen Sie die Kontakte an, die einen Broadcast erhalten sollen. Ihre Auswahl wird oben angezeigt ❷. Kontrollieren Sie die Auswahl. Durch Antippen des ***x*** bei der ausgewählten Person können Teilnehmer aus der Liste auch wieder gelöscht werden.
- Zum Fertigstellen der Liste tippen Sie auf ***Erstellen***.

- Jetzt können Sie, wie gewohnt, eine Nachricht ③ oder ein Foto etc. gleichzeitig an alle Broadcast-Empfänger verschicken.

Im oberen Bereich können Sie durch Antippen von ***Nachrichten*** ④ weitere Informationen zum Broadcast anzeigen.

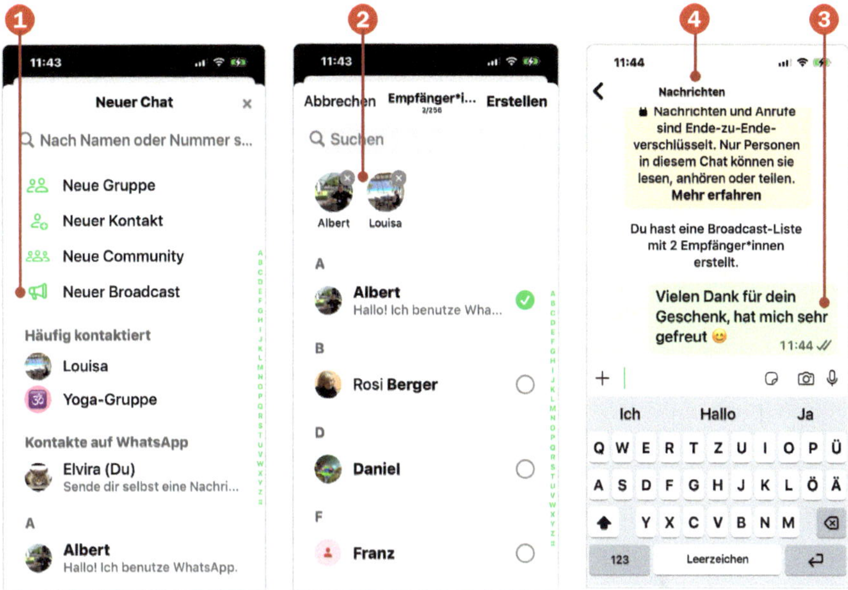

Empfänger einer Broadcast-Nachricht sein

Für die angeschriebenen Broadcast-Empfänger erscheint die Nachricht unter dem Namen des Absenders im Einzelchat ⑤ (in unserem Beispiel ist die Absenderin des Broadcasts Louisa). Der Empfänger eines Broadcasts sieht nicht, dass er Teil eines Broadcasts ist.

Antworten auf eine Broadcast-Nachricht erhalten

Antworten auf einen Broadcast werden beim Broadcast-Sender in den Einzelchats angezeigt ⑥. Hier wird die persönliche Unterhaltung auch weitergeführt. Der Broadcast-Sender erkennt im Einzelchat Broadcast-Nachrichten an diesem Symbol 📢 ⑦.

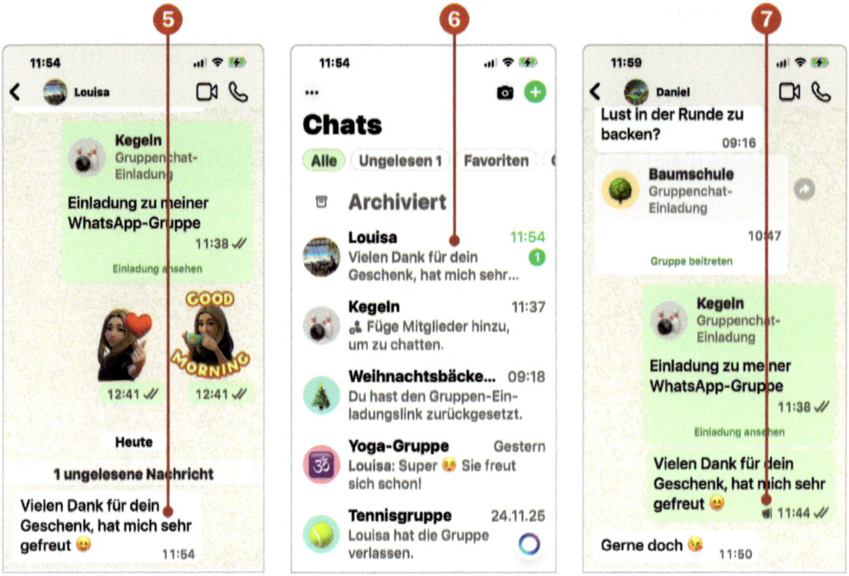

Empfänger des Broadcasts

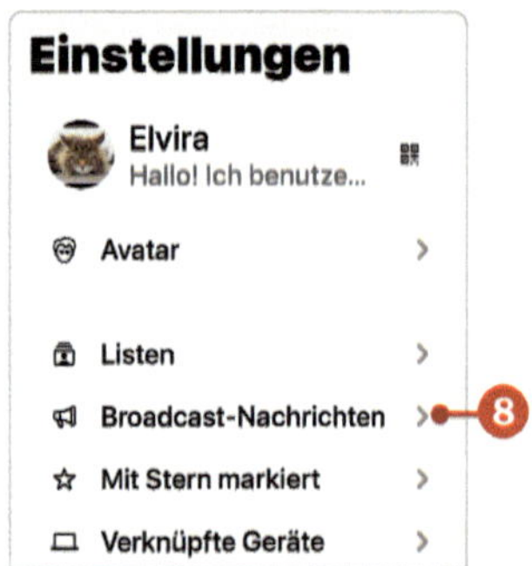

Die Broadcast-Liste 8, die nur beim Absender des Broadcasts angezeigt wird, enthält die ursprüngliche Nachricht und die Namen der Empfänger. Die Liste wird nicht mehr benötigt, außer Sie möchten später wieder eine Nachricht an die ausgewählten Personen schreiben.

Broadcast verwalten

Wenn Sie nur schnell eine Nachricht an eine Reihe von Personen senden wollten, ist der Broadcast damit erledigt und kann gelöscht werden. Dient der Broadcast dazu, beispielsweise demselben Personenkreis regelmäßig etwas zu senden, dann sollten Sie dem Broadcast einen Namen geben, um Verwechslungen vorzubeugen. Die Bearbeitungsmöglichkeiten des Broadcasts sind Ihnen schon aus den Gruppenchats geläufig.

Um Änderungen vorzunehmen, tippen Sie in den ***Einstellungen*** auf ***Broadcast-Nachrichten*** und anschließend wählen Sie die Broadcast-Liste (1) aus. Tippen Sie dann oben auf ***Nachrichten*** (2). Dadurch wird die Broadcast-Listen-Info angezeigt. Hier sehen Sie, welche Personen Empfänger des Broadcasts sind.

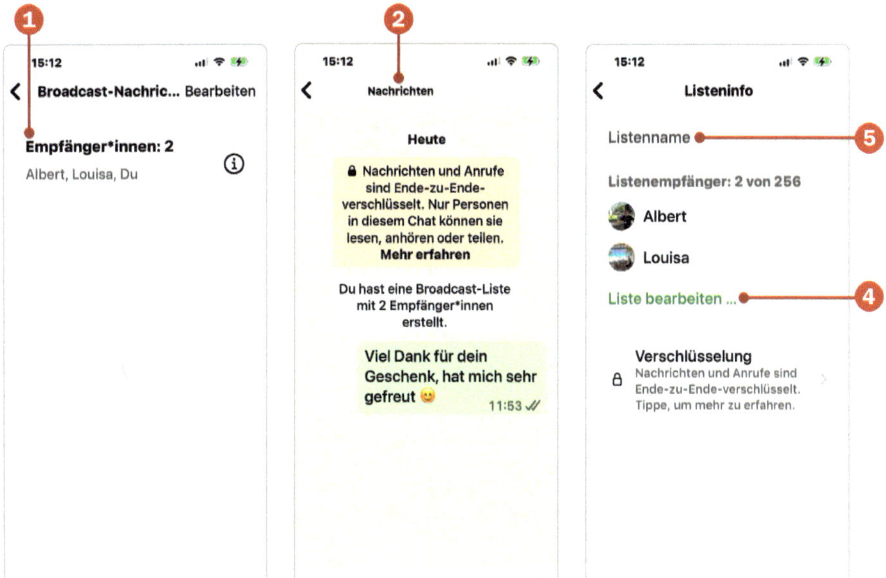

- **Broadcast löschen:** Wischen Sie die Broadcast-Liste in der Übersicht nach links (3).
- **Weitere Personen hinzufügen:** Tippen Sie auf ***Liste bearbeiten*** (4).
- **Broadcast-Liste benennen:** Tippen Sie auf ***Listenname*** (5) und geben Sie eine Bezeichnung ein. Bestätigen Sie auf der Tastatur mit ***Fertig***.
- **Personen aus der Liste löschen:** Tippen Sie auf ***Liste bearbeiten*** und entfernen Sie das Häkchen der betreffenden Person. Bestätigen Sie mit ***Fertig***.

4.3 Status - Ihre 24h-Meldung an alle

Über den Reiter ***Aktuelles*** rufen Sie den Status auf. In diesem zeigen Sie für die Dauer von 24 Stunden allen Freunden gleichzeitig eine Auswahl von einem oder mehreren Fotos, Videos, GIFs, Links oder Textnachrichten an. Außerdem haben Sie die Möglichkeit, Sprachnachrichten und Musik im Status zu teilen. Nach Ablauf der 24 Stunden endet die Anzeige automatisch.

Viele nutzen den Status, um Freunde über aktuelle Aktivitäten zu informieren, ohne jemanden direkt ansprechen zu müssen. Andere posten Sprüche oder fotografieren ihr Abendessen. Statusmeldungen können auch kommentiert werden, doch das wird in der Regel nicht erwartet.

Auswahl Ihres privaten Publikums

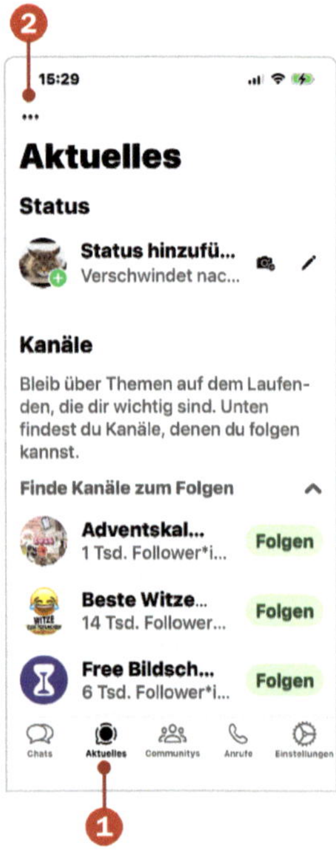

Standardmäßig werden Statusinformationen **allen Kontakten**, also allen Personen, die in Ihrem Adressbuch gespeichert sind und die WhatsApp verwenden, angezeigt. Oft ist dies nicht gewünscht. Haben Sie beispielsweise die Handynummer Ihres Friseurs gespeichert und dieser verwendet mit dieser Nummer WhatsApp, kann auch er Ihren Status betrachten.

Legen Sie fest, wer Ihren Status sehen darf

Bestimmen Sie den Personenkreis, der Ihren Status sehen darf.

- Wählen Sie den Reiter ***Aktuelles*** 1 und rufen Sie dann ***Weitere Optionen*** 2 ▸ ***Status-Datenschutz*** auf.

Die **Standardeinstellung** ***Meine Kontakte*** gibt an, dass Sie Ihre Statusmeldungen mit allen WhatsApp-Kontakten teilen. Sie haben nun zwei Möglichkeiten zur Begrenzung des Personenkreises:

- **Negativliste**: Mit ***Meine Kontakte außer ...*** 3 nehmen Sie bestimmte Personen von der Anzeige aus. Ihnen wird dazu die Liste Ihrer Kontakte angezeigt, in der Sie diejenigen auswählen, die von der Status-Anzeige ausgenommen werden sollen, also vor denen Sie Ihre Statusmeldungen **verbergen** wollen. Alle Personen mit einem roten Kreuzchen sehen Ihren Status nicht 5.
- **Positivliste**: Bei ***Nur teilen mit ...*** 4 wählen Sie aus der Kontaktliste alle Freunde aus, denen Ihr Status **angezeigt** werden soll. Alle Personen mit einem grünen Häkchen sehen Ihren Status 6.

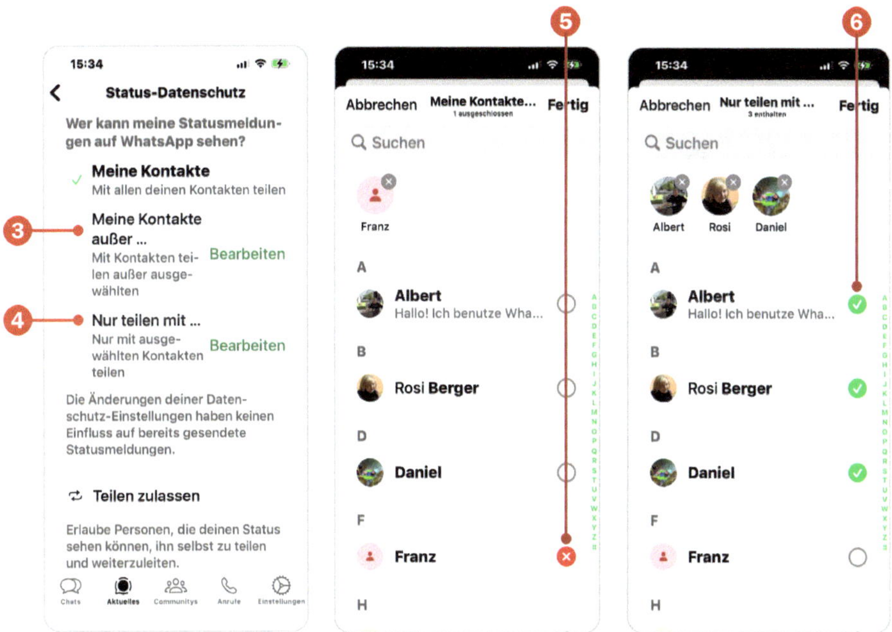

3 Meine Kontakte außer ... 4 Nur teilen mit ...

Bestätigen Sie Ihre Auswahl mit ***Fertig***. Sie können mit der Positiv- und der Negativliste zum selben Ergebnis gelangen. Vielleicht wählen Sie die Liste, mit der Sie nicht viel Arbeit haben. Wollen Sie Ihren Status nur wenigen Personen anzeigen, wählen Sie die Positivliste. Wollen Sie nur ein paar Kontakte ausschließen, wählen Sie die Negativliste. Sie können auch beide Listen belegen und je nach Inhalt des Status hin und her wechseln (siehe dazu auch Seite 139).

Für mich ist die wichtigste Frage, was passiert, wenn ich einen neuen Kontakt in das Adressbuch meines Smartphones eintrage. Verwendet diese Person WhatsApp und ich arbeite mit einer Negativliste, kann diese neue Person meinen Status sehen. Habe ich eine Positivliste muss ich den neuen Kontakt erst zu dieser hinzufügen.

Achtung! Jegliche Änderungen der Datenschutz-Einstellungen haben nur Auswirkung auf Ihre zukünftigen Statusmeldungen, nicht auf den Status, der gerade angezeigt wird.

Wichtig! Ihre Statusmeldung wird nur Freunden angezeigt, die Ihre Telefonnummer im Smartphone (App Kontakte) abgespeichert haben. Es reicht nicht aus, dass diese bei Ihnen abgespeichert sind und Sie den Personen erlaubt haben, Ihre Statusmeldungen zu sehen.

Werden Sie kreativ - Statusmeldung erstellen

Zeigen Sie den Bereich ***Aktuelles*** an. Dieser Reiter ist ein wenig unübersichtlich. Oben sehen Sie Ihren Status und Statusmeldungen Ihrer Freunde; darunter folgen die Kanäle (zu Kanälen gleich mehr ab Seite 144). Ihr Status kann aus Fotos, Videos, Texten, Sprachnachrichten und Musik bestehen. Es können mehrere Fotos/Videos auf einmal ausgewählt werden. Texte, Sprachnachrichten, Fotos und Musik müssen jeweils separat eingestellt werden.

Fotos oder Videos im Status anzeigen

Um Fotos oder Videos einzufügen, tippen Sie auf 📷 (1) oder auf die anderen Schaltflächen, die im Bild mit (1) bezeichnet sind und anschließend auf ***Kamera*** (2). Wie Sie ein Foto bzw. Video aufnehmen oder auswählen, bearbeiten und eine Bildunterschrift hinzufügen, haben Sie bereits erfahren (siehe ab Seite 42).

- **Fotos knipsen:** Durch Antippen des Auslösers (3) knipsen Sie ein Foto. Zum Wechseln zwischen Front- (Selfie) und Rückkamera tippen Sie auf (4); mit (5) aktivieren und deaktivieren Sie den Blitz.
- **Video aufnehmen:** Möchten Sie stattdessen ein Video aufnehmen, wechseln Sie durch Antippen von ***Video*** (6) zur Videoaufnahme, die Sie mit Betätigung des Auslösers starten. Eine erneutes Antippen beendet die Aufnahme wieder.

> **Achtung!** Statusvideos dürfen höchstens 30 Sekunden lang sein. WhatsApp unterstützt dabei die Videoformate 3GP oder MPEG-4.

- **Aus vorhandenem Material auswählen:** Um ein bereits vorhandenes Foto oder Video zu teilen, tippen Sie auf (7). Hier können Sie ein oder mehrere Fotos bzw. Videos auswählen.
- Sie verlassen den Bereich, ohne eine Statusmeldung zu erstellen, durch Antippen von ***x*** (8).

> **Tipp:** Bilder können, genauso wie Links, direkt von einer Website oder aus einer App im Status geteilt werden, ohne dass Sie diese vorher speichern oder im Vorfeld WhatsApp öffnen müssen. Mehr dazu auf Seite 71.

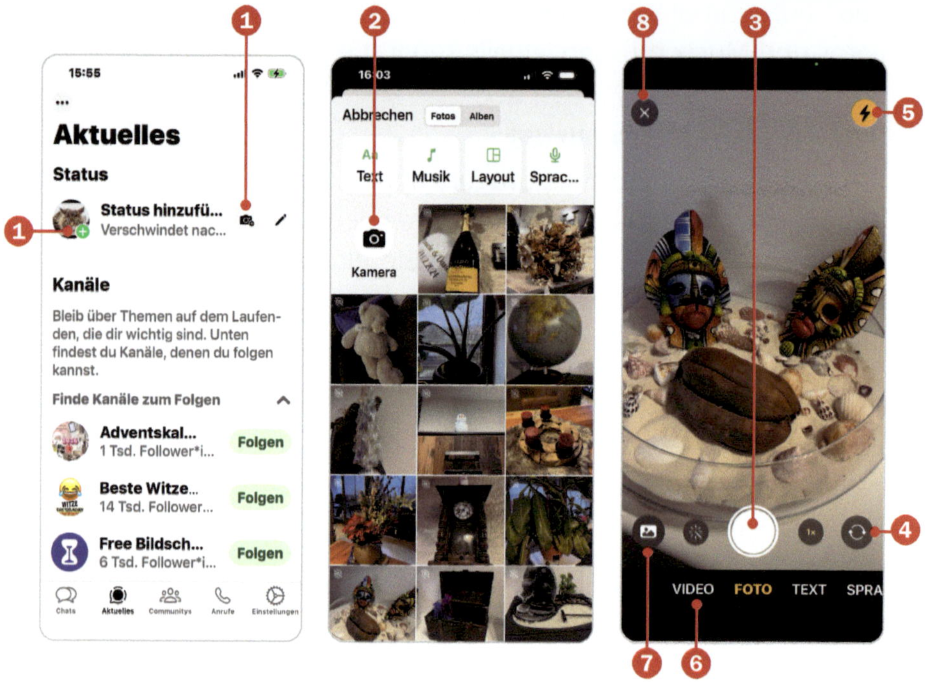

- **Publikum nochmals ändern:** Wer Ihre Statusmeldung sehen darf, haben wir bereits festgelegt. Wenn Sie nochmals Änderungen vornehmen möchten, kann das durch Auswahl von ***Status*** 9 geschehen. Hier können Sie durch Antippen zwischen den drei Optionen wechseln. Wenn Sie nochmals den Personenkreis für die ausgewählte Option ändern möchten, tippen Sie auf ***Bearbeiten*** 10. Bestätigen Sie die neue Personenwahl mit ***Fertig*** und die neuen Status-Datenschutz-Einstellungen ebenfalls mit ***Fertig***.
- Mit ▶ 11 wird Ihr Status dem ausgewählten Personenkreis zur Ansicht angeboten. Wie Sie Ihren Status nochmals betrachten, erfahren Sie auf Seite 135.

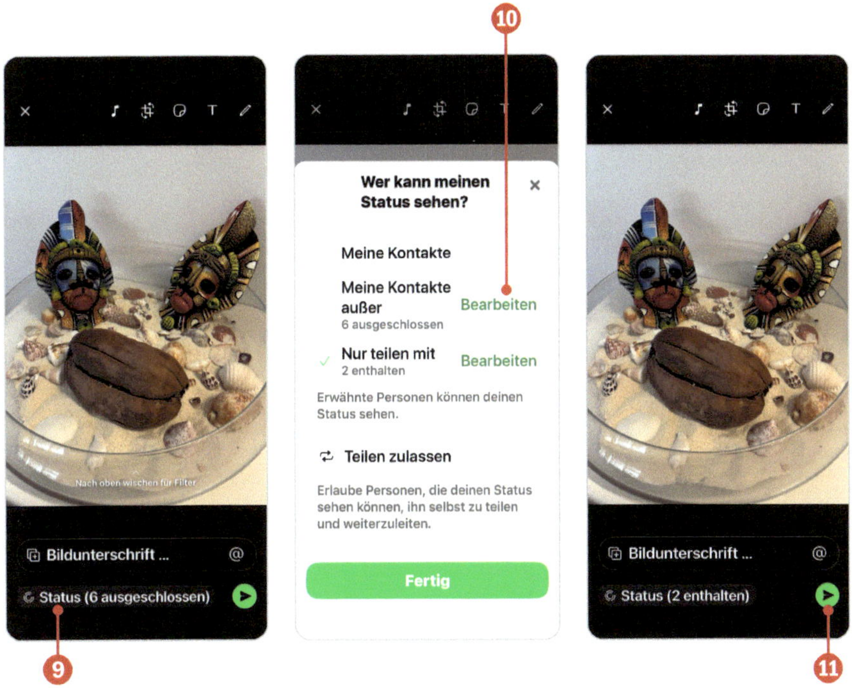

Texte und Emojis im Status teilen

Sie können auch einfach nur einen Text im Status anzeigen. Wechseln Sie zum Reiter ***Aktuelles*** und tippen Sie auf ✎ 1. Geben Sie den gewünschten Text ein.

- Tippen Sie jeweils mehrfach auf die Schaltflächen, um zwischen den einzelnen Schriftarten T 2 bzw. Hintergrundfarben 3 zu wechseln.
- Ihre Nachricht können Sie mit Emojis 4 verzieren. Eine Meldung könnte sogar ausschließlich aus Emojis bestehen.

- Auch hier könnten Sie nochmals die Einstellungen zum Status-Datenschutz 5 verändern (siehe Seite 128). Tippen Sie auf ▶, um den Status zu teilen.

Links im Status teilen

Einen Link zu einem interessanten Online-Artikel, YouTube-Video oder Rezept können Sie auch im Status teilen. Es gibt viele Herangehensweisen, um einen Link als Statusmeldung zu veröffentlichen, über das Teilen-Symbol ist es am einfachsten. Teilen-Symbole, wie z. B. oder haben Sie bestimmt schon auf einigen Webseiten gesehen, Sie finden Sie aber auch in der Bearbeitungsleiste oder dem Menü des Browsers.

- **Link zu einem YouTube-Video:** Öffnen Sie das gewünschte Video auf der YouTube-Website in Ihrem Browser oder in der YouTube-App. Tippen Sie auf *Teilen* 1 und wählen anschließend WhatsApp 2 aus.
- **Link zu einer Webseite:** Öffnen Sie im Browser die gewünschte Webseite. Tippen Sie rechts unten auf •••, dann auf *Teilen* 3 und anschließend auf WhatsApp .

- Sie wählen nun anstelle eines Kontakts den Status 4 als Empfänger aus und bestätigen mit ***Senden***.
- In der darauffolgenden Ansicht können Sie Ihre Statusmeldung bearbeiten (Text, Emojis und Hintergrundfarbe).
- Danach können Sie den Link mit ▶ in Ihrem Status veröffentlichen.

> Es wird automatisch eine visuelle Vorschau des Linkinhalts im Status angezeigt.

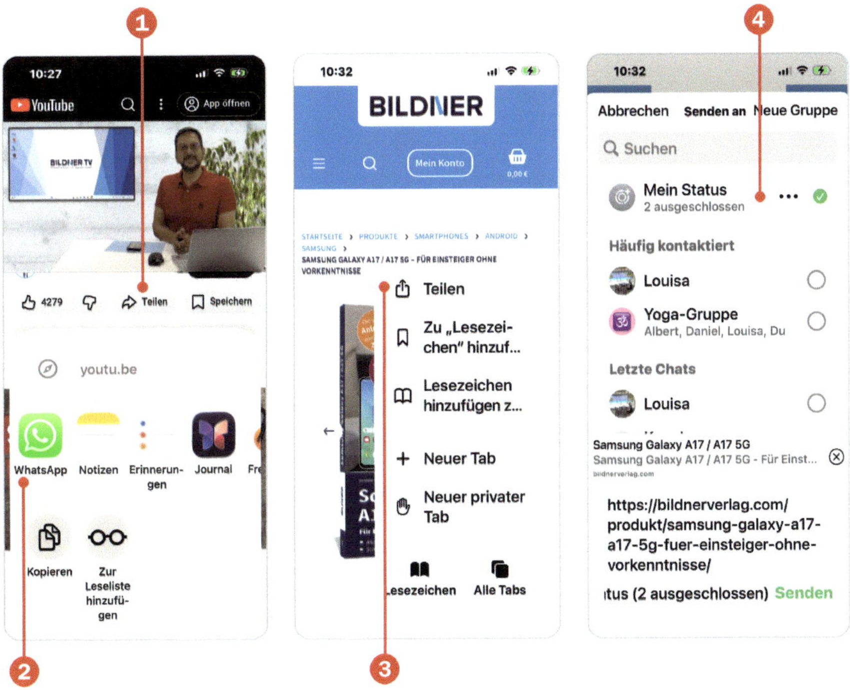

Die Teilen-Funktion einer Nachricht nutzen

Mit dieser Methode teilen Sie in WhatsApp erhaltene oder auch selbst versendete Links und Medien, direkt über die Chatansicht.

Hinweis: Dieses Vorgehen bietet Ihnen keine zusätzlichen Bearbeitungsmöglichkeiten!

- Öffnen Sie den Chat und scrollen Sie zur gewünschten Nachricht, die Sie im Status teilen wollen.
- Tippen Sie auf das Pfeilsymbol ①, um die Kontaktliste zu öffnen und wählen Sie ***Mein Status*** ②.
- Unten können Sie noch eine Nachricht ③ eintippen. Über ••• ④ gelangen Sie zu den Status-Datenschutzeinstellungen (siehe auch Seite 128).
- Sind Sie zufrieden? Dann teilen Sie Ihren Status mit ➤.

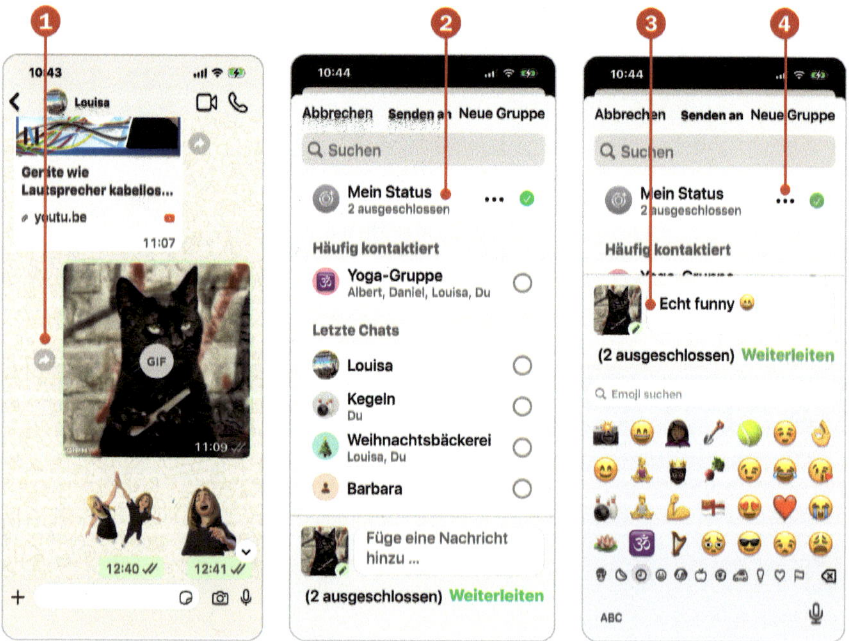

Sprachnachrichten im Status teilen

Eine Sprachnachricht als Status? Ja, auch das ist möglich. Ob Sie nun etwas Wichtiges ankündigen, sich bei den Liebsten für die Glückwünsche bedanken oder kreative Inhalte, wie z. B. Gedichte, erstellen möchten - Ihnen sind keine Grenzen gesetzt.

- Gehen Sie auf den Reiter ***Aktuelles*** und tippen Sie auf ✎ ①.
- Wählen Sie ***SPRACHE***. Tippen und halten Sie 🎙 ②, um den Sprachstatus aufzunehmen – es gibt keine Feststellfunktion. Wischen Sie nach links, um abzubrechen. Lassen Sie los, sobald Sie fertig sind.
- Die Aufnahmedauer ist auf **90 Sekunden** beschränkt und endet nach Ablauf automatisch. Während der Aufnahme wird die Zeit heruntergezählt 1:23 ③. Tippen Sie auf ▶ ④, um Ihre eingesprochene Nachricht vor dem Versenden abzuhören. Mit 🗑 ⑤ löschen Sie die Nachricht.
- Mit ➤ teilen Sie Ihren Status.

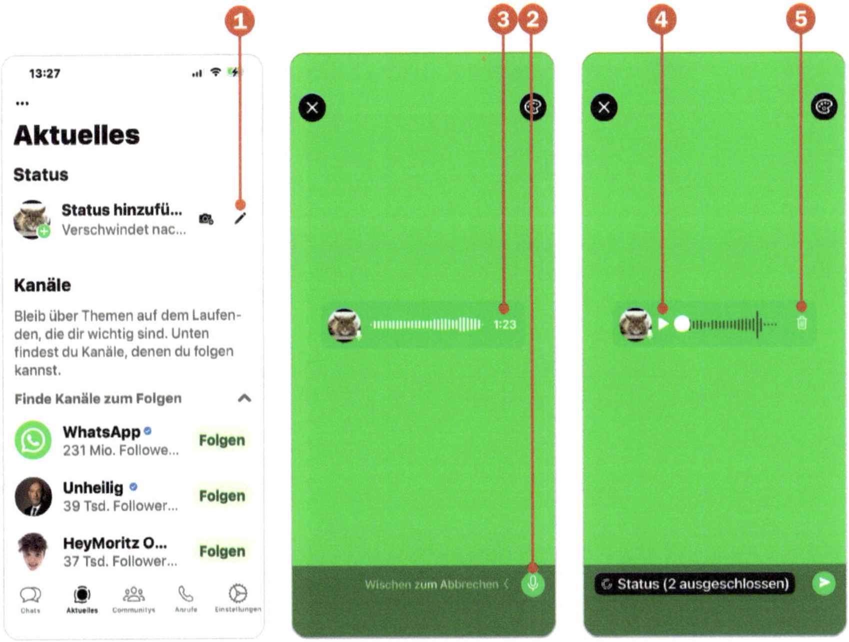

Status mit Musik unterlegen

Ihr WhatsApp-Status kann mehr als nur Text oder Fotos – er ist Ihre Bühne für kreative Momente. Mit Musik unterlegen Sie Bilder und Videos und machen Ihren Status noch ausdrucksstärker.

- Gehen Sie auf den Reiter ***Aktuelles*** und tippen Sie auf 📷.
- Tippen Sie entweder auf das Kamera-Symbol, um ein Foto aufzunehmen oder ein Video zu filmen, oder auf ein Foto/Video, das bereits in Ihrer Mediathek vorhanden ist.
- Wählen Sie das Noten-Symbol ♪ ①, um einen Song aus der WhatsApp-Bibliothek hinzuzufügen. Tippen Sie dann auf → ②.
- Nach der Auswahl erscheint unten eine Zeitleiste des Songs ③. Ziehen Sie den Regler nach links oder rechts, um den 15-sekündigen Ausschnitt (bei Fotos) oder bis zu 60 Sekunden (bei Videos) festzulegen. Bestätigen Sie anschließend mit ***Fertig*** ④.

Meinen Status verwalten

Eigenen Status ansehen

Ihr Status 1 wird jetzt oben im Reiter ***Aktuelles*** angezeigt. Die Anzahl der Umrandungen zeigt, aus wie vielen verschiedenen Elementen der Status momentan besteht. Im Beispiel sind es vier.

- Zur Überprüfung Ihres Status tippen Sie auf ***Mein Status***. Hier sehen Sie jedes Element mit Uhrzeit, zu der es zum Status hinzugefügt wurde. Auch wenn Sie mehrere Fotos gemeinsam hochgeladen haben, erscheinen Sie hier als einzelne Elemente.
- Sie können Ihren gesamten Status als eine Art **Diaschau** betrachten. Tippen Sie das Element 2 an, mit dem Sie starten möchten. Die Anzeige erfolgt in aufsteigender Reihenfolge. In der Diaschau oben wird die Dauer der Anzeige der einzelnen Elemente mit einem unterbrochenen Strich 3 dargestellt.

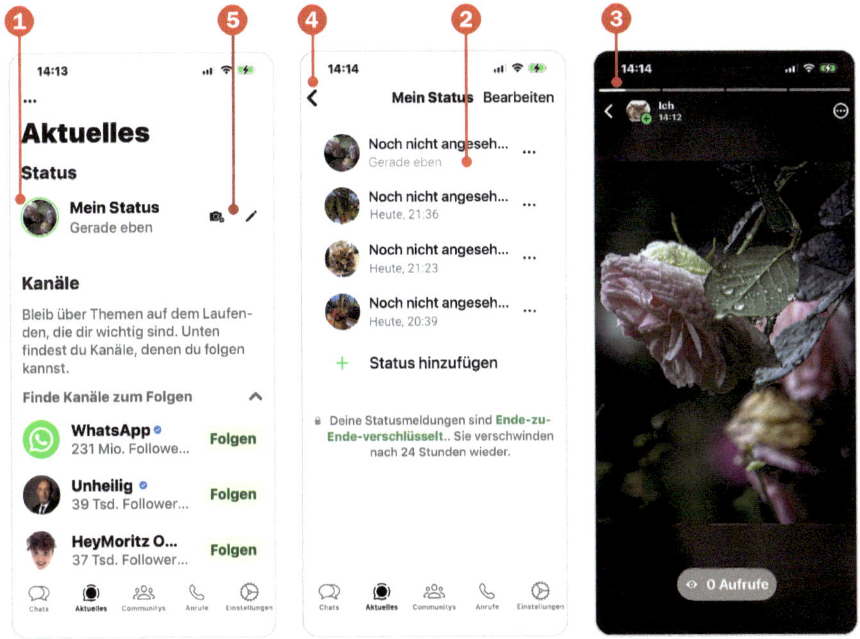

- Mit dem Pfeil 4 oben links verlassen Sie Ihren Status wieder.

Weitere Elemente zum Status hinzufügen

Sie können jederzeit über die Schaltfläche 5 (Grafik vorige Seite) weitere Fotos und Videos bzw. über weitere Texte hinzufügen. Jedes Element verbleibt 24 Stunden im Status und verschwindet dann automatisch aus der Statusanzeige.

Statuselemente löschen

Bei der Durchsicht den Status fällt Ihnen auf, dass Sie versehentlich das falsche Bild ausgewählt haben oder auf dem Foto sind Personen zu sehen, die vielleicht gar nicht in Ihrem Status erscheinen möchten. Dann entfernen Sie das Element schnell wieder.

- Zeigen Sie den Status an und tippen Sie hinter dem Element auf ••• 6 und wählen Sie ***Löschen*** aus. Bestätigen Sie mit Löschen. Zum Verlassen tippen Sie auf den Pfeil links oben.
- **Alle Elemente des Status löschen:** Um schnell mehrere oder alle Elemente des Status zu löschen, tippen Sie auf ***Bearbeiten***. Jetzt können Sie alle Einträge, die gelöscht werden sollen, mit einem Häkchen versehen. Dann tippen Sie unten auf ***Löschen***.

Wer hat meinen Status angeschaut?

- Wechseln Sie zum Reiter ***Aktuelles***, tippen Sie auf ***Mein Status*** und zeigen Sie die Übersicht an. Hier sehen Sie, wie viele Freunde 1 Ihren Status bereits betrachtet haben.
- Wenn Sie wissen möchten, wer genau Ihren Status angeschaut hat, tippen Sie auf eine Statusmeldung. Am unteren Rand des

Bildschirms sehen Sie nochmals, wie viele Freunde die Nachricht angeschaut haben (1) 2. Durch Antippen des Symbols erfahren Sie, wer die Personen im Einzelnen 3 sind. Diese Informationen werden Ihnen jedoch nur dann angezeigt, wenn Sie selbst die **Lesebestätigung aktiviert** haben.

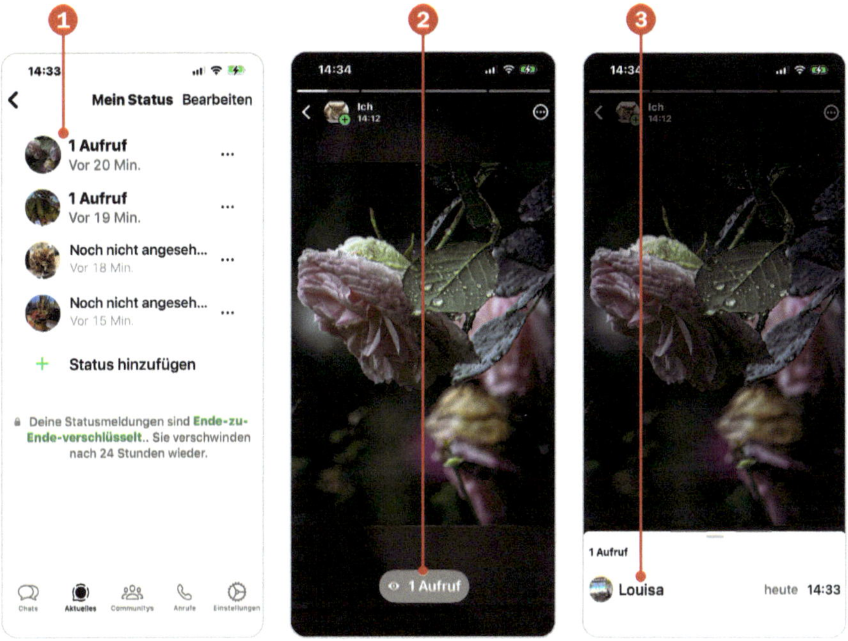

Wichtig! – „Geheim" ist immer relativ

Haben Sie sich einen Status Ihrer Kontakte angesehen, während Sie die Lesebestätigungen deaktiviert hatten, wird dieser Person nicht angezeigt, dass Sie deren Status betrachtet haben – es war sozusagen geheim. Mit deaktivierter Lesebestätigung bekommen Sie jedoch auch selbst keine Einsicht, welche Personen Ihren Status betrachtet haben. Sobald Sie jedoch die Lesebestätigung einschalten, aktualisiert sich die Anzeige und fügt Sie im Nachhinein als Betrachter hinzu. Dies betrifft Nachrichten in WhatsApp im Generellen. Sobald Sie die Lesebestätigung zwischendurch aktivieren, werden die „Gesehen"-Anzeigen aktualisiert.

Den Status von Freunden betrachten

Den Status eines Freundes ansehen

Sobald einer Ihrer Kontakte einen Status teilt, erhält der Reiter ***Aktuelles*** einen Punkt ❶ und ein grünen ***Status-Profilring*** ❷ wird im Bereich ***Chats***, um das Profilbild der Person angezeigt. Der Ring verschwindet, sobald Sie sich alle neuen Statusmeldungen dieser Person angesehen haben.

- Geteilte Meldungen werden Ihnen im Bereich ***Aktuelles*** unter ***Neue Meldungen*** ❸ angezeigt. Die Anzahl der Unterteilungen des ***Profilbild-Rings*** gibt Ihnen Auskunft, aus wie vielen Meldungen der Status eines Kontakts aktuell besteht. Blau eingefärbte Ringabschnitte stehen für ungesehene Statusmeldungen und graue für bereits betrachtete.
- Durch Antippen betrachten Sie den Status eines Freundes. Am oberen Rand sehen Sie eine Art Zeitstrahl ❹, der visualisiert, wie viele Elemente der Status enthält und wie lange das Einzelbild noch angezeigt wird. Wenn Sie mit dem Finger auf das Bild tippen und es gedrückt halten, läuft die Zeit nicht weiter und Sie können das Foto oder den Text länger betrachten.
- Folgt auf die gerade betrachtete Meldung eine weitere, so wird diese im Anschluss automatisch angezeigt. Betrachtete Statusmeldungen werden in den Bereich ***Angesehene Meldungen*** ❺ verschoben.

Achtung! Sobald Sie einen Kanal abonnieren (siehe nächstes Kapitel) ändert sich die Darstellung im Reiter *Aktuelles*. Das ist ein wenig ärgerlich, aber aus Platzgründen gibt es keine Aufteilung mehr von neuen und angesehenen Meldungen, sondern alle Statusmeldungen werden vergrößert in einer Reihe angezeigt.

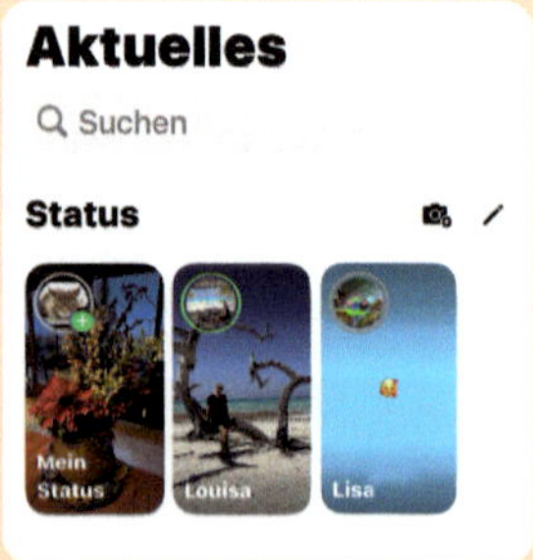

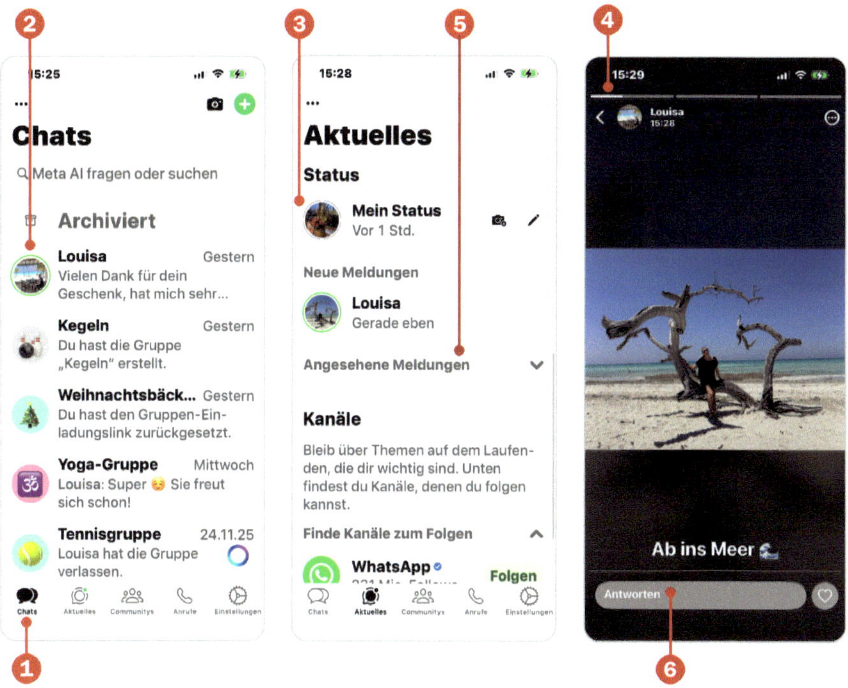

Auf einzelne Statusmeldungen antworten

- Gefällt Ihnen ein Status besonders gut, können Sie eine Nachricht verfassen, indem Sie beim Betrachten der Statusmeldung unten auf ***Antworten*** (6) tippen.
- Geben Sie anschließend einen Kommentar (7) ein und tippen dann auf ***Senden***.
- Die Antwort wird im Einzelchat (8) mit der Person angezeigt.
- Neben Textnachrichten haben Sie auch die Möglichkeit, mit Sprachnachrichten (9), Emojis, Stickern oder einem Avatarbild (10) zu antworten.
- **Status-Reaktion:** Wie bei der Nachrichtenreaktion können Sie auch nur mit einem Emoji auf eine Meldung reagieren. Dazu wählen Sie eines der acht angezeigten Emojis (11) durch Antippen aus. Die Nachricht wird sofort versendet.

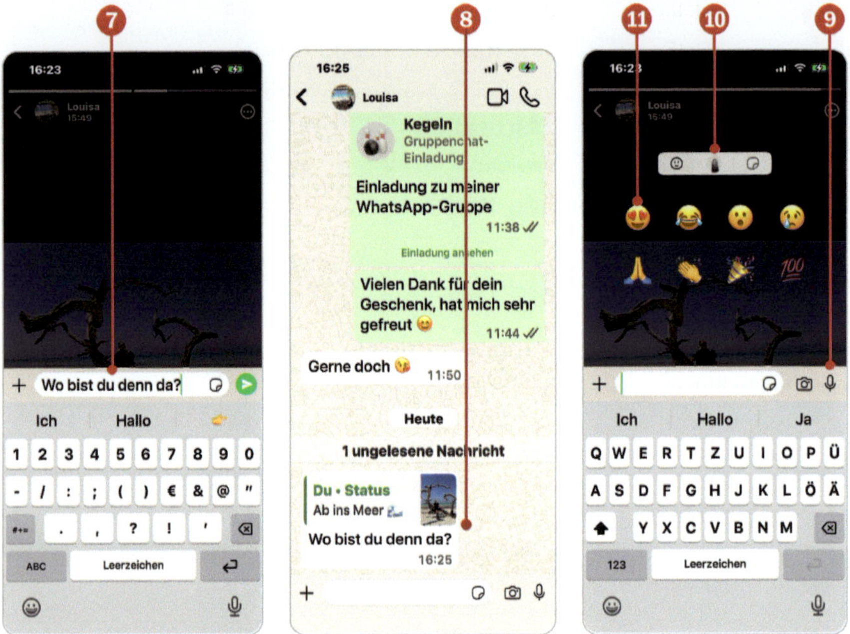

4.4 Kanäle - informieren Sie sich

Kanäle finden Sie ebenfalls im Reiter ***Aktuelles***. Sie abonnieren einen Kanal (dem Kanal beitreten), um zu einem bestimmten Thema auf dem Laufenden zu bleiben. Kanäle werden von verschiedenen Unternehmen, Organisationen aber auch Einzelpersonen betrieben: Die Palette reicht von Nachrichten- und Modemagazinen, Drogerie- und Supermarktketten, über verschiedene Fußballvereine bis hin zu Einzelpersonen, wie Politiker, Sänger, Schauspieler oder Influencer, die auf anderen Kanälen, wie z. B. Instagram oder YouTube schon aktiv sind. Auch Sie selbst können einen eigenen Kanal erstellen. Kanäle sind immer öffentlich. Jeder, der WhatsApp nutzt, kann die Inhalte eines Kanals anzeigen. WhatsApp hält einen Kanalinhalt für 30 Tage vor, danach wird er entfernt. Nach 30 Tagen sind die Nachrichten alt und werden nicht mehr benötigt.

Sie können Inhalte eines Kanals betrachten ohne diesen abonnieren zu müssen. Wenn Sie auf Neuigkeiten in diesem Kanal aufmerksam gemacht werden wollen, muss er abonniert werden. Wichtig zu wissen, ist, dass Ihre Telefonnummer nicht für andere Abonnenten sichtbar ist. Der Kanalinhaber sieht einen Teil Ihrer Telefonnummer und je nach Datenschutzeinstellung Ihr Profilbild. Das gilt nur, wenn Sie nicht mit dem Kanalinhaber befreundet sind und er Ihre Telefonnummer gespeichert hat.

Kanal finden und abonnieren

Wechseln Sie zum Reiter ***Aktuelles*** und tippen Sie bei ***Kanäle*** 1 ganz unten auf ***Mehr entdecken***. Beim ersten Aufrufen müssen Sie die Nutzungsbedingungen und Datenschutzrichtlinien akzeptieren. Durch Antippen des grünen Texts können Sie die Bestimmungen anzeigen. Mit ***x*** kehren Sie wieder zurück. Tippen Sie auf ***Zustimmen und fortfahren*** 2. Sie erhalten eine Liste mit Kanälen.

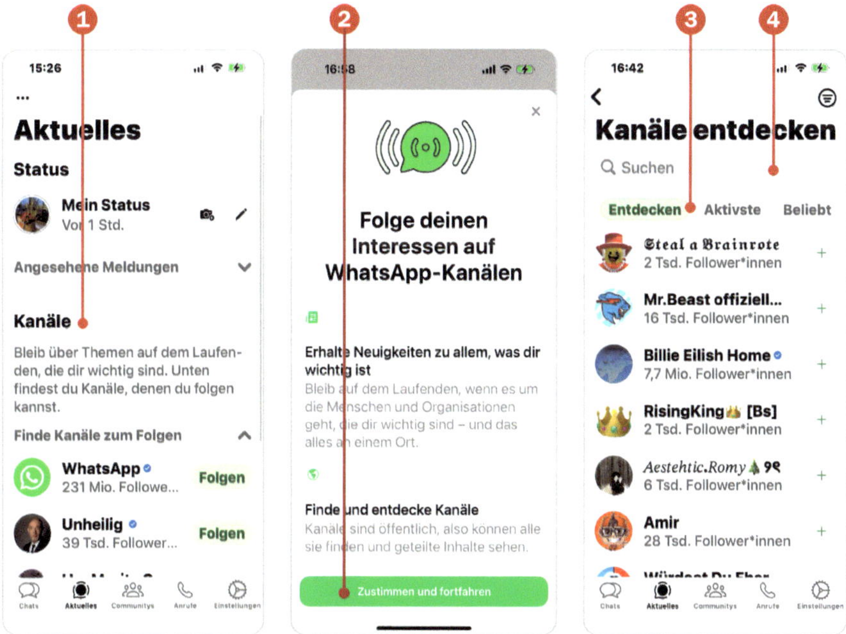

- **Kanal finden:** Oben finden Sie Filtereinstellungen 3 (***Aktivste***, ***Beliebt*** etc.). Über das Suchenfeld 4 können Sie eine Suche anstoßen, geben Sie z. B. einen Teil des Kanalnamens 5 ein.
- Um die Inhalte eines Kanals zu betrachten, tippen Sie den Eintrag 6 an. Sie können jetzt durch die Inhalte der letzten 30 Tage scrollen. Oben sehen Sie, wie viele den Kanal schon abonniert haben.
- **Kanal abonnieren:** Um einen Kanal zu abonnieren, tippen Sie im Kanal auf ***Kanal folgen*** 7. Wie schon gesagt, Sie müssen den Kanal nicht abonnieren, um dessen Inhalte zu lesen. Mit dem Abo zeigen Sie den Kanal 8 nur dauerhaft im Reiter ***Aktuelles*** an und haben so leichteren Zugriff. Außerdem können Sie sich benachrichtigen lassen, falls neue Meldungen vorliegen.

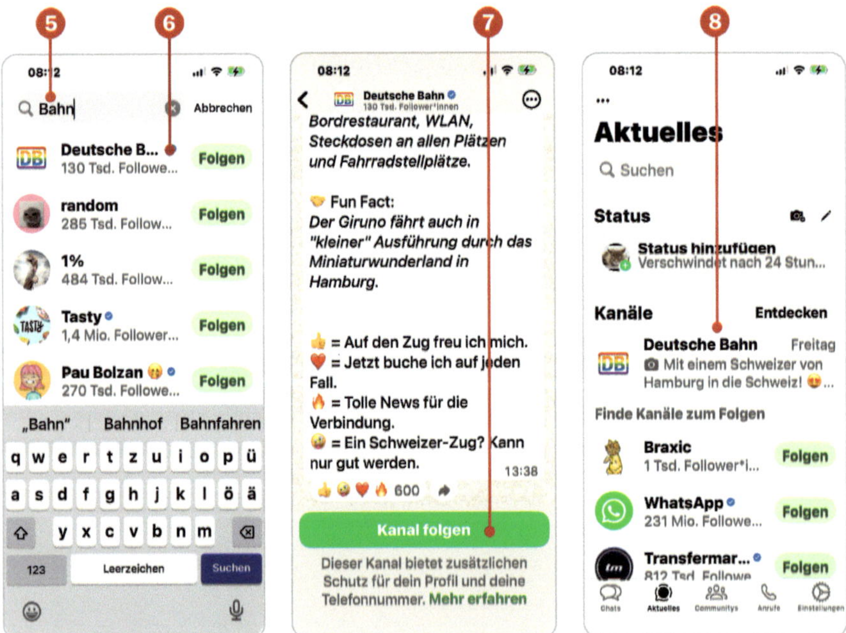

- Sie verlassen den Kanal und kehren zum Reiter ***Aktuelles*** zurück, durch mehrmaliges Antippen des Pfeils links oben.

- **Weitere Kanäle suchen:** Sobald Sie einen Kanal abonniert haben, wird die Statusanzeige auf eine Zeile reduziert. Darunter erscheinen die abonnierten Kanäle und danach der Bereich ***Finde Kanäle zum Folgen***. Tippen Sie ganz unten auf ***Mehr entdecken*** und dann auf ***Alle anzeigen*** 9 an, um nach weiteren interessanten Kanälen Ausschau zu halten.

Was bietet mir der Kanal?

- Die abonnierten Kanäle sind in der Kanalübersicht auf dem Reiter ***Aktuelles*** aufgelistet. Der Kanal mit der neuesten Meldung wird oben angezeigt. Tippen Sie den Eintrag an, um den Kanalinhalt anzuzeigen. Mit dem Pfeil links oben verlassen Sie den Kanal wieder und kehren zur Anzeige des Reiters ***Aktuelles*** zurück.

- Viele Nachrichten enthalten Links, die Sie auf Inhalte außerhalb von WhatsApp leiten, z. B. die Homepage des Unternehmens.

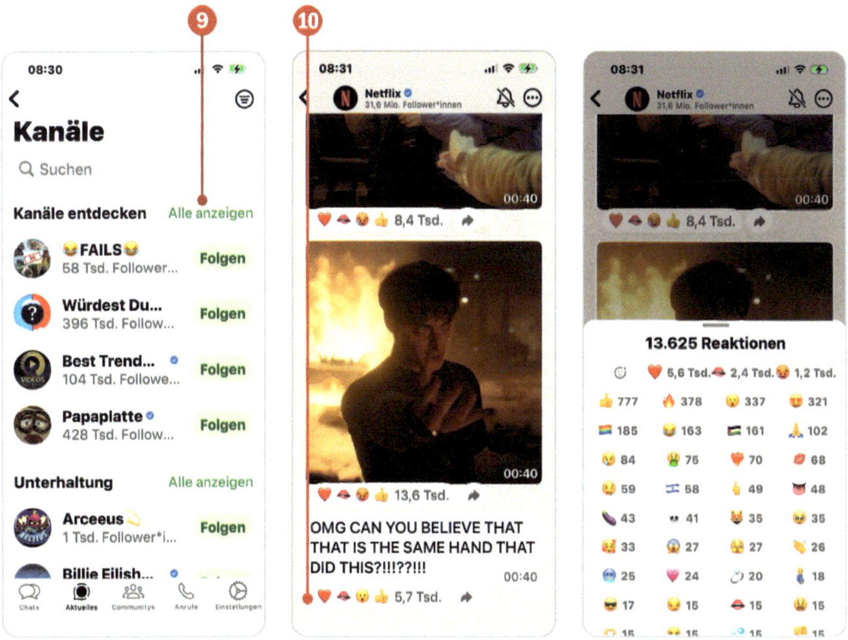

- **Kanalreaktion:** Abonnenten des Kanals können auf einzelne Meldungen mit einem Emoji reagieren. Diese Funktion machen sich schon einige Kanäle für kleinere Umfragen zunutze. Sie können auf die Reaktionen tippen ⑩, um zu sehen, wie viele Abonnenten jeweils mit dem entsprechenden Emoji reagiert haben.

- Wenn Sie selbst reagieren möchten, tippen Sie die Meldung etwas länger an, um die Reaktionsleiste ⑪ anzuzeigen. Je nach Kanal kann die Reaktionsleiste auf eine Auswahl von Emojis begrenzt sein. Wird das Plussymbol am Ende der Reaktionsleiste angezeigt, haben Sie durch Antippen Zugriff auf alle Emojis.

- **Weiterleitung:** Interessante Meldungen können Sie auch in WhatsApp weiterleiten. Dazu tippen Sie die Meldung etwas länger an, wählen ***Weiterleiten*** ⑫. und tippen auf den Weiterleitungspfeil. Jetzt müssen Sie nur noch einen WhatsApp-Kontakt auswählen. Dieser erhält dann die Meldung im Einzelchat.

- **Benachrichtigung:** Wenn Sie besonders interessiert sind an den Inhalten eines Kanals, können Sie auch einstellen, dass Sie benachrichtigt werden, sobald eine neue Meldung im Kanal erscheint. Dazu zeigen Sie den Kanalinhalt an und tippen auf das Glockensymbol ⑬. Über den gleichen Weg schalten Sie die Benachrichtigungen auch wieder ab. Auf neue Nachrichten werden Sie dann auf dem Sperrbildschirm ⑭ und in der Mitteilungszentrale hingewiesen.

Langweilig? - dann entfernen Sie das Abo wieder

Wenn Sie das Abo eines Kanals entfernen, wird dieser nicht mehr in der Kanalübersicht des Reiters ***Aktuelles*** angezeigt. Rufen Sie den Kanal auf und tippen Sie rechts oben auf ***Weitere Optionen*** ⑮ und dann auf ***Nicht mehr folgen***.

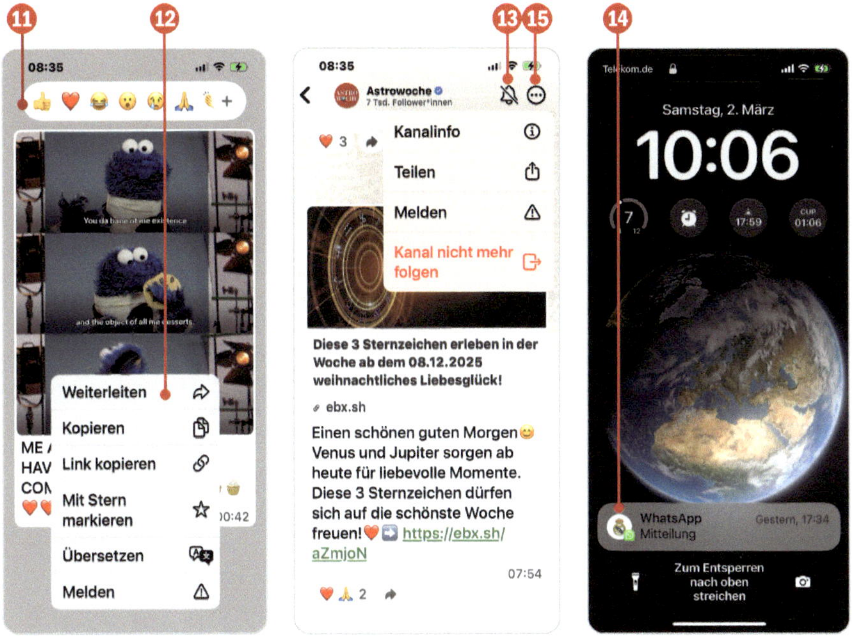

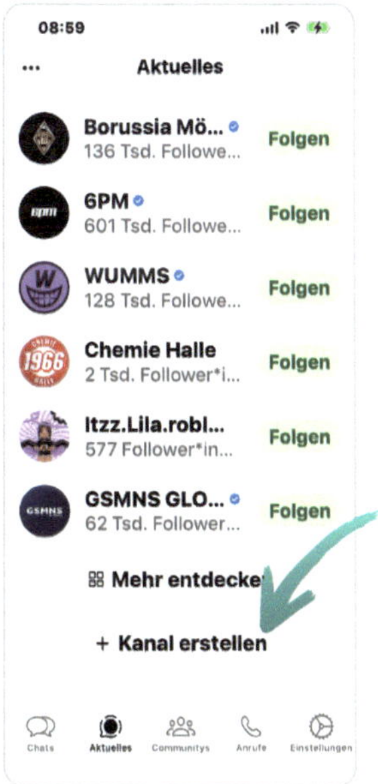

Eigenen Kanal erstellen

Sie können auch einen eigenen Kanal erstellen: Dazu rufen Sie den Reiter ***Aktuelles*** auf und tippen ganz unten auf ***Kanal erstellen***. Nochmals zur Erinnerung: Die Inhalte eines Kanals sind öffentlich, jeder kann diese durchlesen. Der eigene Kanal ist meines Erachtens kein Einsteigerthema, weswegen ich nicht weiter darauf eingehen werde. Für Interessierte haben wir auf unserem YouTube-Kanal BILDNER.TV ein Video zu Kanälen eingestellt.

5 Communitys - ein Zuhause für Gruppen

Was finde ich in diesem Kapitel?

- Mitglied von Communitys sein
- Ein- und Austritt
- Austausch von Nachrichten

Das erwartet Sie hier!

Bis jetzt haben Sie einige Möglichkeiten kennengelernt, um Informationen gleich mehreren Freunden gleichzeitig zukommen zu lassen – dabei spielt der **Gruppenchat** wahrscheinlich die größte Rolle. Bei manchen Anwendungsfällen und für bestimmte Anforderungen stößt man jedoch an dessen Einsatzgrenzen oder wünscht sich mehr Übersicht und einen erweiterten Funktionsumfang. WhatsApps Vision hierfür sind Communitys, die mehrere Gruppenchats unter einem thematischen Dach vereinen.

In diesem Kapitel möchte ich die Communitys aus dem Blickwinkel eines Mitglieds beleuchten, da Sie als WhatsApp-Einsteiger wahrscheinlich nicht sofort Admin einer Community werden. Bis jetzt scheint es auch so, als seien die Communitys noch nicht im Alltag der meisten WhatsApp-Nutzer angekommen. Man liest viel in den Medien darüber, aber ich kenne niemanden, der Mitglied einer Community ist.

- **Communitys** stellen eine Art Supergruppe dar, welche Gruppen, die zu einer Gemeinschaft gehören, bündelt.
- Als **Community-Mitglied** können Sie, in den für Sie relevanten Gruppen, Nachrichten versenden oder Anrufe tätigen. Außerdem erhalten alle Angehörende der Community Admin-Ankündigungen in einer separaten Gruppe.
- Der **Gründer** und die **Admins** einer Community tragen die Verantwortung für die Verwaltung und Organisation einer Gemeinschaft, weshalb sie zusätzliche Rechte haben. Eine Besonderheit stellt die **Ankündigungsgruppe** dar, mit welcher sie Nachrichten an alle Community-Mitglieder gleichzeitig versenden können.

5.1 Aufbau von Communitys - ein Überblick

Communitys fungieren als eine Art Gefäß, welche zusammengehörende WhatsApp-Gruppen an einem Ort vereinen und damit die Organisation dieser Unterhaltungen vereinfachen. Mit ihnen lassen sich Institutionen leichter verwalten, Veranstaltungen besser planen oder mehrere Freundesgruppen bündeln.

Es spielt keine Rolle, ob es sich bei einer Community um eine dauerhafte und beständige Gemeinschaft, ein wiederkehrendes Ereignis oder ein einmaliges, zeitlich begrenztes Projekt handelt.

Communitys bieten eine vielfältige Palette an Anwendungsmöglichkeiten für Nachbarschaften, Hausgemeinschaften, Elterngruppen von Schulen oder Vereinen. Aber auch Familien-Communitys mit Untergruppen für besondere Anlässe, wie Weihnachtsessen, jährliche Familienausflüge, Hochzeitsplanungen, Geburtstagspartys und vieles mehr, sind denkbar.

Zur Anzeige des Community-Bereichs tippen Sie unten auf ***Communitys***.

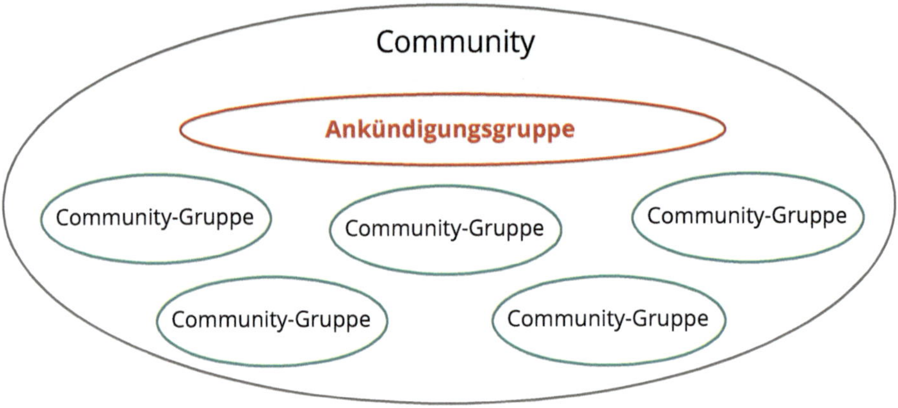

- Eine Community kann bis zu **100 Gruppen + 1 schon vorhandene Ankündigungsgruppe** unter sich vereinen.
- Die Community ist nicht öffentlich. Für einen Beitritt benötigen Sie eine Einladung oder Sie werden hinzugefügt.
- Für die Verwaltung sind Community-Admins zuständig, weshalb diese auch besondere Rechte besitzen und Zugriff auf Admin-Tools haben. Die Person, die eine Community gründet, ist automatisch ein Community-Admin und hat als **Community-Gründer** einen besonderen Status. Alle Admins können weitere ernennen. Die Gesamtanzahl ist dabei auf **20 Admins** beschränkt.
- In der automatisch erstellten **Ankündigungsgruppe** können Community-Admins Neuigkeiten an alle Community-Mitglieder senden.
- Eine **Gruppe** innerhalb der Community kann bis zu **1.024 Mitglieder** beinhalten. Der Gruppenadmin legt fest, ob man einer Gruppe jederzeit beitreten kann oder ob der Beitritt erst durch einen Admin genehmigt werden muss.

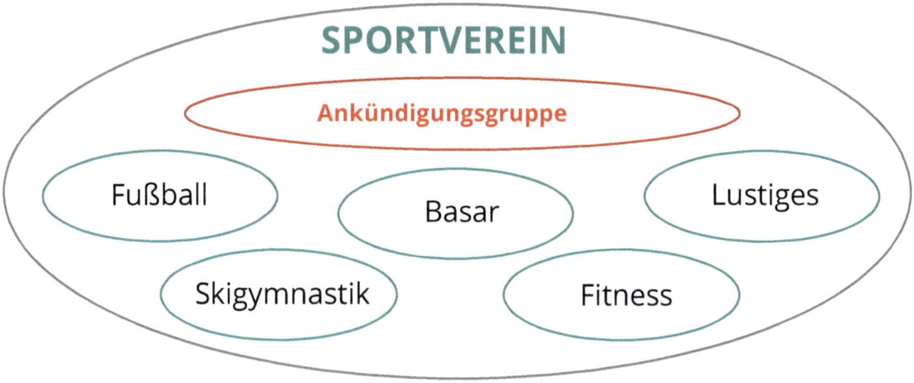

Klassische Anwendungsfälle sind alle Organisationen, Firmen, Vereine etc., die Abteilungen beinhalten. So kann ein Verein eine Community gründen und in den Community-Gruppen die einzelnen Sportabteilungen organisieren.

In diesen Gruppen können sich die angehörenden Mitglieder einer Sportart spezifisch über Trainingstermine, Wettkämpfe und vieles mehr austauschen. Die Ankündigungsgruppe kann genutzt werden, um vereinsweite Mitteilungen zu versenden, die für alle Vereinsmitglieder relevant sind, z. B. die Erinnerung an die jährliche Hauptversammlung, die Einladung zur Weihnachtfeier etc. Man kann aber auch noch weitere Gruppen erstellen, z. B. für den jährlichen Basar oder einfach eine Gruppe für „Lustiges aus dem Vereinsleben".

Jedes Mitglied sollte nur in die Gruppen, die für ihn interessant sind. Wenn das Gruppenmitglied beispielsweise nie am Bazar mitarbeitet, muss es da auch nicht rein. So wird verhindert, dass man zu viele unwichtige Infos erhält. Das Community-Mitglied sieht aber, welche Gruppen vorhanden sind. Falls die Interessen wechseln, kann er sich um den Beitritt zu einer anderen Gruppe bemühen.

5.2 Wie komme ich in die Community(s)?

Wenn Sie Mitglied einer Community werden möchten, ist dies nur möglich, indem Sie explizit eingeladen oder hinzugefügt werden. Sie können einer Community nicht selbstständig beitreten.

Hinweis: Es wird keine Funktion angeboten, mit der Sie nach Communitys suchen können. Communitys sind sozusagen geheime Orte, die nach außen nicht sichtbar bzw. auffindbar sind; anders als beispielsweise Kanäle, die für alle sichtbar und öffentlich sind.

Beitritt via Link

Sie können via Link zu einer Community bzw. Community-Gruppe eingeladen werden. In diesem Fall müssen Sie aktiv werden, um Teil der Community zu werden. Wenn Sie das nicht möchten, ignorieren Sie die Einladung einfach.

Beitritt via Link zur Community

Der Community-Admin (z. B. der Vereinsvorstand) schickt Ihnen einen Einladungslink für den Community-Beitritt über WhatsApp. Dazu muss die Person selbstverständlich Ihre Handynummer haben. Der Einladungslink wird im Einzelchat mit dieser Person angezeigt.

- Tippen Sie auf ***Community beitreten*** ❶ und bestätigen Sie nochmals mit ***Community beitreten***. Damit sind Sie jetzt Teil der Community. Im Bereich ***Chats*** wird eine Willkommensnachricht unter dem Namen der Community, in diesem Beispiel ***TSV*** ❷, angezeigt. Außerdem ist im Bereich Communitys die neue Gemeinschaft ❸ mit Ankündigungsgruppe und weiteren Gruppen ❹ aufgeführt.

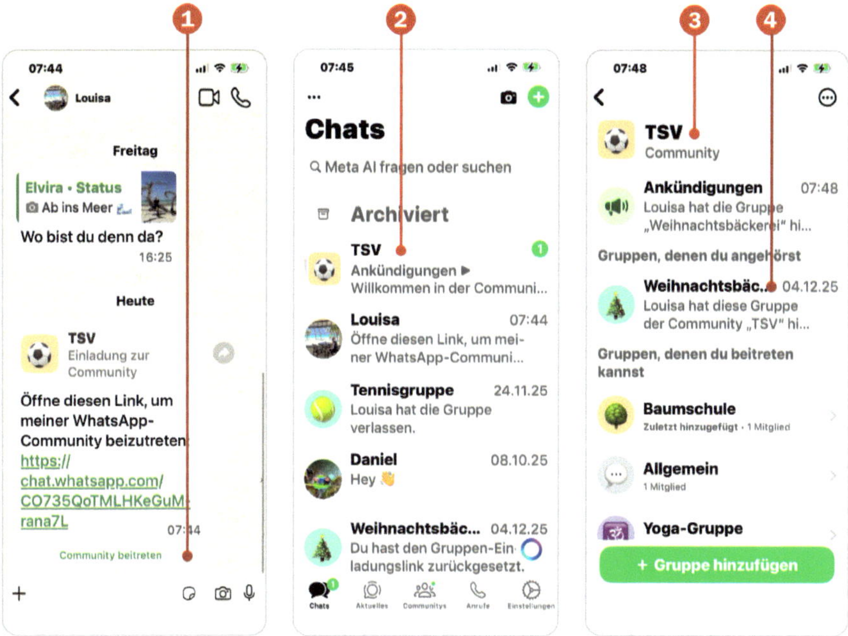

Wenn Sie nur zur Community eingeladen wurden, sind Sie bis jetzt nur Mitglied der Ankündigungsgruppe. Sie erhalten die allgemeinen Hinweise der Administratoren. Als Nächstes sollten Sie die vorhandenen Gruppen anschauen und den gewünschten Gruppen beitreten. Wie das geht, erfahren Sie ab Seite 103.

Mitglied durch Einladung zu einer Gruppe

Ein Community-Admin kann Sie zu einer vorhandenen Community-Gruppe per Link einladen. Am einfachsten ist es, wenn der Einladungslink via WhatsApp versandt wird. Dann erhalten Sie diesen im Einzelchat. Dazu muss die Person Ihre Handynummer haben. Auch diese Einladung erhalten Sie im Einzelchat.

- Tippen Sie auf ***Gruppe beitreten*** 1, anschließend nochmals auf ***Gruppe beitreten*** und dann auf ***Gruppe ansehen***. Sobald der Beitritt zur Gruppe durch einen Admin genehmigt wurde, erhalten Sie im Bereich ***Chats*** eine Willkommensnachricht unter dem Namen der Community, in diesem Beispiel ***TSV***. Im Bereich ***Communitys*** ist jetzt die Community ❷ aufgeführt mit Ankündigungsgruppe, der Gruppe ❸, zu der Sie beigetreten sind und ggf. weiteren Gruppen.

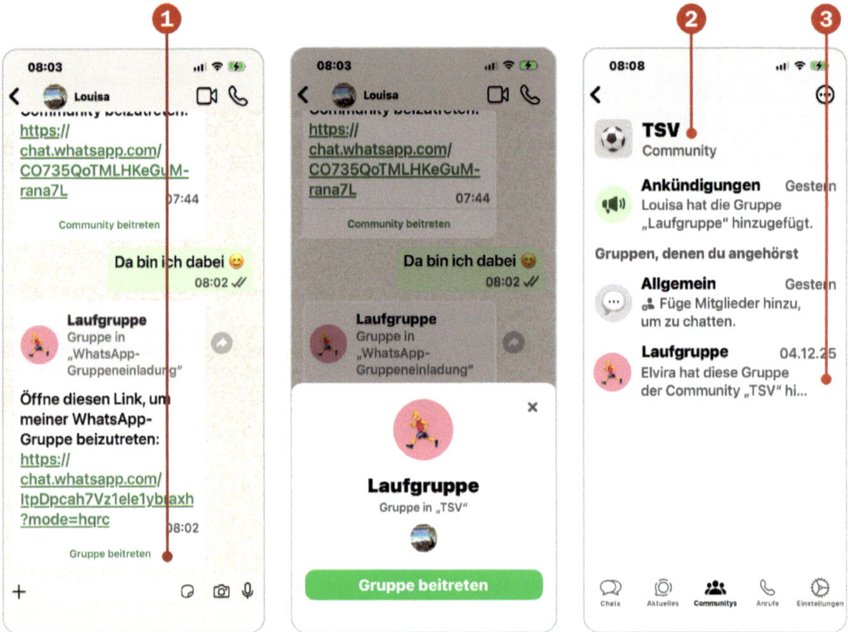

Der Einladungslink zu einer Gruppe kann auch via E-Mail verschickt werden. In diesem Fall ist es am einfachsten, wenn Sie die E-Mail am Smartphone öffnen. Dann wird, nachdem Sie den Link in der E-Mail angetippt haben, gleich WhatsApp angezeigt und Sie können durch Auswahl von ***Beitrittsanfrage stellen***, Ihren Beitrittswunsch signalisieren.

Im Gegensatz zu einer Einladung zu einer Community sind Sie bei einer Einladung zu einer Community-Gruppe bei Annahme bereits in einer Gruppe, die Ihren Interessen entspricht. Sie können natürlich noch weiteren Gruppen beitreten.

Automatisch Mitglied werden

Verfügt der Community-Admin über Ihre Handynummer kann er Sie zu einer Community bzw. einer Community-Gruppe hinzufügen. Für Sie ist in diesem Fall nichts mehr zu tun!

Achtung: Admins können Sie zu einer Gruppe oder Community nur direkt hinzufügen, wenn Ihre *Gruppen-Datenschutzeinstellungen* so konfiguriert sind, dass das möglich ist.

Sie werden zu einer Community hinzugefügt

Fügt ein Admin Sie als neues Mitglied zu einer ***Community*** hinzu, werden Sie automatisch, ohne weiteres Zutun Ihrerseits, sowohl in die ***Community*** selbst, als auch in deren ***Ankündigungsgruppe*** aufgenommen. Im Bereich Chats erhalten Sie eine Willkommensmeldung (1); öffnen Sie die Nachricht im Chat.

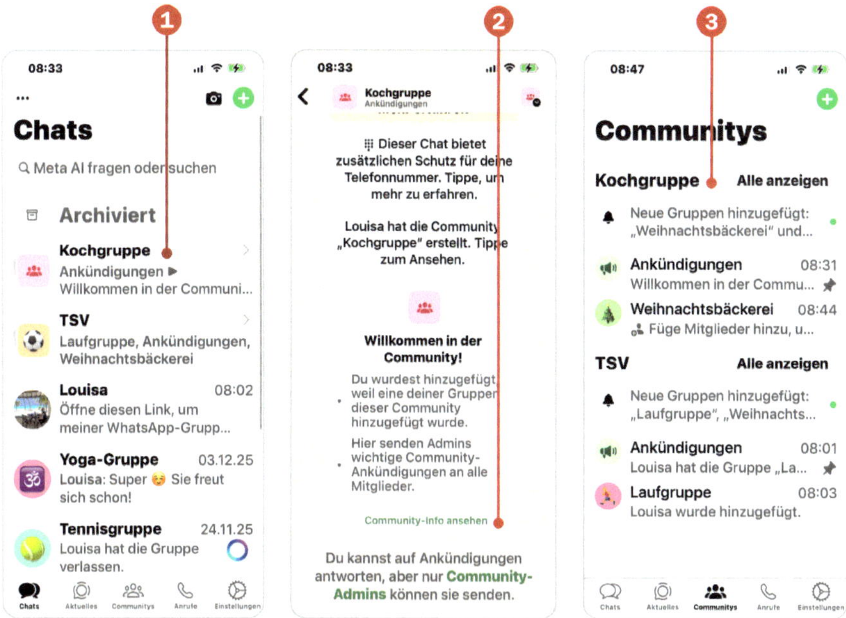

Tippen Sie auf ***Community-Info ansehen*** ❷, um weitere Informationen über die Community und ihre Gruppen zu erhalten. Wechseln Sie zum Bereich ***Communitys***. Hier wird die Community ❸ (in diesem Beispiel ***Kochgruppe***) mit der Gruppe ***Ankündigungen*** angezeigt. Sie müssen jetzt der Gruppe innerhalb der Community beitreten, für deren Inhalte Sie sich interessieren.

Admin macht Sie zu einem Mitglied einer Community-Gruppe

Damit ein Admin Sie zu einer Gruppe hinzufügen kann, setzt natürlich voraus, dass er weiß, welche Gruppe für Sie die Richtige ist. Über die neue Mitgliedschaften werden Sie in den Reitern ***Chats*** und ***Communitys*** informiert. Sie können entweder auf die Nachricht ❶ im Bereich ***Chats*** tippen oder gleich zum Bereich ***Communitys*** ❷ wechseln. Tippen Sie auf die Gruppe ❸ für weitere Infos.

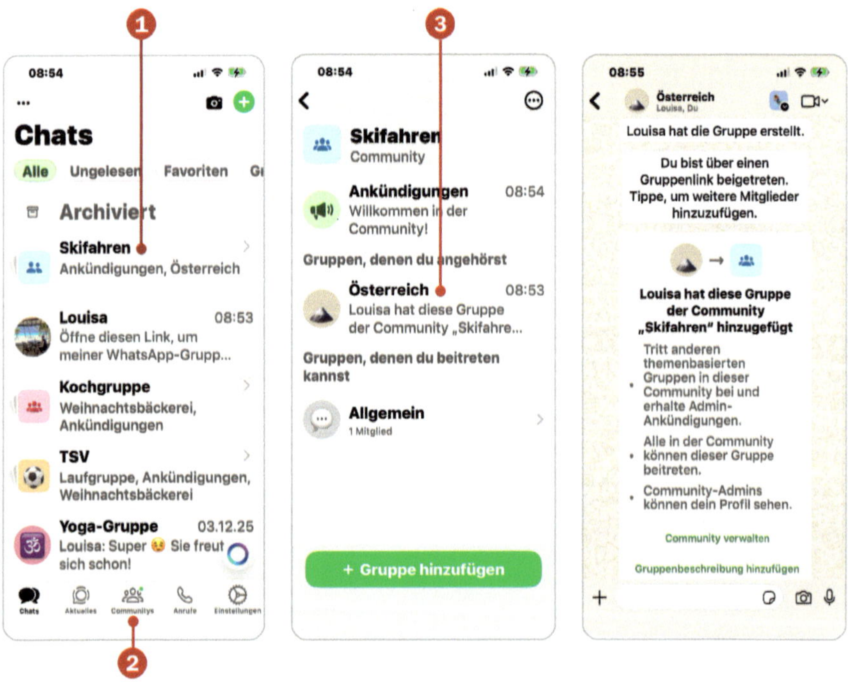

Ihre Gruppe wird der Community hinzugefügt

Bleiben wir beim Beispiel der Skifahren-Community: Wenn schon einige Abteilungen über WhatsApp in Gruppen organisiert sind, liegt es nahe, diese gleich in die Community aufzunehmen. Die Gruppenmitglieder sind dann automatisch auch Mitglieder der Community. In diesem Fall erhalten Sie im Bereich ***Chats*** eine Mitteilung zur Aufnahme der Gruppe in eine Community. Tippen Sie diese an ❶. Hier wird Ihnen mitgeteilt, wie Sie zur Community hinzugefügt wurden ❷. Im Register ***Communitys*** sehen Sie auch die Gruppe ❸ mit der Sie hinzugefügt wurden.

> **Hinweis:** Die Gruppe, die zu einer Community hinzugefügt wurde, taucht jetzt nicht mehr im Bereich *Chats* auf. Sie finden Sie jetzt nur noch im Bereich *Communitys*.

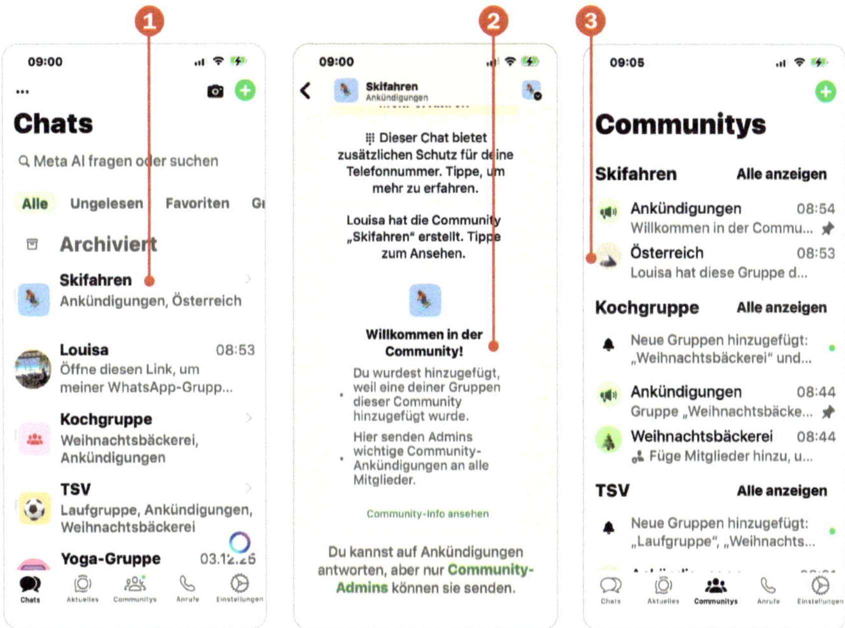

5.3 Ihre Community(s) erkunden

Ihre Communitys auf WhatsApp anzeigen

Der Reiter ***Communitys*** ❶ ist der zentrale Bereich auf WhatsApp für Gemeinschaften. Hier werden alle Communitys, denen Sie angehören, nacheinander angezeigt. Alle angezeigten Communitys folgen diesem Aufbau:

- Der erste Eintrag ❷ ist der Name der Community. Der Bereich ***Ankündigungen*** ❸ ist die vielzitierte Ankündigungsgruppe. Hier werden Sie über wichtige Neuigkeiten auf dem Laufenden gehalten. Die Gruppe ***Allgemein*** ❹ wird in jeder Community automatisch erstellt (Sie können ihr beitreten, um sich mit anderen Mitgliedern auszutauschen). Es folgt eine Kurzanzeige der ***Community-Gruppen***, in denen Sie Mitglied sind. Allerdings ist es möglich, dass nicht alle Gruppen angezeigt werden können.

- **Gruppenansicht öffnen:** Tippen Sie entweder auf ***Alle anzeigen*** ❺ oder auf den Community-Namen ❷. Sie erhalten eine Übersicht aller verfügbaren Gruppen: die Ankündigungsgruppe ❻, gefolgt von Gruppen deren Mitglied Sie sind und Gruppen, die ohne Sie auskommen müssen. Auch hier wechselt die Reihenfolge der Gruppe innerhalb einer Community, je nachdem in welcher sich zuletzt Änderungen ergeben haben (Nachrichten, Austritte, neue Mitglieder etc.). Die Ankündigungsgruppe wird immer oben angezeigt.

- **Community-Info anzeigen:** Tippen Sie in der Community auf ***Alle ansehen*** ❺, dann rechts oben auf ⋯ ❼ und wählen Sie ***Community-Info*** aus. In der Community-Info finden Sie, ähnlich zur Gruppen-Info, eine Beschreibung ❽ (falls vom Admin hinterlegt), darunter nochmal die Möglichkeit alle enthaltenen Gruppen anzuzeigen und die Community-Mitglieder. Die Community-Info verlassen Sie wieder über den Pfeil oben links.

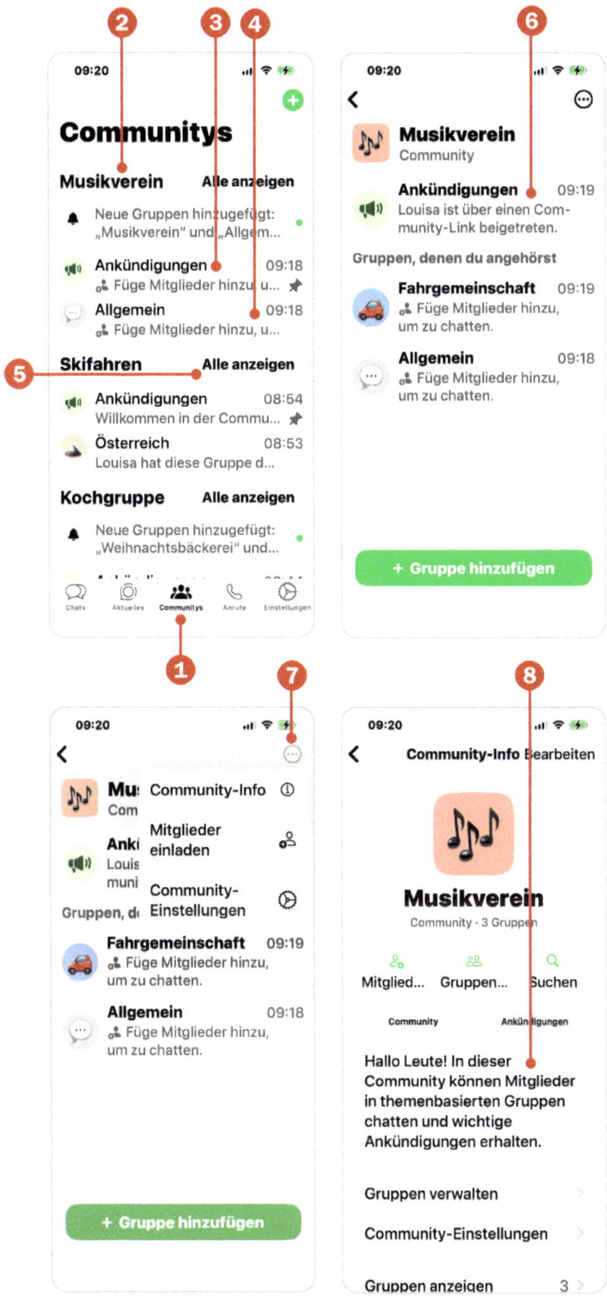

2
3
4
6
09:20
Communitys
Musikverein
Alle anzeigen
Neue Gruppen hinzugefügt: „Musikverein“ und „Allgem...
Ankündigungen
09:18
Füge Mitglieder hinzu, u...
Allgemein
09:18
Füge Mitglieder hinzu, u...
5
Skifahren
Alle anzeigen
Ankündigungen
08:54
Willkommen in der Commu...
Österreich
08:53
Louisa hat diese Gruppe d...
Kochgruppe
Alle anzeigen
Neue Gruppen hinzugefügt: „Weihnachtsbäckerei“ und...
Chats
Aktuelles
Communitys
Anrufe
Einstellungen
09:20
Musikverein
Community
Ankündigungen
09:19
Louisa ist über einen Community-Link beigetreten.
Gruppen, denen du angehörst
Fahrgemeinschaft
09:19
Füge Mitglieder hinzu, um zu chatten.
Allgemein
09:18
Füge Mitglieder hinzu, um zu chatten.
+ Gruppe hinzufügen
1
7
8
09:20
Community-Info
Mitglieder einladen
Community-Einstellungen
Fahrgemeinschaft
09:19
Füge Mitglieder hinzu, um zu chatten.
Allgemein
09:18
Füge Mitglieder hinzu, um zu chatten.
+ Gruppe hinzufügen
09:20
Community-Info
Bearbeiten
Musikverein
Community · 3 Gruppen
Mitglied...
Gruppen...
Suchen
Community
Ankündigungen
Hallo Leute! In dieser Community können Mitglieder in themenbasierten Gruppen chatten und wichtige Ankündigungen erhalten.
Gruppen verwalten
Community-Einstellungen
Gruppen anzeigen
3

Wer ist in meiner Community?

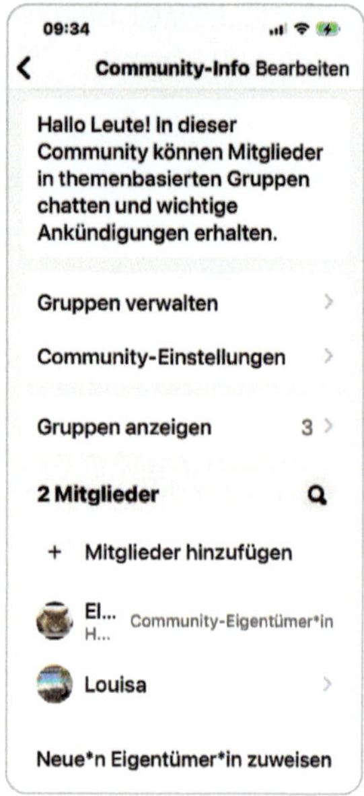

Wenn Sie einer neuen Community beitreten, möchten Sie vielleicht wissen, welche Personen Teil dieser Gemeinschaft sind. Allerdings ist es so, dass nur Community-Admins eine vollständige Liste aller Gemeinschaftsmitglieder angezeigt wird.

Einfache Mitglieder sehen in den Community-Infos nur die Personen, die in denselben Community-Gruppen sind, wie sie selbst. Darüber hinaus werden der Community-Eigentümer und die Community-Admins angezeigt.

5.4 Gruppen beitreten

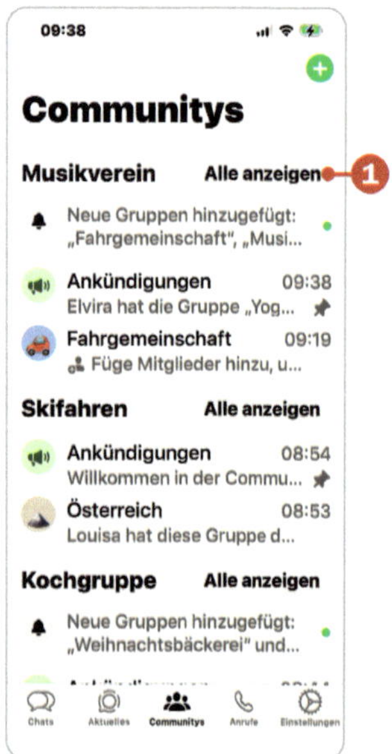

Wenn Sie zu einer Community eingeladen oder hinzugefügt wurden, sind Sie zunächst in keiner Gruppe (außer der Ankündigungsgruppe). Vielleicht ist Ihnen das ganz recht und Sie sind nur interessiert an den allgemeinen Informationen, die Sie durch die Ankündigungsgruppe erhalten (z. B. bei passiven Mitgliedern in Vereinen).

Es ist auch möglich, dass der Community-Admin Sie gleich einer Gruppe hinzugefügt hat. Dennoch sollten Sie die weiteren Gruppen durchsehen, ob noch etwas dabei ist, was Sie ebenfalls interessiert. So gehen Sie vor: Öffnen Sie den Bereich ***Communitys***. Tippen Sie bei der gewünschten Community auf ***Alle anzeigen*** 1.

- Anschließend öffnet sich die Gruppenansicht, in welcher Ihnen alle Gruppen angezeigt werden, die zu dieser Gemeinschaft gehören, unterteilt nach Gruppen, denen Sie angehören und Gruppen, denen Sie beitreten können 2. Der Ankündigungsgruppe müssen Sie nicht beitreten, dort sind Sie automatisch Mitglied.
- Falls Sie Interesse an einer Gruppe haben, können Sie diese antippen. Der Gruppen-Admin kann für jede Gruppe eine Beschreibung hinterlegen. Hat er das gemacht, wird diese hier 3 angezeigt.

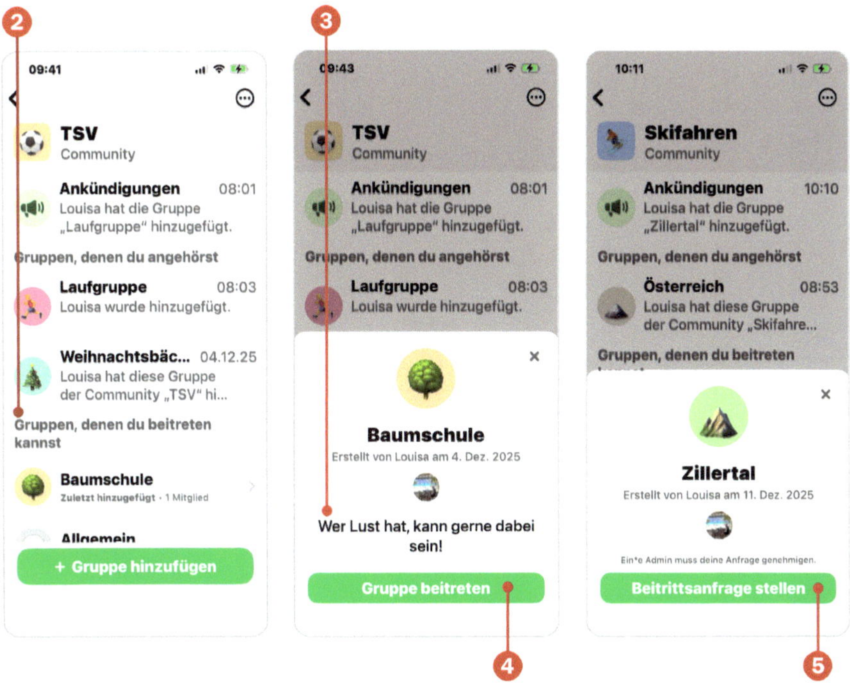

- Der **Gruppenbeitritt** kann auf zwei Arten konfiguriert sein: Entweder er ist frei, dann sind Sie durch Antippen von ***Gruppe beitreten*** 4 und ***Gruppe ansehen*** ein Mitglied dieser Gruppe. Oder der Gruppen-Admin muss neue Mitglieder erst genehmigen. Dann stellen Sie mit ***Beitrittsanfrage stellen*** 5 das

Beitrittsgesuch. Erst wenn der Gruppen-Admin die Anfrage genehmigt hat, werden Sie Mitglied. Dass Ihr Beitritt genehmigt wurde, erfahren Sie im Chat 6.

- Wer mit Ihnen in einer Gruppe ist, können Sie auch in Community-Gruppen herausfinden. Wechseln Sie zum Bereich ***Communitys*** und wählen Sie die gewünschte Gruppe aus. Tippen Sie oben auf den Bereich mit dem Gruppennamen 7 und zeigen Sie so die Gruppeninfo an. Hier sehen Sie, wie bei jeder „normalen" Gruppe auch im unteren Bereich die Mitglieder 8.

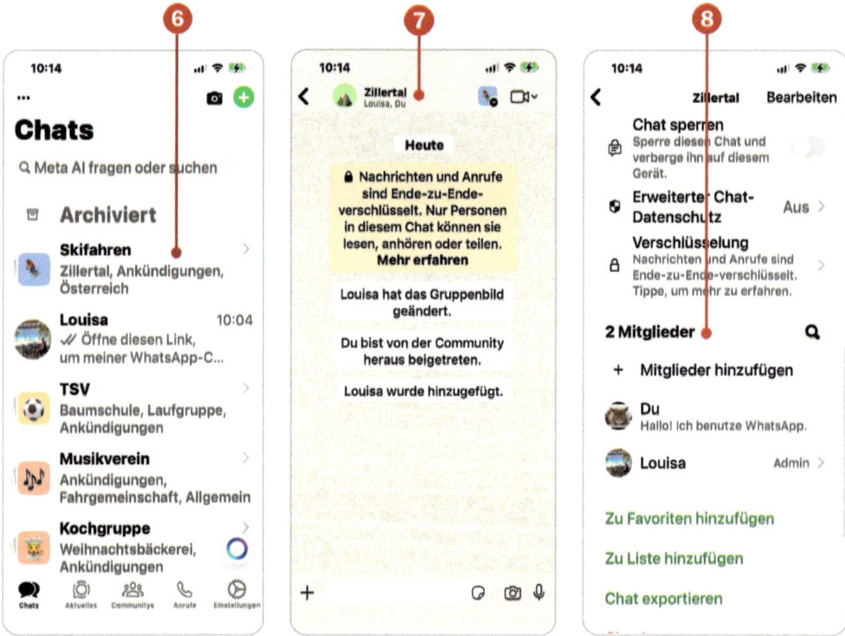

Viele Funktionen, die für die Gruppe zur Verfügung stehen und die Sie in Kapitel 4 kennengelernt haben, gelten auch für die Community-Gruppe. In der Gruppen-Info können Sie die Community-Gruppe stummschalten, die Sichtbarkeit von Medien oder selbstlöschende Nachrichten vereinbaren.

5.5 Nachrichten austauschen

Keine Neuigkeiten mehr verpassen

Nachrichten aus der Ankündigungsgruppe

Eine der wichtigsten Funktionalitäten einer Community ist das gleichzeitige Versenden von Ankündigungen an **alle** Mitglieder einer Gemeinschaft, um diese auf dem Laufenden zu halten. Die **Ankündigungsgruppe** einer Community stellt hierfür den zentralen Ort dar, in welchem Admins Neuigkeiten einstellen.

Nachrichten aus einer Ankündigungsgruppe werden wie alle Nachrichten behandelt: am WhatsApp-Symbol wird eine Nummer angezeigt, die Nachricht erscheint im Benachrichtigungsbereich des Smartphones und natürlich wird die Nachricht 1 auch in WhatsApp im Bereich ***Chats*** angezeigt. Hier können Sie die Nachricht, wie gewohnt, durch Antippen öffnen und deren Inhalt lesen 2. Eine Antwort können Sie nicht verfassen, da in der Ankündigungsgruppe nur die Admins Schreibrechte besitzen.

Wer mag, kann auch zum Bereich ***Communitys*** wechseln und dort die Ankündigungsgruppe 3 öffnen, um die Nachricht zu lesen. Auf Aktualisierungen im Bereich ***Communitys*** wird durch einen grünen Punkt hingewiesen.

Weitere Ankündigungen, z. B. der Hinweis auf eine neue Gruppe, werden im Bereich ***Communitys*** durch ein Glockensymbol 4 hervorgehoben. Sie erscheinen auch im Bereich ***Chats***, allerdings ohne den Hinweis, dass es sich um eine neue Nachricht handelt.

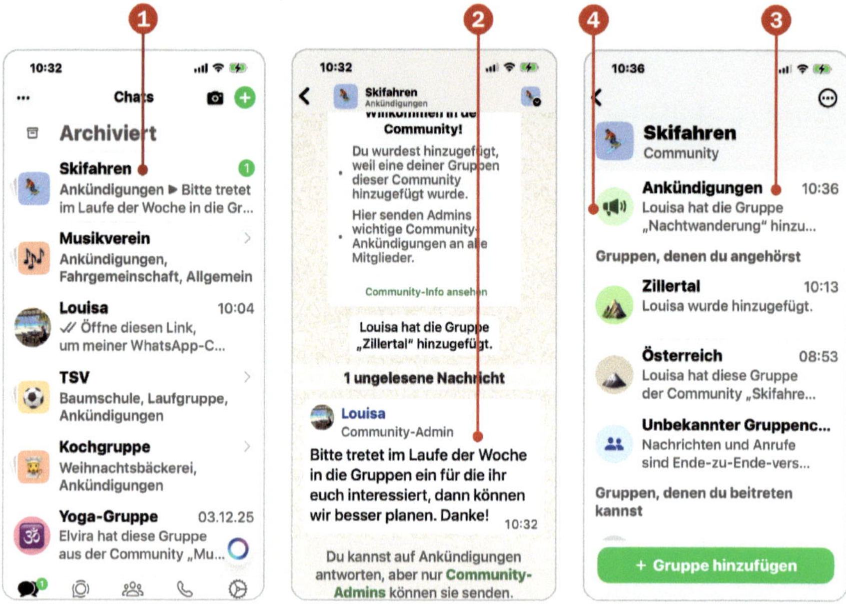

Nachrichten in einer Community-Gruppe austauschen

Als Mitglied in einer Community-Gruppe können Sie Nachrichten, Fotos, Sprachnachrichten verschicken oder auch Videoanrufe tätigen, wie Sie es in Kapitel 4 bereits gelernt haben. Um eine Community-Gruppe anzuzeigen, haben Sie zwei Möglichkeiten:

- Sie tippen im Bereich ***Chats*** auf den Community-Chat ❶ und wählen dann die passende Gruppe ❷ aus. Das macht Sinn, wenn Sie den Chat mit einem Blick in der Chatliste entdecken.
- Sie wechseln zum Bereich ***Communitys*** und tippen bei der Community auf ***Alle anzeigen*** ❸, um alle verfügbaren Gruppen anzuzeigen.
- Unten steht Ihnen das Nachrichtenfeld ❹ zur Verfügung. Antworten erscheinen auch unter dem Community-Symbol ❺. Zu welcher Gruppe die Nachricht gehört, sehen Sie am ersten Eintrag, hier ***Österreich*** ❻. Handelt es sich um eine Nachricht aus der Ankündigungsgruppe, wird ***Ankündigungen*** ❼ vorangestellt.

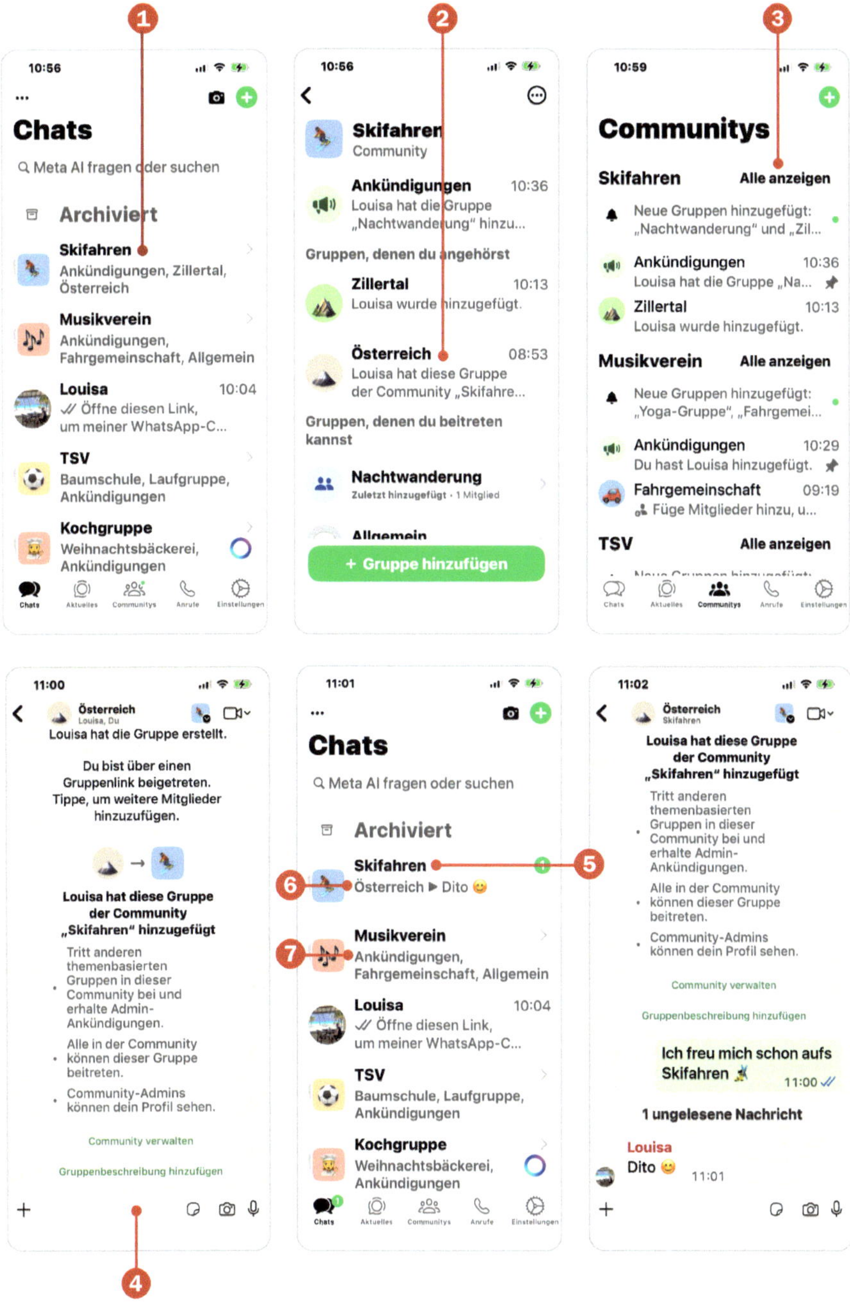
1
2
3
10:56
Chats
Meta AI fragen oder suchen
Archiviert
Skifahren
Ankündigungen, Zillertal, Österreich
Musikverein
Ankündigungen, Fahrgemeinschaft, Allgemein
Louisa 10:04
Öffne diesen Link, um meiner WhatsApp-C...
TSV
Baumschule, Laufgruppe, Ankündigungen
Kochgruppe
Weihnachtsbäckerei, Ankündigungen
Chats Aktuelles Communitys Anrufe Einstellungen
10:56
Skifahren
Community
Ankündigungen 10:36
Louisa hat die Gruppe „Nachtwanderung" hinzu...
Gruppen, denen du angehörst
Zillertal 10:13
Louisa wurde hinzugefügt.
Österreich 08:53
Louisa hat diese Gruppe der Community „Skifahre...
Gruppen, denen du beitreten kannst
Nachtwanderung
Zuletzt hinzugefügt · 1 Mitglied
Allgemein
+ Gruppe hinzufügen
10:59
Communitys
Skifahren Alle anzeigen
Neue Gruppen hinzugefügt: „Nachtwanderung" und „Zil...
Ankündigungen 10:36
Louisa hat die Gruppe „Na...
Zillertal 10:13
Louisa wurde hinzugefügt.
Musikverein Alle anzeigen
Neue Gruppen hinzugefügt: „Yoga-Gruppe", „Fahrgemei...
Ankündigungen 10:29
Du hast Louisa hinzugefügt.
Fahrgemeinschaft 09:19
Füge Mitglieder hinzu, u...
TSV Alle anzeigen
Chats Aktuelles Communitys Anrufe Einstellungen
11:00
Österreich
Louisa, Du
Louisa hat die Gruppe erstellt.
Du bist über einen Gruppenlink beigetreten. Tippe, um weitere Mitglieder hinzuzufügen.
Louisa hat diese Gruppe der Community „Skifahren" hinzugefügt
Tritt anderen themenbasierten Gruppen in dieser Community bei und erhalte Admin-Ankündigungen.
Alle in der Community können dieser Gruppe beitreten.
Community-Admins können dein Profil sehen.
Community verwalten
Gruppenbeschreibung hinzufügen
4
11:01
Chats
Meta AI fragen oder suchen
Archiviert
Skifahren
Österreich ▶ Dito 😊
Musikverein
Ankündigungen, Fahrgemeinschaft, Allgemein
Louisa 10:04
Öffne diesen Link, um meiner WhatsApp-C...
TSV
Baumschule, Laufgruppe, Ankündigungen
Kochgruppe
Weihnachtsbäckerei, Ankündigungen
Chats Aktuelles Communitys Anrufe Einstellungen
5
6
7
11:02
Österreich
Skifahren
Louisa hat diese Gruppe der Community „Skifahren" hinzugefügt
Tritt anderen themenbasierten Gruppen in dieser Community bei und erhalte Admin-Ankündigungen.
Alle in der Community können dieser Gruppe beitreten.
Community-Admins können dein Profil sehen.
Community verwalten
Gruppenbeschreibung hinzufügen
Ich freu mich schon aufs Skifahren 11:00
1 ungelesene Nachricht
Louisa
Dito 😊 11:01

5.6 Gruppen und Community verlassen

Community-Gruppen verlassen & löschen

- Öffnen Sie die ***Gruppeninfo***, scrollen Sie ganz nach unten und tippen Sie auf ***Gruppe verlassen*** ❶. Bestätigen Sie dies nochmals mit ***Gruppe verlassen***. Über ***Verlassen und für mich löschen*** ❷ können Sie eine Gruppe schnell verlassen und gleichzeitig den gesamten Chatverlauf von Ihrem Gerät entfernen.
- Lediglich Admins werden über Austritte informiert, andere Gruppenmitglieder werden davon nicht in Kenntnis gesetzt.
- **Optional:** Anschließend können Sie die Community-Gruppe löschen. Bleiben Sie dazu in der Gruppeninfo und tippen Sie auf ***Gruppe löschen*** ❸. Bestätigen Sie nochmals die Löschung.

Hinweis: Sie können nur Gruppen löschen, die Sie zuvor verlassen haben.

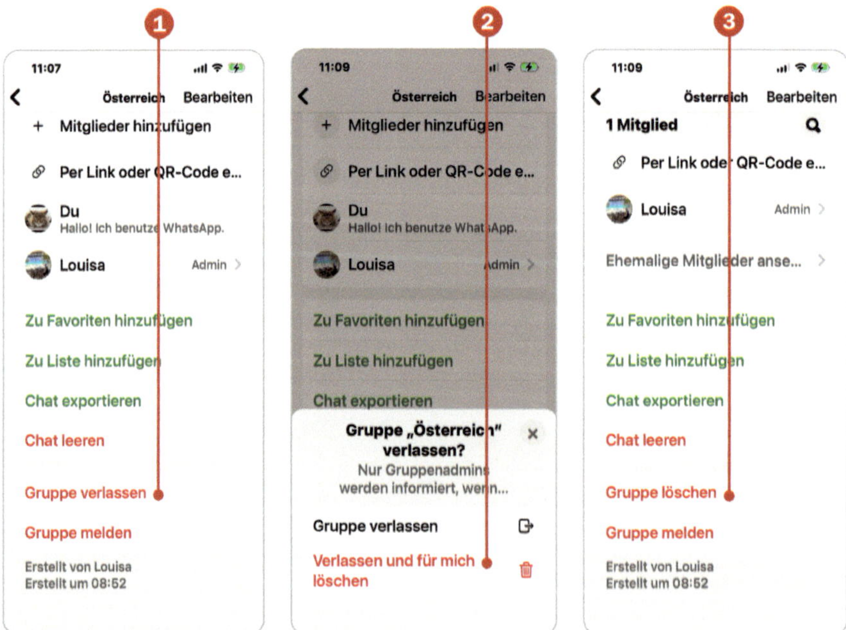

Wenn Sie eine Gruppe in einer Community verlassen, müssen Sie diese nicht notwendigerweise löschen. Solange Sie in der Community bleiben, wird die Gruppe weiterhin in der Community angezeigt und Sie können auch nochmals beitreten. Wenn Sie die Community verlassen, werden alle Gruppen, aus denen Sie ausgetreten sind, im Bereich ***Chats*** angezeigt. Spätestens dann sollten Sie die Gruppenleichen löschen.

Eine Community verlassen

- Rufen Sie die ***Community-Info*** auf und tippen Sie auf ***Community verlassen*** 1 und bestätigen Sie nochmals mit ***Verlassen*** 2. Alternativ wählen Sie ***Verlassen und für mich löschen***.

Achtung! Wenn Sie eine Community verlassen, treten Sie auch gleichzeitig aus sämtlichen Community-Gruppen aus, denen Sie in dieser Gemeinschaft angehören. Sie können anschließend nicht mehr darauf zugreifen.

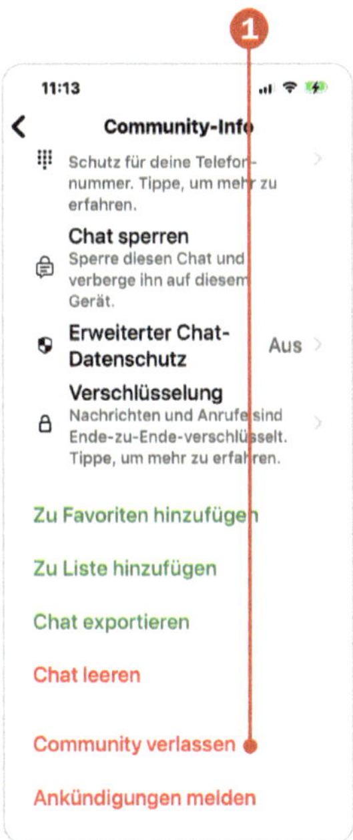

6 Sprach- und Videoanrufe

Was finde ich in diesem Kapitel?

- Anrufliste
- Videoanrufe in der Gruppe
- Anrufe mit und ohne Video

Das erwartet Sie hier!

Mit WhatsApp können Sie Familie und Freunde anrufen und dabei optional ein Video übertragen.

- Hier erfahren Sie, wie Sie via WhatsApp einen **Sprachanruf** durchführen. Sollten Sie mit Ihrem Mobilfunkvertrag sowieso kostenlos in alle deutsche Netze telefonieren können, dann benötigen Sie Sprachanrufe über WhatsApp eigentlich nicht. Allerdings kann WhatsApp für Gespräche ins Ausland nützlich sein. Dazu muss allerdings sichergestellt werden, dass keiner der Teilnehmer Roaming-Gebühren bezahlt. Wenn Sie sich mit einem WLAN verbinden, vermeiden Sie diese Problematik.
- Interessanter ist es natürlich, ein **Video** zu übertragen. Meistens ist die Kamera dabei auf einen selbst gerichtet. Aber mit einem Kamerawechsel kann man auch schnell das renovierte Wohnzimmer oder den blühenden Garten zeigen.
- Ein **Gruppenanruf** vereint die ganze Familie oder Freunde in einem Gespräch; auch hier ist die Übertragung eines Videos möglich und meist die Regel.
- Der **Sprachchat** bietet ebenfalls die Möglichkeit sich in einer Gruppe live auszutauschen.
- Zum Schluss werfen wir noch einen Blick auf die **Anrufliste**, in der z. B. Ihre verpassten Anrufe aufgeführt werden.

6.1 Einen Freund anrufen

- Starten Sie den Anruf aus dem persönlichen Chat. Zeigen Sie den Chat mit der gewünschten Person an und tippen Sie rechts oben auf das Telefonsymbol 📞 ❶ für einen Sprachanruf oder das Kamerasymbol 📹 für einen Videoanruf. Wenn Sie häufiger mit der Person chatten, ist das die einfachste Möglichkeit. Falls Sie den Chat nicht finden oder noch gar nicht mit der Person gechattet haben, verwenden Sie die folgende Alternative.
- **Alternative:** Zeigen Sie den Bereich ***Anrufe*** an und tippen Sie zur Anzeige der Kontaktliste rechts oben auf ⊕ ❷. Wählen Sie den gewünschten Kontakt in der Liste aus. Dieser erscheint dann oben. Starten Sie durch Antippen des Telefonsymbols ❸ einen Sprachanruf oder mit dem Kamerasymbol einen Videoanruf. Sie können den Namen des gesuchten Kontakts auch oben ins Suchfeld ❹ eingeben, so finden Sie ihn vielleicht schneller.

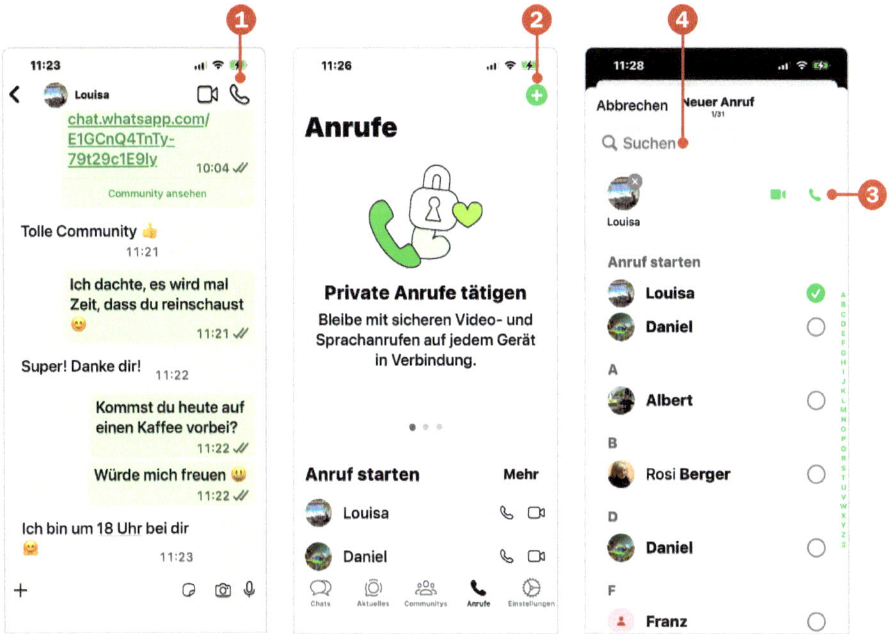

Wenn Sie das erste Mal einen Sprach- oder Videoanruf starten, ist es möglich, dass Sie WhatsApp den Zugriff auf das Mikrofon erlauben müssen.

Sprachanruf: Während des Verbindungsaufbaus erscheint beim Anrufenden auf dem Display die Information ***Es klingelt bei …*** Sobald die Verbindung hergestellt wurde, wird die aktuelle Verbindungszeit angezeigt. Sie können über die entsprechende Schaltfläche den Anruf kurz stummschalten, sodass der Gesprächsteilnehmer nicht hört, was Sie sagen oder aber die Unterhaltung für Umstehende hörbar via Lautsprecher übermitteln. Ist die Stummschaltung aktiv bzw. der Lautsprecher eingeschaltet, wird das entsprechende Symbol rot ausgefüllt und der Hintergrund weiß dargestellt. Über das Kamerasymbol wechseln Sie zur Videoübertragung.

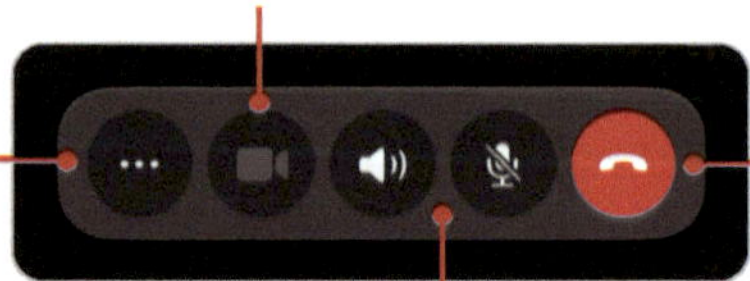

Videoanruf: Sie sehen zunächst Ihr eigenes Gesicht. Nach Verbindungsaufbau wird der Angerufene angezeigt. In einem kleineren Fenster sehen Sie, wie Sie übertragen werden. Falls die Position des Fensters stört, können Sie dieses antippen, gedrückt halten und an eine andere Stelle ziehen.

Während eines Videoanrufs werden die Symbole auf dem Display nach kurzer Zeit ausgeblendet, zur Anzeige der Befehle müssen Sie dann das Display einmal kurz antippen.

Auch der Videoanruf kann stumm geschaltet werden. Das Symbol wird dann rot gefüllt. Mit nochmaligem Antippen aktivieren Sie das Mikrofon wieder. Mit dem Videosymbol unterbrechen Sie die Bildübertragung und zeigen durch nochmaliges Antippen wieder das Video an. Außerdem können Sie zwischen Front- und Hauptkamera Ihres Smartphones wechseln. Über die Hauptkamera hinten am Gerät können so Ihre Umgebung übertragen. Erneutes Antippen wechselt wieder zur Frontkamera.

Auflegen - Sprach- bzw. Videoanruf beenden: Durch Antippen des rot hinterlegten Hörers beenden Sie das Gespräch bzw. den Videoanruf.

Während des Videoanrufs schnell ein Foto schicken

Oft kommt man im Gespräch auf ein Thema und möchte passend dazu im Chat ein Foto oder einen Link verschicken. Dazu müssen Sie den Anruf nicht unterbrechen, Sie können das parallel erledigen.

- Tippen Sie auf das Pfeilsymbol (1). Die Videoübertragung rutscht nach rechts unten und der zuletzt angezeigte Bereich von WhatsApp erscheint am Display.
- Navigieren Sie ggf. zum Chat mit der Person. Falls das Videoübertragungsbild stört, können Sie es antippen, gedrückt halten und an eine andere Position ziehen. Sie können jetzt, wie Sie das bereits in Kapitel 2 gelernt haben, ein Foto oder einen Link versenden.
- Um wieder die Videoübertragung auf dem gesamten Display anzuzeigen, tippen Sie einfach auf das Videobild oder im Chat auf den Zurückkehren-Eintrag (2). Die hellgrüne Umrandung der Uhrzeit am oberen Bildschirmrand (3) signalisiert, dass Sie gerade einen Videoanruf tätigen.

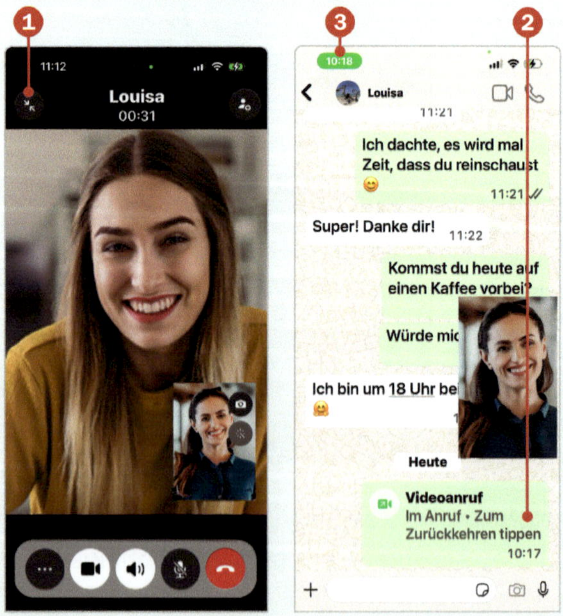

6.2 Anruf annehmen oder abweisen

Ein eingehender WhatsApp-Anruf, egal ob Sprach- oder Videoanruf, macht selbstverständlich durch einen Klingelton auf sich aufmerksam. Die Darstellung des Anrufs auf dem Display unterscheidet sich ein wenig, je nachdem, ob Sie das Smartphone gerade verwenden (also der Startbildschirm oder eine App angezeigt wird) oder ob der Anruf auf dem Sperrbildschirm erscheint.

Anruf entgegennehmen

- Wenn Sie gerade am Smartphone beschäftigt sind, wird ein eingehender Anruf durch eine Einblendung am oberen Rand des Displays angezeigt. Hier sehen Sie auch, ob es sich um einen Video- oder Sprachanruf 1 handelt. Durch Antippen des blauen Häkchens ✓ 2 stellen Sie die Verbindung her.
- Verwenden Sie das Smartphone gerade nicht, so erscheint der Anruf auf dem Sperrbildschirm. Hier ziehen Sie das Pfeilsymbol bei ***Annehmen*** nach rechts 3. Bei einem Videoanruf wird automatisch die Frontkamera aktiviert.

Anruf abweisen

- Wenn der Anruf auf dem Sperrbildschirm erscheint und Sie den Anruf nicht entgegennehmen möchten, drücken Sie zweimal auf die Funktionstaste an der Außenseite Ihres Smartphones. Ist das Smartphone entsperrt und Sie befinden sich vielleicht gerade in einer App, tippen Sie bei einem Anruf auf ✕ 4.
- Vielleicht möchten Sie dem Anrufenden gern mitteilen, dass Sie später zurückrufen. Tippen Sie dazu einfach auf ***Nachricht*** 5 und wählen Sie einen der angebotenen Texte 6 aus. Dadurch wird der Anruf abgelehnt und gleichzeitig die ausgewählte Nachricht versendet. Sie sehen diese dann im Einzelchat.

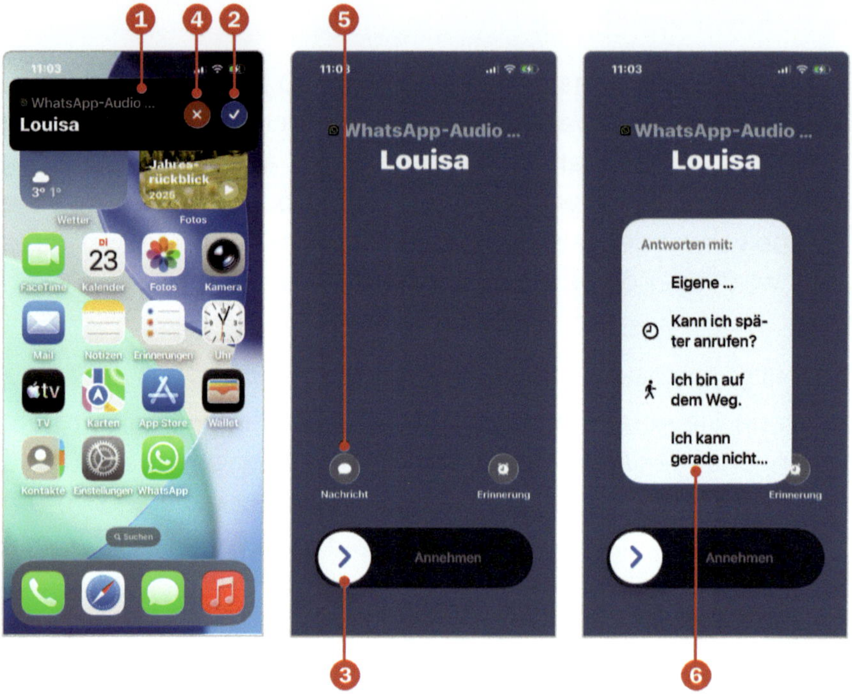

Auf verpasste Anrufe werden Sie in der Regel durch eine Benachrichtigung aufmerksam gemacht. In WhatsApp sehen Sie unten, wie viele Anrufe 7 Sie verpasst haben. Auch im Chat mit der Person erscheint ein entsprechender Hinweis 8. Weitere Informationen zu einem verpassten Anruf erhalten Sie in der Anrufliste. Dazu gleich mehr.

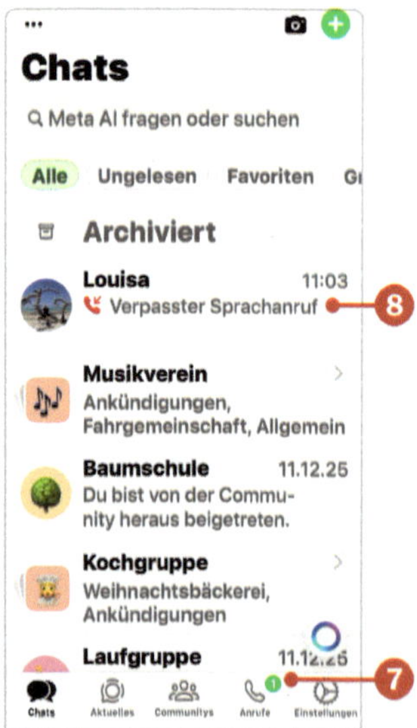

6.3 Handyinhalte im Videotelefonat anzeigen

Während eines Videotelefonats können Sie statt sich selbst zu übertragen auch Inhalte Ihres Smartphones anzeigen. Das ist praktisch, wenn man bei einer Handyeinstellung Hilfe benötigt, schnell ein paar Fotos präsentieren oder den Inhalt einer E-Mail zeigen möchten. Diese Möglichkeit haben Sie in Einzel- und in Gruppentelefonaten.

Die andere Person sieht alle Inhalte, die am Bildschirm angezeigt werden, während Sie die passende Information suchen, z. B. alle Fotos, durch die Sie scrollen oder Benachrichtigungen, die gerade eingehen. Und natürlich auch ein Kennwort, wenn Sie das, während der Bildschirm mit einer anderen Person geteilt wird, eingeben.

- Starten Sie einen Videoanruf und stellen Sie die Verbindung zum anderen Teilnehmer her.
- Tippen Sie unten in der Leiste auf das erweiterte Menü ⋯ 1 und anschließend auf ***Bildschirm freigeben*** 2. Bestätigen Sie mit ***Übertragung starten*** 3. Hier können Sie die Übertragung auch gleich wieder stoppen, sollten Sie es sich anders überlegt haben.
- Tippen Sie auf eine leere Stelle des Bildschirms und anschließend auf links oben 4. Dadurch wird das WhatsApp-Fenster verkleinert und Sie können den Bereich aufrufen, den Sie der anderen Person zeigen möchten.
- Zum Stoppen der Bildschirmübertragung tippen Sie auf das verkleinerte WhatsApp-Fenster 5 und wählen ***Freigabe beenden*** 6. Dadurch Sie werden wieder im Videochat übertragen. Das Videotelefonat beenden Sie, wie immer, über den rot hinterlegten Telefonhörer.

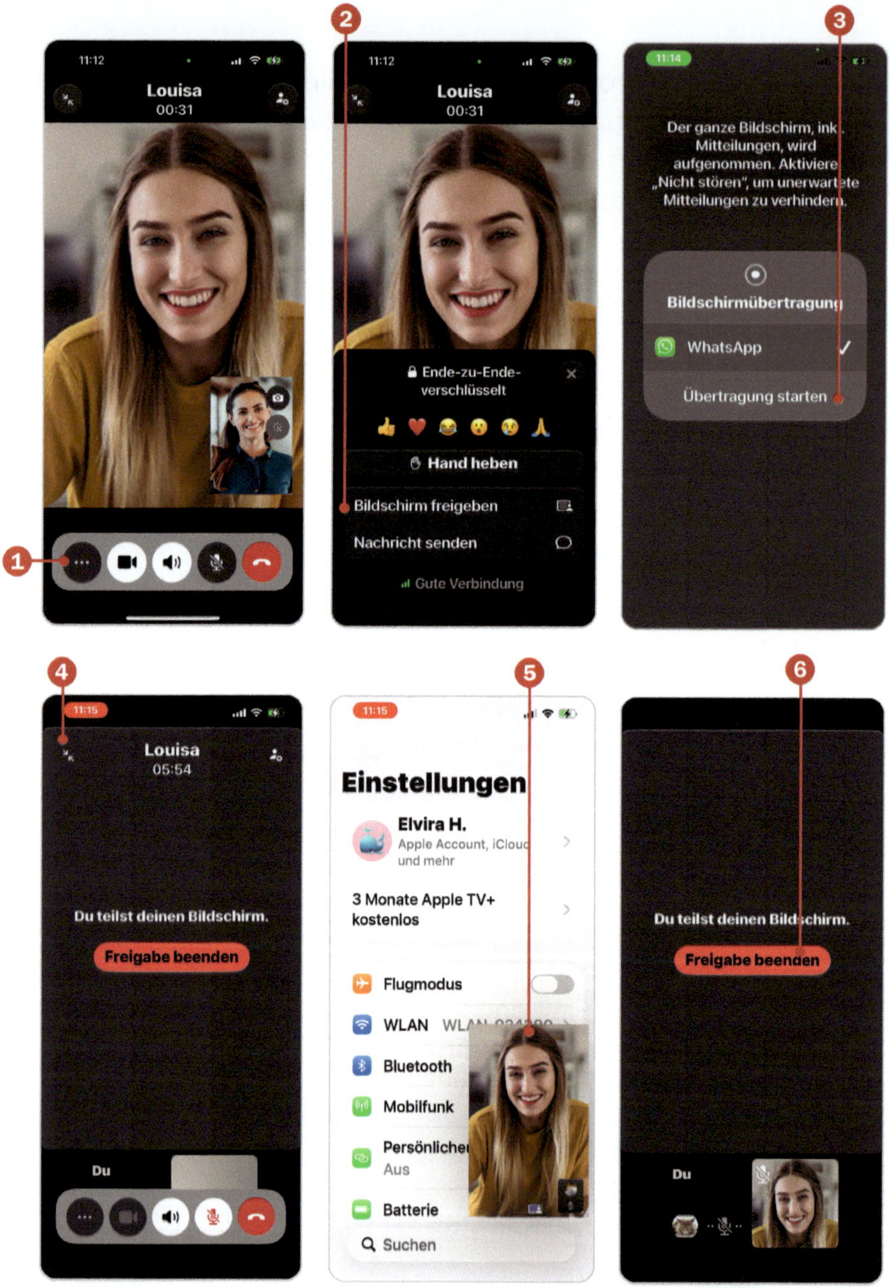
1
2
3
4
5
6
Louisa
00:31
Ende-zu-Ende-verschlüsselt
Hand heben
Bildschirm freigeben
Nachricht senden
Gute Verbindung
Der ganze Bildschirm, inkl. Mitteilungen, wird aufgenommen. Aktiviere „Nicht stören", um unerwartete Mitteilungen zu verhindern.
Bildschirmübertragung
WhatsApp
Übertragung starten
05:54
Du teilst deinen Bildschirm.
Freigabe beenden
Du
Einstellungen
Elvira H.
Apple Account, iCloud und mehr
3 Monate Apple TV+ kostenlos
Flugmodus
WLAN
Bluetooth
Mobilfunk
Persönlicher
Aus
Batterie
Suchen

6.4 Weitere Zusatzfunktionen während des Anrufs

Während eines WhatsApp-Anrufs können Sie über das Dreipunkte-Menü ⋯ praktische Zusatzfunktionen nutzen:

- **Reaktionen** (1): Emojis direkt im Anruf anzeigen – erscheinen kurz unten links (2).
- **Hand heben** (3): Signalisiert in Gruppenanrufen, dass Sie etwas sagen möchten, ohne andere zu unterbrechen. Nach dem Heben erscheint ein Hand-Symbol neben Ihrem Bild. Über *Hand senken* (4) können Sie es wieder entfernen.
- **Bildschirm freigeben** (5): Teilen Sie Ihren Bildschirm mit allen Teilnehmern, um Inhalte, Apps oder Präsentationen live zu zeigen.
- **Nachricht senden** (6): Öffnen Sie den Chat des laufenden Anrufs, um Textnachrichten, Links oder Dateien zu senden, ohne den Anruf zu verlassen.

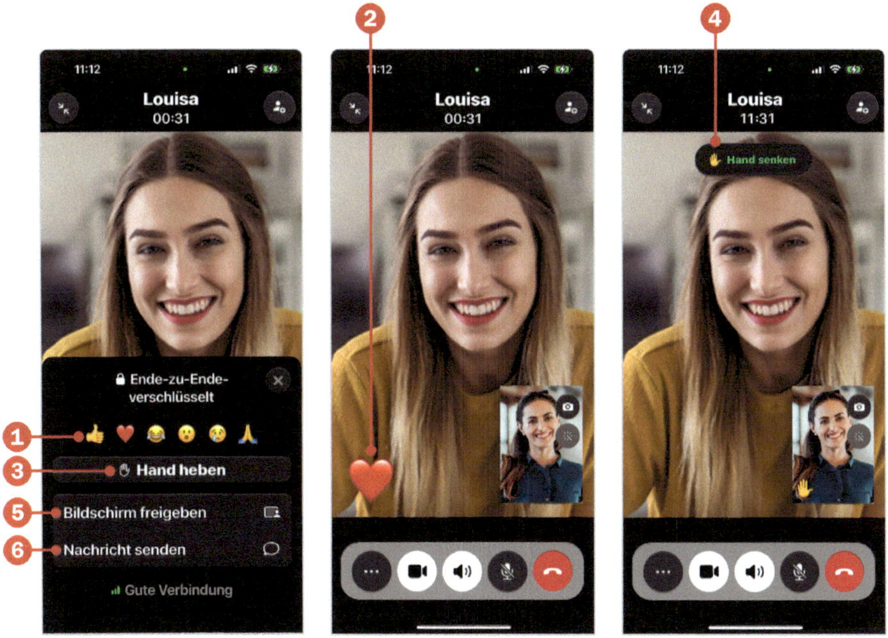

6.5 Videotelefonat mit mehreren Teilnehmern

Es können bis zu 32 Personen an einem Gruppentelefonat teilnehmen. Funktioniert das nicht, verwendet vielleicht einer der Teilnehmer eine alte WhatsApp-Version.

Gruppenanruf starten

- **Alternative 1 - Gespräch aus einer Gruppe starten:** Wenn Sie bereits eine Gruppe (mehr zur Gruppe in Kapitel 4) in WhatsApp angelegt haben und mit diesen Freunden gerne telefonieren möchten, dann können Sie den Anruf gleich aus dem Gruppenchat heraus starten.

  Öffnen Sie diesen und tippen Sie oben auf den Pfeil neben dem Videosymbol ❶. Wählen Sie anschließend ***Sprach-*** oder ***Videoanruf*** ❷. Alle Teilnehmer werden gleichzeitig angerufen.

  Möchten Sie nur mit bestimmten Personen aus der Gruppe sprechen, tippen Sie auf ***Personen auswählen*** ❸. Markieren Sie die gewünschten Teilnehmer und starten Sie anschließend den Sprach- oder Videoanruf.

- **Alternative 2 - Zu einem laufenden Gespräch weitere Teilnehmer hinzufügen:** Sie können zu einem laufenden Video- oder Sprachanruf weitere Personen einladen. Dabei ist es unerheblich, ob Sie der Anrufende sind oder ob Sie angerufen wurden. Diese Funktion steht allen zur Verfügung.

  Durch Antippen von ❹ rechts oben wird die Kontaktliste angezeigt. Wählen Sie hier einen Teilnehmer aus und bestätigen Sie mit ***+ Zum Anruf hinzufügen*** ❺.

  Die eingeladene Person kann während der gesamten Dauer des Gesprächs noch dazustoßen.

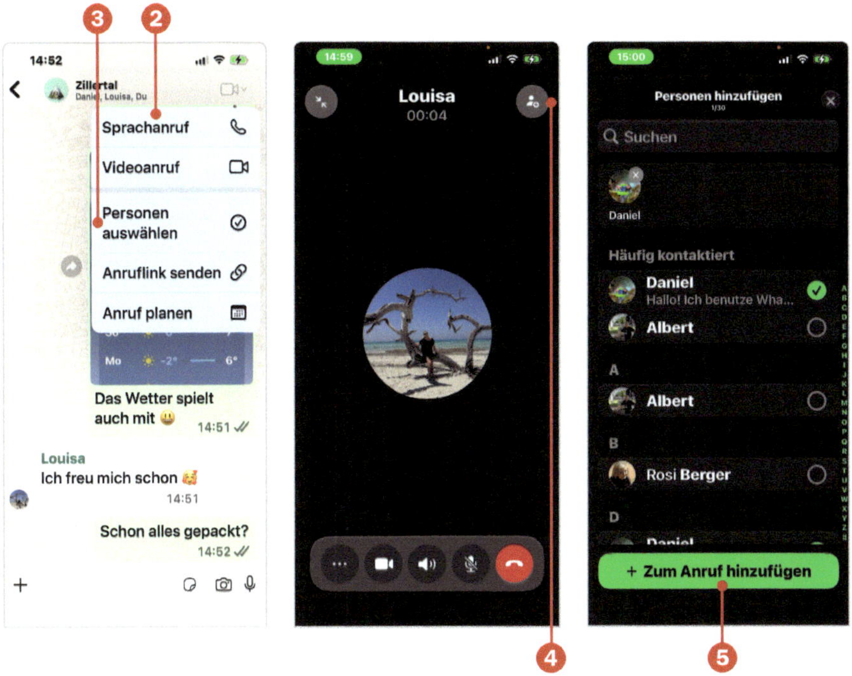

- **Alternative 3 - Teilnehmer auswählen und Gespräch starten:** Das Passende ist noch nicht dabei? Dann kreieren Sie einfach eine neue Zusammenstellung für einen Gruppenanruf.

  Öffnen Sie den Bereich ***Anrufe*** (6) und tippen Sie auf + (7) zur Anzeige der Kontaktliste. Wählen Sie nun die einzelnen Kontakte durch Antippen aus; diese werden oben aufgeführt. Sie können auch den Namen eines Kontakts oben ins Suchfeld (8) eintippen, um ihn leichter zu finden.

  Zum Starten eines Sprach- oder Videoanrufs finden Sie die Symbole (9) rechts oben.

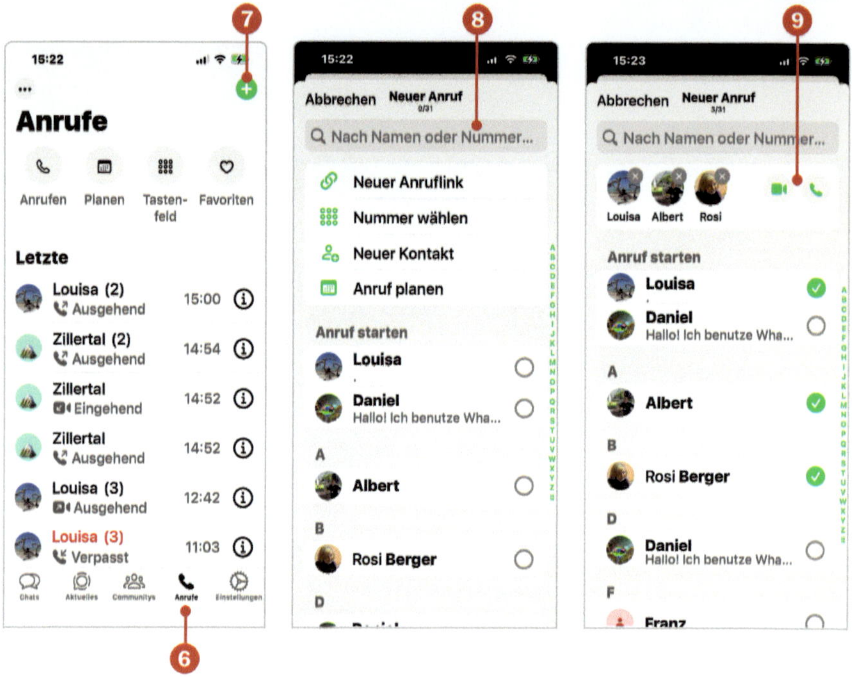

Gruppenanruf entgegennehmen

Wenn Sie gerade etwas am Smartphone erledigen, erscheint der Hinweis auf einen eingehenden Anruf oben. Tippen Sie dann ***Gruppen-Videoanruf beitreten*** (1). Auf dem Sperrbildschirm erscheint dieselbe Meldung, um den Anruf entgegenzunehmen. Tippen Sie dann auf ***Beitreten*** (2).

Unten sehen Sie die weiteren Teilnehmer. Im Beispiel auf der nächsten Seite befinden sich die ersten beiden Personen (3) bereits im Gruppenanruf. Nach dem Beitritt sehen Sie sich und alle anderen Teilnehmer auf einem geteilten Bildschirm. Die untere Befehlsleiste (4) kennen Sie bereits.

Sollten Sie an einem Gruppenanruf nicht teilnehmen wollen, tippen Sie auf ***Ignorieren*** (5).

Sie können einem Gruppenanruf, für den Sie als Teilnehmer bestimmt wurden, solange dieser andauert, jederzeit beitreten. Diese relativ neue Funktion ist wirklich praktisch. Wenn Sie den Anruf verpasst haben, können Sie einfach später dazustoßen. Darüber hinaus kann man das Telefonat auch kurz unterbrechen, also den Gruppenanruf mit verlassen und später wieder dazukommen.

- Der grüne Punkt 6 über dem Bereichsnamen ***Anrufe*** macht Sie darauf aufmerksam, dass ein Gruppenanruf, zu dem Sie eingeladen wurden, gerade andauert. Zeigen Sie den Bereich ***Anrufe*** an. Hier finden Sie in der Anrufliste den Gruppenchat 7 ganz oben und können diesem durch Antippen beitreten.
- Falls der Anruf aus einem Gruppenchat gestartet wurde, können Sie auch den Chat anzeigen und oben auf ***Beitreten*** 8 tippen.

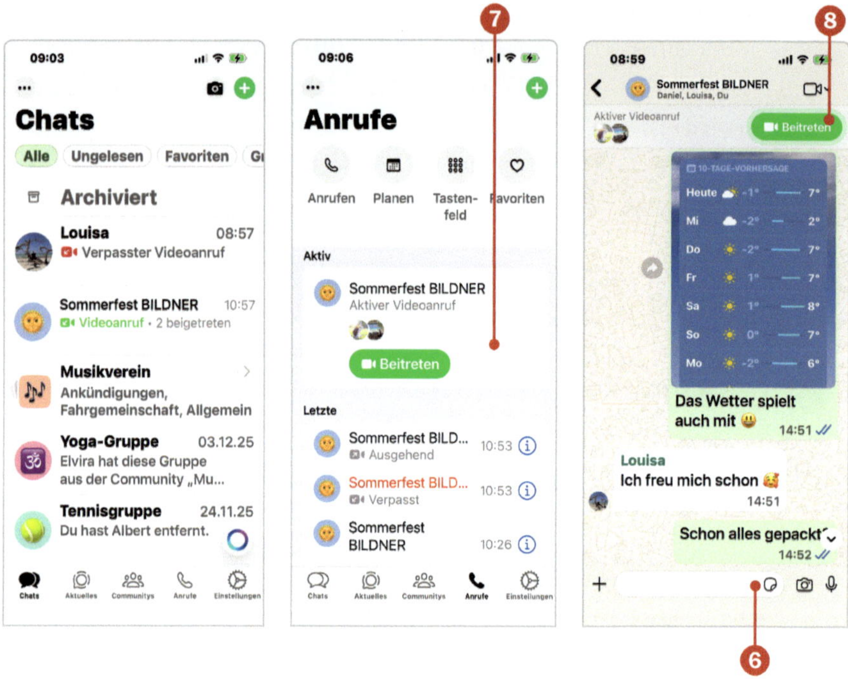

6.6 Sprachchats direkt in Gruppen führen

Der Sprachchat ermöglicht es Ihnen, Live-Audio-Gespräche innerhalb einer WhatsApp-Gruppe zu führen. Die Funktion steht nur für Gruppen mit mindestens drei Mitgliedern zur Verfügung.

Auf den ersten Blick erscheinen Sprachchats als unnötige Erweiterung, da sie ähnliche Möglichkeiten bieten wie ein Gruppen-Sprachanruf. Der feine Unterschied liegt jedoch in der Zwanglosigkeit des Sprachchats. Während bei einem Sprachanruf bei allen Mitgliedern das Smartphone klingelt, werden Sie über einen aktiven Sprachchat lediglich durch eine Leiste im Gruppenchat informiert.

Zurecht fragen Sie sich, wofür sich der Sprachchat eignet. Für uns ist der Sprachchat das virtuelle Pendant zum Stammtisch: Hier kann jeder kommen und gehen, wie er mag.

Beispiel: Sie haben viele Verwandte, die in einem Familienchat organisiert sind. Um bei allen ein wenig auf dem Laufenden zu bleiben, vereinbaren Sie einen festen Termin im Monat. Für dieses Szenario bietet der Sprachchat eine entspannte Möglichkeit zur Kommunikation. Gerade in großen Gruppen möchte man vermeiden, dass bei allen Mitgliedern das Smartphone klingelt.

Letztendlich nutzt jeder diese Funktion auf seine eigene Weise. Durch das einfache Starten eines Sprachchats kann man schnell vom Nachrichten schreiben zum direkten Gespräch wechseln. Auch das kann ein Grund sein, den Sprachchat zu verwenden.

Einen Sprachchat starten und annehmen

Sprachchat beginnen

Sie können den Sprachchat starten, indem Sie im Gruppenchat ganz nach unten scrollen und dann von unten nach oben wischen und den Finger kurz gedrückt halten. Wenn der grüne Balken um das Sprechblasen-Symbol voll ist, beginnt der Sprachchat.

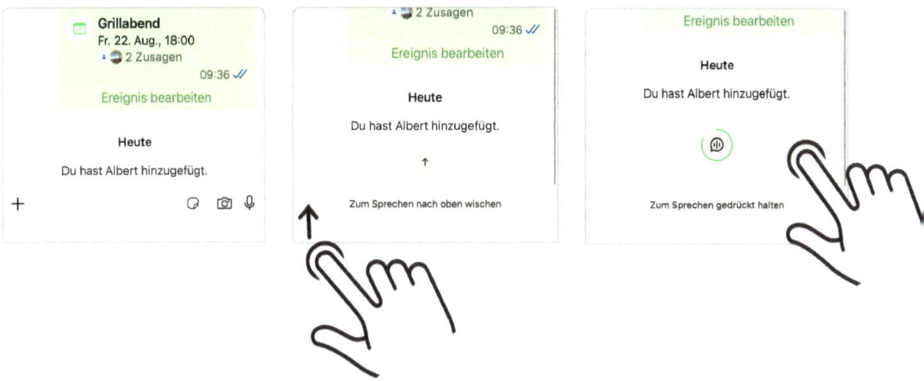

Wie erfahren ich, dass ein Sprachchat läuft?

Wenn ein Sprachchat in einer WhatsApp-Gruppe gestartet wird, erhalten die anderen Mitglieder keine aktive Benachrichtigung wie bei einem Anruf. Stattdessen erscheint eine dezente Anzeige im Gruppenchat, die auf den laufenden Sprachchat hinweist. Am unteren Rand wird eine Sprachchat-Leiste eingeblendet, über die Mitglieder den Chat sehen und ihm frei beitreten können ❶. Auch in der Chat-Übersicht ❷ und in der Anrufe-Rubrik ❸ sehen Sie einen Hinweis, dass gerade ein Sprachchat gestartet wurde bzw. läuft. Der Sprachchat bleibt auch dann aktiv, wenn zunächst niemand teilnimmt, und läuft im Hintergrund weiter. Bleibt der Starter allein im Chat, wir dieser beendet, sobald dieser den Chat verlässt. Kommen ander Mitglieder dazu, kann der Starter den Sprachchat verlasse, ohne dass dieser dadurch beendet wird. Alle Gespräche sind dabei Ende-zu-Ende verschlüsselt und werden nicht gespeichert.

Wenn Sie Mitglieder einer WhatsApp-Gruppe auf einen laufenden Sprachchat hinweisen möchten, können Sie die Winken-Funktion ❹ nutzen. Dadurch erhalten alle Gruppenmitglieder eine Push-Benachrichtigung (außerhalb der App) ❺ und im Chat erscheint die Mitteilung: „... möchte reden".

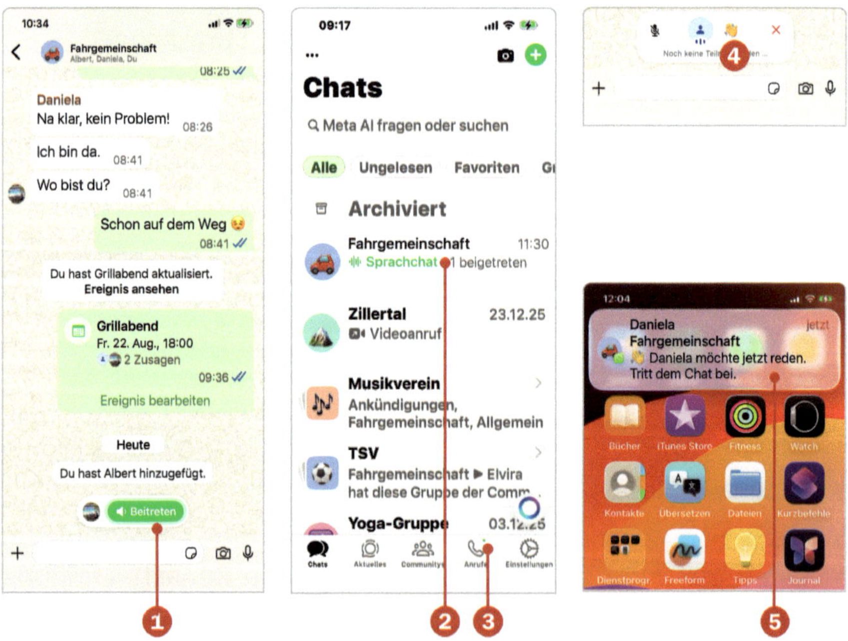

Einem Sprachchat beitreten

Wenn in einer WhatsApp-Gruppe ein Sprachchat gestartet wurde, können Sie ganz einfach daran teilnehmen:

- Öffnen Sie den Gruppenchat, in dem der Sprachchat aktiv ist und tippen Sie unten auf ***Beitreten*** (siehe Grafik vorige Seite).
- Sie können entscheiden, ob Sie sofort sprechen oder sich zunächst stummschalten, um nur zuzuhören. Bei letzterem tippen Sie auf das Mikrofon-Symbol 6.
- Wenn Sie auf eines der kleinen Profilbilder in der Sprachchat-Leiste tippen 7, wird diese erweitert. In der erweiterten Ansicht sehen Sie, wer aktuell am Sprachchat teilnimmt und wer gerade spricht 8. Oben rechts 9 haben Sie außerdem die Möglichkeit, weitere Mitglieder der Gruppe gezielt zum Sprachchat einzuladen 10.

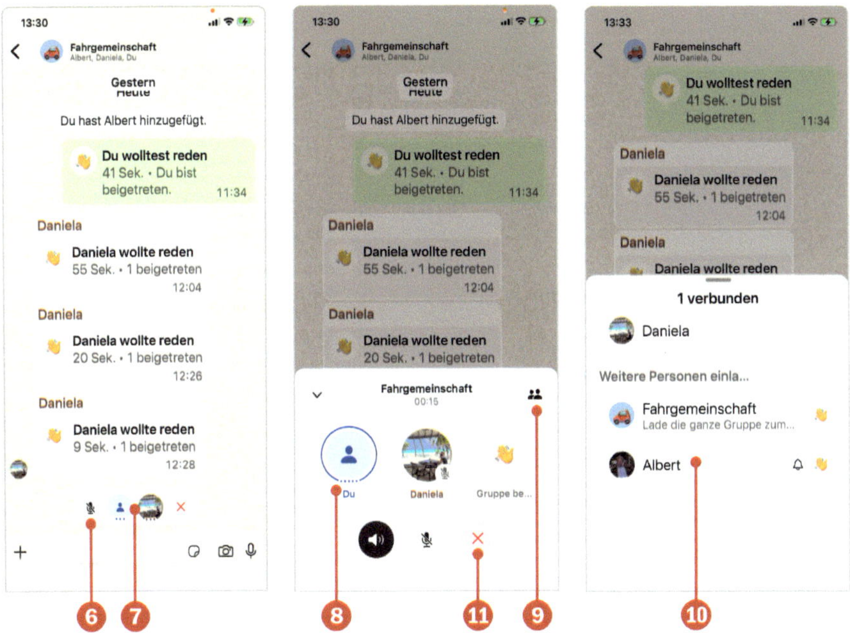

Sprachchat verlassen

Wenn Sie den Sprachchat verlassen wollen, tippen Sie auf *x* ⓫. Der Sprachchat bleibt für die übrigen Teilnehmer weiterhin aktiv – Ihr Ausstieg stört das Gespräch nicht. Sobald alle Teilnehmer den Sprachchat verlassen haben, wird er automatisch beendet.

Sprachchat im Überblick

Wenn Sie einen Sprachchat gestartet haben oder ihm beigetreten sind, können Sie folgende Dinge tun:

- **Sprechen oder zuhören:** Sobald Sie im Sprachchat sind, können Sie direkt sprechen oder sich stummschalten, wenn Sie nur zuhören möchten.
- **Teilnehmer sehen:** Sie sehen, wer gerade im Sprachchat aktiv ist und wer spricht – das wird visuell angezeigt.
- **Sprachchat verlassen:** Sie können den Sprachchat jederzeit verlassen, ohne die anderen zu stören. Der Chat bleibt für die übrigen Teilnehmer aktiv.
- **Keine Aufzeichnung:** Alles, was gesprochen wird, ist live und wird nicht gespeichert – der Sprachchat endet, sobald alle ihn verlassen haben.
- **Diskrete Kommunikation:** Der Sprachchat läuft im Hintergrund, ohne dass Ihr Handy klingelt. Sie können währenddessen auch weiter chatten oder andere Apps nutzen.

6.7 Anrufe verwalten

Im Bereich ***Anrufe*** sind alle ein- und ausgehenden Anrufe aufgelistet und mit Datum versehen. Anhand des Symbols unter dem Eintrag erkennen Sie, ob es ein Sprach- oder Videoanruf war. Verpasste Anrufe sind rot gekennzeichnet. Anrufe, die Sie getätigt haben, erscheinen in schwarzer Schrift. Dabei ist es unerheblich, ob das Telefonat zustande gekommen ist oder nicht. Wie Sie bereits erfahren haben, sind in der Anrufliste auch laufende Gruppenanrufe aufgeführt, zu denen Sie eingeladen wurden.

- Für genauere Informationen zu den einzelnen Anrufen tippen Sie auf ⓘ 1. Die Anruf-Info wird angezeigt. Falls der Anruf zustande gekommen ist, sehen Sie die Anrufdauer (in unserem Beispiel 46 Sekunden) und das verbrauchte Datenvolumen (18,9 MB) 2. Mehrere Teilnehmer eines Anrufs werden ebenfalls aufgelistet, außer der Anruf wurde aus einer Gruppe gestartet, dann ist nur der Gruppenname aufgeführt.
- Über das Telefon- bzw. Videosymbol 3 können Sie Personen oder Gruppen erneut anrufen.
- Wer mag kann Ordnung schaffen und die Anrufliste löschen. Dazu tippen Sie links oben auf ··· 4 und dann auf ***Bearbeiten***. Wählen Sie rechts oben anschließend ***Leeren*** 5 aus.

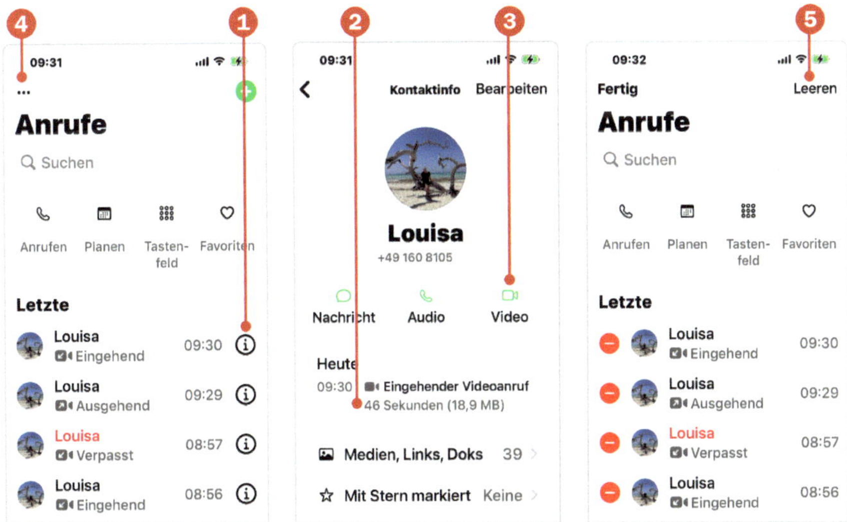

Anrufe von Unbekannt stummschalten: Wer mag, stellt ein, dass WhatsApp-Anrufe von Nummern, die nicht in Ihren Kontakten gespeichert sind und die Sie nie kontaktiert haben, stummgeschaltet werden. Die Anrufe tauchen in der Anrufliste von WhatsApp auf und in den Benachrichtigungen. Zur Stummschaltung wählen Sie *Einstellungen* ▶ *Datenschutz* und tippen Sie auf *Anrufe*. Hier schalten Sie die Stummschaltung durch Antippen des Reglers ein.

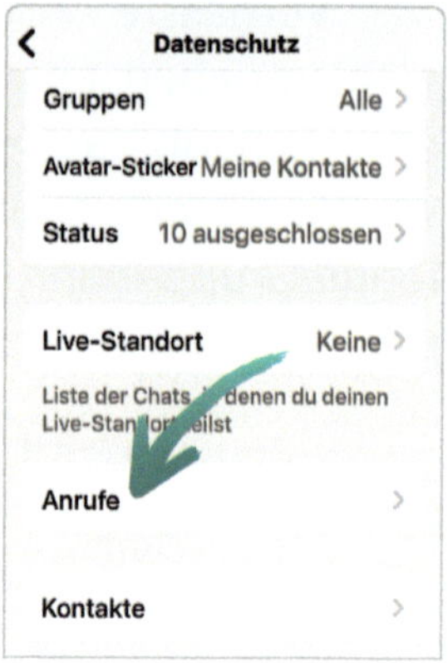

7 Besser chatten

Was finde ich in diesem Kapitel?

WhatsApp am iPad

Zugestellt oder schon gelesen?

Beantworten, Weiterleiten & Löschen

Das erwartet Sie hier!

Im Prinzip sind Sie schon gut gerüstet. Sie können Nachrichten und Fotos verschicken, wissen auch, wie Sie einen Gruppenchat erstellen, und können Videotelefonate führen. Also was braucht man noch?

In diesem Kapitel geht es um Kniffe, Tricks und Befehle, die die Nutzung von WhatsApp erleichtern.

- Mit WhatsApp teilen Sie Informationen schnell & unkompliziert. Bei Fragen wie: „Kannst du mich heute zum Sport mitnehmen?", ist es natürlich auch wichtig zu wissen, ob der andere die Nachricht gelesen hat. Hier helfen die **blauen Häkchen**.
- Man muss nicht alles doppelt schreiben, viele Infos können Sie auch **weiterleiten**. Wie das geht, erfahren Sie hier.
- Immer wieder schleichen sich Tippfehler in Nachrichten ein oder Sie ändern kurzfristig Ihre Meinung, doch leider haben Sie die Nachricht gerade abgeschickt. Mit der **Bearbeitungsfunktion** ist das kein Problem mehr; zumindest innerhalb der ersten Viertelstunde.
- Ganz wichtig ist auch der Befehl **Löschen**, besonders wenn eine Nachricht versehentlich im falschen Chat gelandet ist.
- Wussten Sie schon, dass Sie WhatsApp nicht nur am Computer, sondern auch auf Ihrem iPad nutzen können? Mit Tastatur und Maus oder dem größeren Display tippen Sie Nachrichten schneller und bequemer.

7.1 Information zu Chats und Empfängern

Wann war der Freund zuletzt online?

Beim Anzeigen eines Kontakts in WhatsApp sehen Sie in der Regel, unter dem Namen des Freundes, wann dieser das letzte Mal online war, also WhatsApp geöffnet hatte. Falls Ihr Freund online ist, also gerade WhatsApp nutzt, wird diese Information durch Anzeige von ***online*** weitergegeben. Sollte die Person Ihnen in diesem Moment eine Nachricht schreiben, erscheint im Chat unten folgendes Symbol: ··· . Letzteres gilt ebenfalls für den Gruppenchat – hier wird per Profilbild noch aufgeführt, wer gerade schreibt. WhatsApp nennt diese Funktion den **zuletzt online-Zeitstempel**. Zeigen Sie gerade die Chatübersicht an und jemand schreibt zufällig, sehen Sie das hier ebenfalls.

Die gleichen Informationen erhalten Ihre Freunde über Sie! Wer sich überwacht fühlt, kann die Informationen größtenteils verbergen.

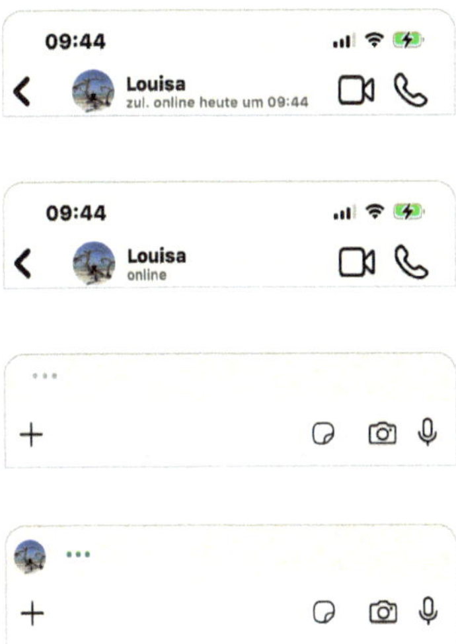

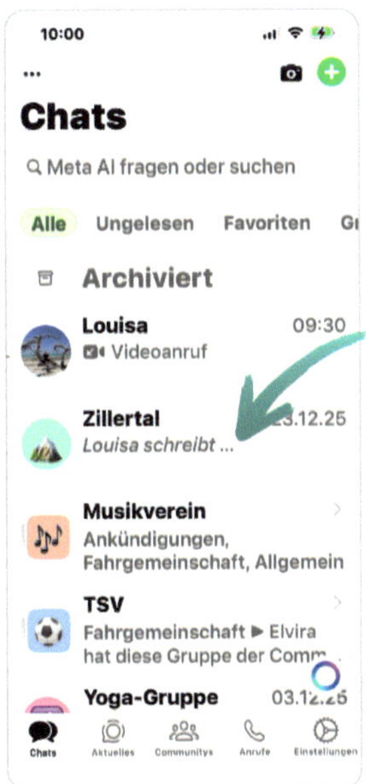

Wurde meine Nachricht gelesen?

Natürlich ist es wichtig, zu erfahren, ob der Chatpartner die Nachricht auch erhalten und gelesen hat. Das finden Sie ganz leicht im Chatfenster heraus. Hier sehen Sie am rechten Rand der versandten Nachricht ein oder zwei Häkchen, oft blau gefärbt. Diese geben Auskunft über den Status der Nachricht. Dasselbe gilt natürlich für Fotos, übersandte Dateien oder Standortinformationen und auch für Sprachnachrichten.

- Falls Ihre Nachricht noch **nicht übermittelt** werden konnte, erscheint ein Uhrensymbol 1 neben der Nachricht im Chat. Das passiert etwa, wenn Ihr Smartphone momentan nicht mit dem WLAN oder Mobilfunknetz verbunden ist.
- Das erste Häkchen erscheint, sobald die Nachricht **versendet** wurde 2. Ab jetzt liegt es am Empfänger. Falls dieser sein Smartphone beispielsweise ausgeschaltet hat, kann noch keine Zustellung erfolgen.
- Das zweite Häkchen zeigt an, dass Ihre Nachricht **zugestellt** wurde 3. Ab jetzt kann der Chatpartner sie lesen.
- Sobald die Häkchen blau sind 4 wurde Ihre Nachricht vom Empfänger **gelesen**, d. h. der Freund hat Ihren gemeinsamen Chat in WhatsApp angezeigt. Diese Funktion wird als **Lesebestätigung** bezeichnet.

Besonderheit Sprachnachrichten

Auch für die Sprachnachricht gelten diese Regeln. Die blauen Häkchen erscheinen, sobald der Empfänger den Chat geöffnet hat. Das sagt noch nichts darüber aus, ob er die Nachricht auch angehört hat. Deshalb ist bei einer Sprachnachricht, die noch nicht abgespielt wurde, das Mikrofonsymbol beim Absender grün und erst, wenn diese angehört wurde, blau.

Besonderheit Gruppenchat

Erst wenn **alle** Gruppenmitglieder die Nachricht gelesen haben, wird diese mit zwei blauen Häkchen versehen. Analog verhält es sich mit den anderen Anzeigeoptionen.

Nachrichteninfo

Genauere Informationen zum Versand einer Nachricht, eines Fotos oder anderer Medien erhalten Sie in der Nachrichteninfo. Die Nachrichteninfo können Sie nur für eigene Nachrichten anzeigen.

Nachrichteninfo aufrufen

- Markieren Sie die Nachricht, das Foto etc. im Chat. Dazu tippen Sie etwas länger mit dem Finger darauf 1. Die Nachricht wird hervorgehoben.
- Das Bearbeitungsmenü wird angezeigt. Tippen Sie dann auf *Info* 2.
- Mit dem Pfeil links oben verlassen Sie die Nachrichteninfo wieder.

Im **Einzelchat** sehen Sie, wann die Nachricht zugestellt und ob sie gelesen ❸ wurde.

In der Nachrichteninfo zum **Gruppenchat** wird aufgelistet, wem die Nachricht zugestellt wurde und wer sie bereits gelesen hat. Hat ein Gruppenmitglied das Handy gerade ausgeschaltet oder ist offline, dann kann die Nachricht nicht zugestellt werden (das ist an den drei Punkten ❹ erkenntlich, dass noch eine Person fehlt). Diese Person wird vorerst nicht angezeigt. Im Beispiel sehen Sie, dass die Nachricht bereits von 1 Person gelesen wurde (***Gesehen von***) und an 3 Personen zugestellt wurde (***Zugestellt an***) ❺.

Sie sehen, für den Einzelchat bietet die Nachrichteninfo nur den Mehrwert, dass Sie erfahren, wann genau die Nachricht zugestellt bzw. gelesen wurde. Viel interessanter ist die Nachrichteninfo allerdings im Gruppenchat, da hier Nachrichten erst als zugestellt bzw. gelesen gelten (Anzeige von zwei blauen Häkchen), wenn **alle** Teilnehmer sie erhalten bzw. gelesen haben. In der Nachrichteninfo können dann Informationen zu einzelnen Gruppenmitgliedern abgefragt werden.

Gleiches gilt auch für den Broadcast. Auch hier erfahren Sie über die Nachrichteninfo, welche Empfänger die Nachricht bereits gelesen haben.

Einzelchat

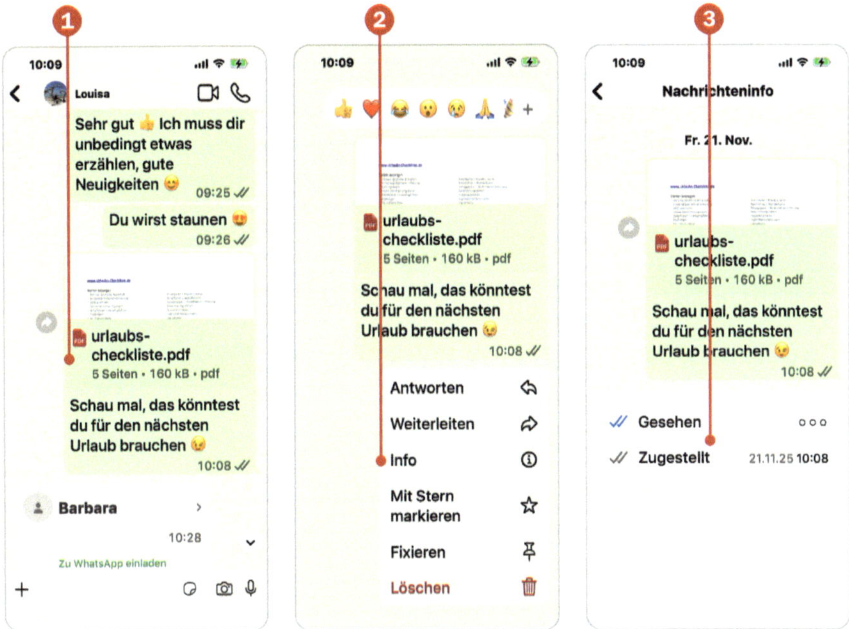

Gruppenchat

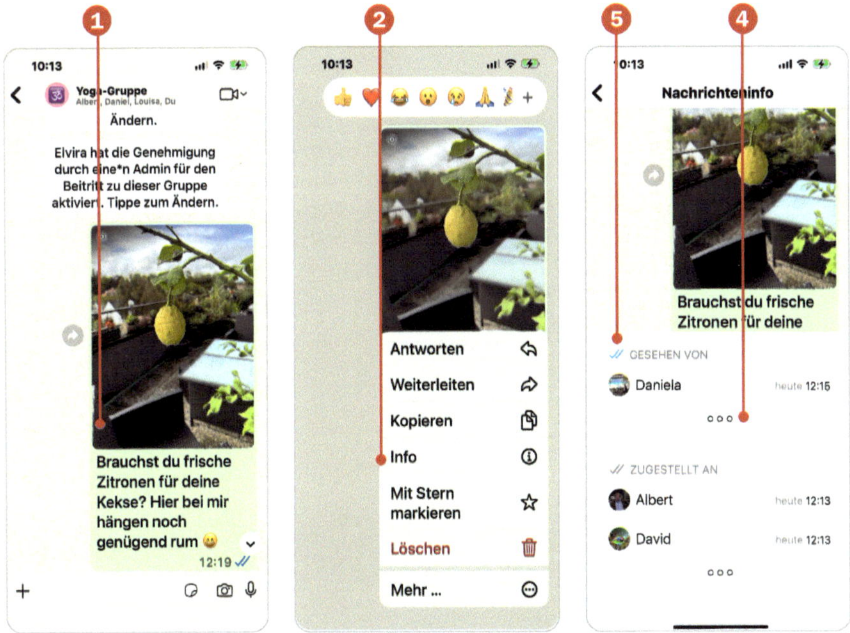

Nachricht heimlich lesen

Jeder kennt die Überlegung: Wenn ich die Nachricht jetzt anschaue, muss ich auch antworten. Durch die Anzeige der Lesebestätigung weiß Ihr Chatpartner, dass die Nachricht gelesen wurde und erwartet natürlich jetzt mehr oder weniger zeitnah eine Antwort. So umgehen Sie, in Zugzwang zu geraten: Rufen Sie die neue Nachricht nicht in WhatsApp auf, sondern lesen Sie die **Benachrichtigung**! Dadurch gilt die Nachricht in WhatsApp weiterhin als nicht gelesen.

- Zeigen Sie die Benachrichtigungen am Smartphone an. Dazu ziehen Sie vom linken oberen Bildschirmrand nach unten.
- Wenn Sie etwas länger mit dem Finger auf der Nachricht bleiben ①, wird der Nachrichtentext erweitert und Sie können eine Antwort verfassen ②.

Eine weitere Möglichkeit, die Nachricht unbemerkt zu lesen, ist, den Chat in der Chatübersicht etwas länger mit dem Finger anzutippen und zu halten. Dann erscheint der Chat mit der neuen Nachricht in einem Vorschaufenster.

7.2 Nachricht beantworten, weiterleiten & mehr

Auf eine bestimmte Nachricht antworten

In einem Chat antworten Sie eigentlich immer auf das zuletzt Geschriebene. Wenn Sie eine Anmerkung zu einer weiter zurückliegenden Nachricht verfassen möchten, wird das schnell unverständlich. Sie können aber Ihrer Nachricht eine Kopie der Originalnachricht hinzufügen, also die ursprüngliche Nachricht zitieren. Gerade in Gruppenchats ist diese Funktion sehr nützlich, weil oftmals viele durcheinander schreiben und man dann gar nicht mehr weiß, zu welcher Nachricht die Antwort gehört. Aber auch im Einzelchat ist das hin und wieder sehr nützlich.

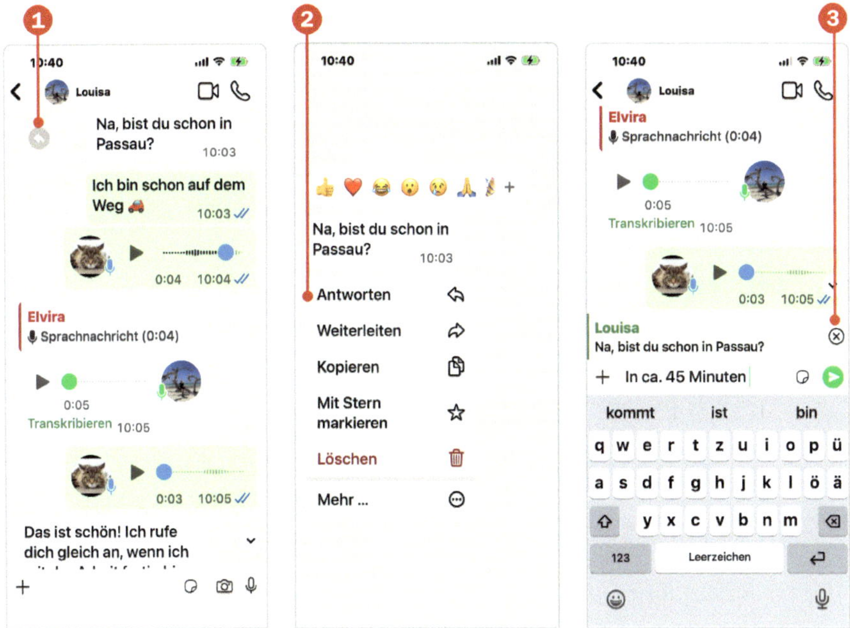

- **Alternative 1:** Ziehen Sie die Nachricht, auf die Sie antworten möchten, mit dem Finger nach rechts, bis ein Pfeil 1 (Grafik oben) angezeigt wird. Lassen Sie dann los.

- **Alternative 2:** Tippen Sie die Originalnachricht etwas länger an. Diese wird markiert und das Bearbeitungsmenü angezeigt. Tippen Sie auf ***Antworten*** ⮪ ❷. Sie erhalten eine Kopie der Nachricht. Tippen Sie in das Nachrichtenfeld, um Ihre Antwort einzugeben. Versenden Sie diese wie gewohnt. Falls Sie die Nachricht doch nicht abschicken möchten, brechen Sie den Vorgang mit ⊗ ab ❸ (Grafik vorige Seite).

Das linke Bild zeigt den Gruppenchat am Handy der Person, die die Nachricht zitiert hat. Im rechten Bild sehen Sie die Nachricht am Smartphone eines anderen Gruppenmitglieds.

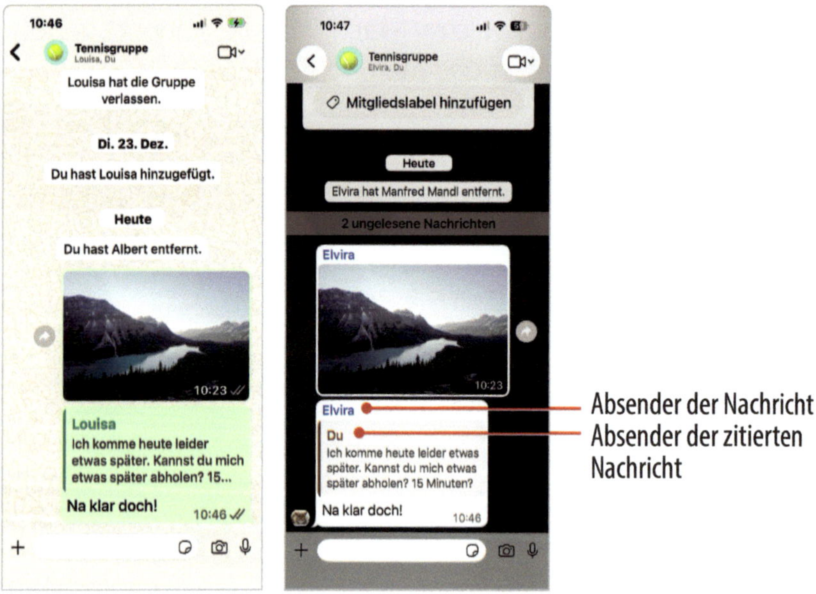

Bereits versendete Nachrichten bearbeiten

In Eile eine Nachricht verfasst, ohne nochmal zu lesen, abgeschickt, zack ein Fehler. Neben peinlichen Rechtschreibfehlern, kann die Nachricht auch durch falsche Texterkennung und Autokorrektur, kaum zu verstehen sein. Schlecht ist es auch, wenn man sich bei einem Datum oder einer Uhrzeit vertippt hat. Früher hat man einfach die falschen Worte oder Informationen in einer zweiten Nachricht nochmal korrigiert (z. B. Hälfte = Hefte), jetzt geht das viel eleganter.

Wichtig dabei zu wissen ist:

- Die Bearbeitungsfunktion ist nur innerhalb von **15 Minuten**, ab Versenden der Nachricht, verfügbar. Danach ist kein Bearbeiten von Textnachrichten mehr möglich.
- Sie können allerdings innerhalb der Zeit die Nachricht mehrmals bearbeiten, der Änderungsverlauf wird nicht angezeigt.
- Empfänger werden über die Korrektur informiert: Die im Nachhinein bearbeiteten Nachrichten erhalten den Vermerk ***bearbeitet***.
- Die Nachricht wird nicht nochmal neu versendet, sondern lediglich die Änderungen übernommen. An der Reihenfolge der Nachrichten innerhalb des Chats ändert dies nichts.

Für das Bearbeiten einer Nachricht, gehen Sie so vor:

- Tippen Sie etwas länger auf die von Ihnen gesendete Nachricht, die Sie bearbeiten möchten, sodass sie hervorgehoben wird. Wählen Sie ***Bearbeiten*** 1 aus.
- Die versendete Nachricht wird wieder im Nachrichtenfeld angezeigt und kann bearbeitet werden.
- Wenn Sie die Nachricht doch unverändert lassen wollen, so können Sie die Bearbeitung mit dem ***x*** neben dem Nachrichtenfeld 2 abbrechen. Dabei wird der Nachricht kein ***bearbeitet***-Vermerk hinzugefügt.
- Sind Sie mit Ihrer Bearbeitung zufrieden? Mit ✓ wird die Nachricht im Chat aktualisiert und mit der korrigierten Ver-

sion ersetzt. Am Vermerk ***bearbeitet*** 3 erkennt der Empfänger, dass Sie die Nachricht verändert haben. Welche Korrekturen dabei vorgenommen wurden, wird nicht angezeigt.

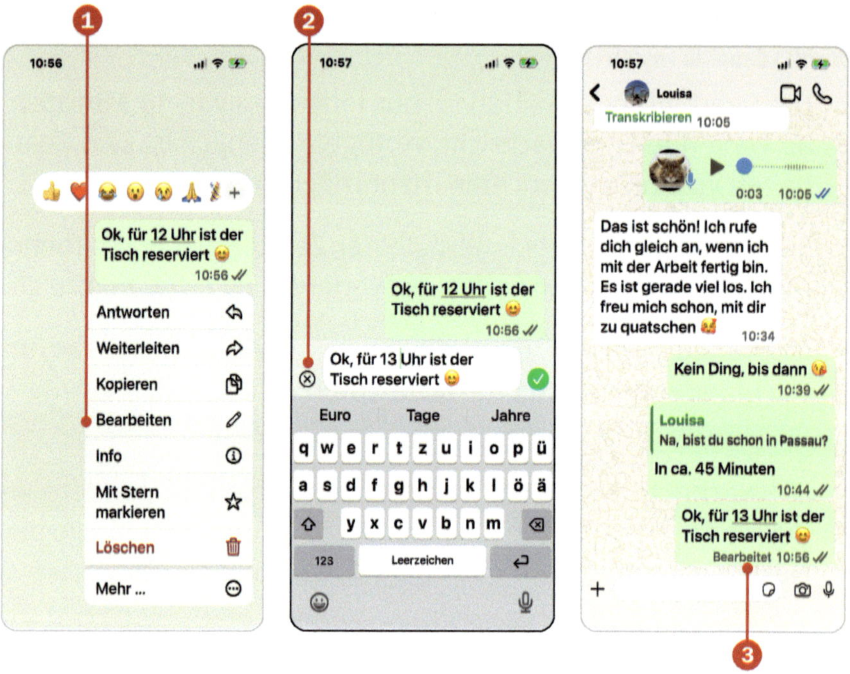

> **Tipp:** Wenn die Berichtigung trotz korrekter Handhabung nicht angezeigt wird, verlassen Sie den Chat und zeigen Sie den Inhalt wieder an. Damit aktualisieren Sie die Anzeige.

Nachricht aus Gruppenchat privat beantworten

Sie können auf eine Nachricht eines Gruppenchats auch privat im Einzelchat antworten. Damit die Nachricht, wie im vorherigen Beispiel, zitiert wird, gehen Sie so vor:

- Tippen Sie die Nachricht im Gruppenchat etwas länger an.

- Öffnen Sie dann im Bearbeitungsmenü ***Mehr …*** (1) und wählen Sie ***Privat antworten*** (2) aus. Dadurch wird automatisch in den Einzelchat gewechselt und Sie können Ihre Antwort eintippen und versenden.

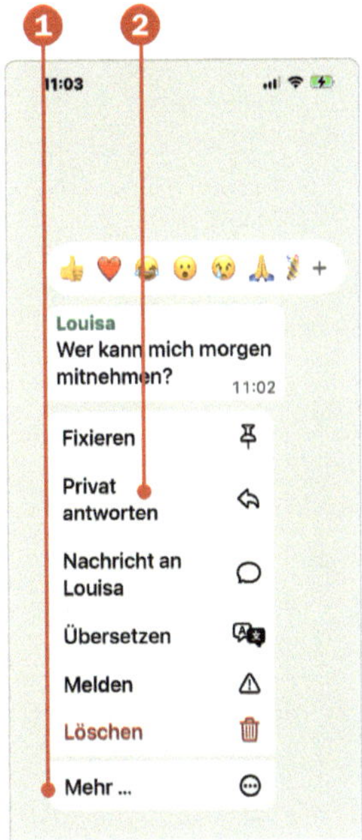

Nachricht im Gruppenchat

Gruppenchat, aus dem die Originalnachricht stammt

Antwort im Einzelchat

Bestimmte Person im Gruppenchat ansprechen

Um ein Gruppenchatmitglied direkt anzusprechen, verwenden Sie diese Funktion:

- Tippen Sie in das Nachrichtenfeld das @-Zeichen (1) ein. Eine Liste der Mitglieder des Gruppenchats wird angezeigt. Wählen Sie die Person (2) durch Antippen aus.
- Geben Sie dann den Text ein und tippen Sie auf ***Senden***.

Die angesprochene Person erkennt bereits am @-Symbol (3) in der Chatübersicht, dass Sie in diesem Chat erwähnt wurde.

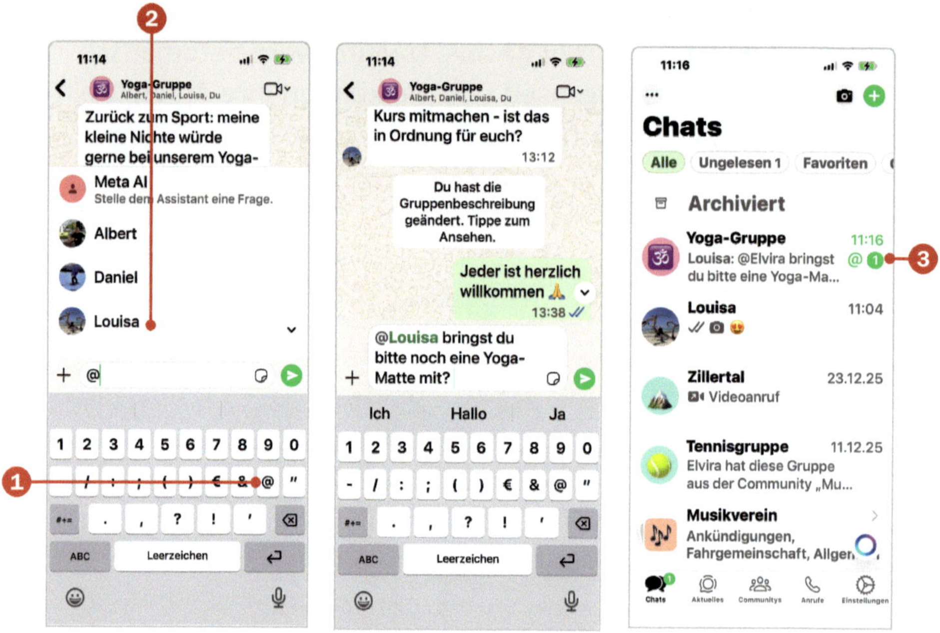

Medien an WhatsApp-Kontakte weiterleiten

Nachrichten, Fotos etc. eines Chats können an andere WhatsApp-Kontakte weitergeschickt werden. Diese Nachrichten erhalten den Hinweis „Weitergeleitet"; so weiß der Empfänger, dass der Absender nicht der Urheber der Nachricht ist. Sie können natürlich auch eigene Nachrichten aus einem Chat an einen anderen weiterleiten.

Weiterleitung an mehrere Chats: Eine Nachricht kann **gleichzeitig** maximal an fünf Einzelchats und nur an einen Gruppenchat weitergeleitet werden. Sie können den Vorgang aber wiederholen.

- **Weiterleiten einer Text- oder Sprachnachricht:** Markieren Sie die Nachricht durch längeres Antippen im Chat und wählen Sie im Bearbeitungsmenü *Weiterleiten* ❶.

- **Andere Medien:** Leiten Sie mit (2), welches neben dem Foto, Dokument, Link etc. angezeigt wird, dieses weiter.
- Wählen Sie Kontakt (3), Gruppe oder gleich mehrere Kontakte durch Antippen aus und bestätigen Sie mit ***Weiterleiten***. Wenn Sie Medien nur an eine Person weiterleiten, wird nach der Weiterleitung der Chat mit dieser Person angezeigt.
- Der Empfänger sieht, dass die Nachricht weitergeleitet wurde.

Achtung: Hat eine Nachricht eine Bildunterschrift, wird diese, wenn Sie nicht eingreifen, mit weitergeleitet. Das ist sicherlich meist praktisch und manchmal vielleicht peinlich. Wenn Sie das nicht möchten, müssen Sie die Bildunterschrift durch Anklicken von *x* (4) entfernen. Dann können Sie auch eine eigene Nachricht hinzufügen.

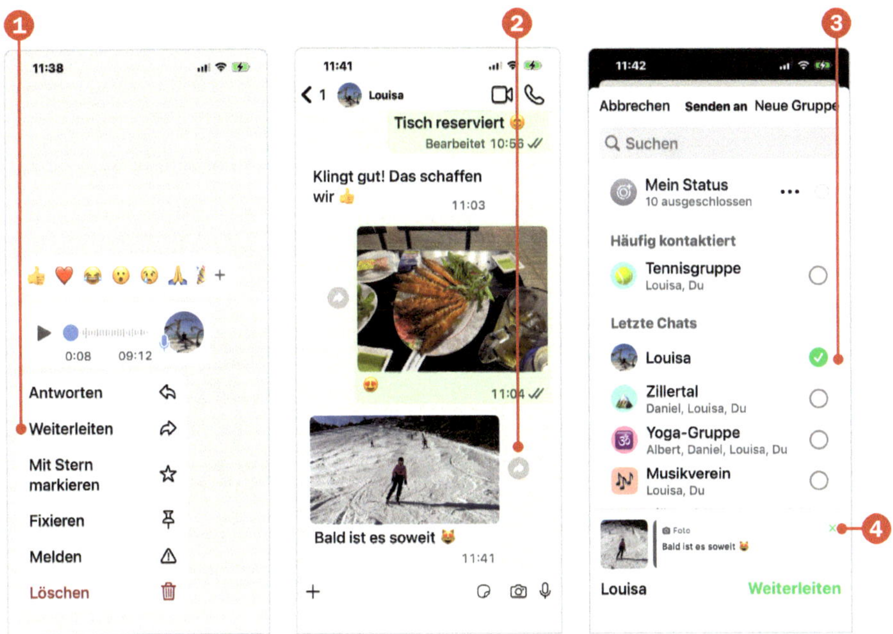

Häufig weitergeleitete Nachrichten: Lustige Welpenvideos werden tausendfach geteilt und weitergeleitet. Auf die gleiche Weise verbreiten sich aber auch Falschmeldungen schnell in den Sozialen Medien. WhatsApp weist auf ein häufig geteiltes Element durch einen Doppelpfeil hin Weitergeleitet. Damit wird dem Umstand Rechnung getragen, dass man Meldungen von Freunden eher Glauben schenkt, aber die Authentizität einer mehrfach weitergeleiteten Nachricht nur schwer überprüfbar ist.

Beim Weiterleiten einer solchen Information können dann nicht mehr mehrere Personen oder Gruppenchats auf einmal ausgewählt werden. Die Nachricht kann nur an einen Chat weitergeleitet werden. Damit soll die Verbreitungsgeschwindigkeit von Kettenbriefen oder möglicher Falschmeldungen reduziert werden.

Medien teilen

Fotos, Videos und Musik, die Sie in WhatsApp erhalten haben, können auch über andere Wege an Freunde übermittelt werden, beispielsweise als Anhang zu einer E-Mail.

- Öffnen Sie den Chat und tippen Sie das zu teilende Element, z. B. ein Foto, etwas länger an. Das Bearbeitungsmenü wird angezeigt. Tippen Sie auf ***Weiterleiten*** ❶ und danach rechts unten auf das Teilen-Symbol ❷.
- Im unteren Bereich werden alle zur Verfügung stehenden Möglichkeiten angezeigt. Die Liste erstreckt sich meist über mehrere Seiten. Zum Weiterblättern wischen Sie horizontal über das Display und wählen Ihr E-Mail-Programm ❸ aus.
- Ein Nachrichtenformular wird aufgerufen. Tippen Sie in das Feld ***An*** die Empfängeradresse ein, geben Sie einen kurzen Text ein und tippen Sie dann auf ***Senden***.

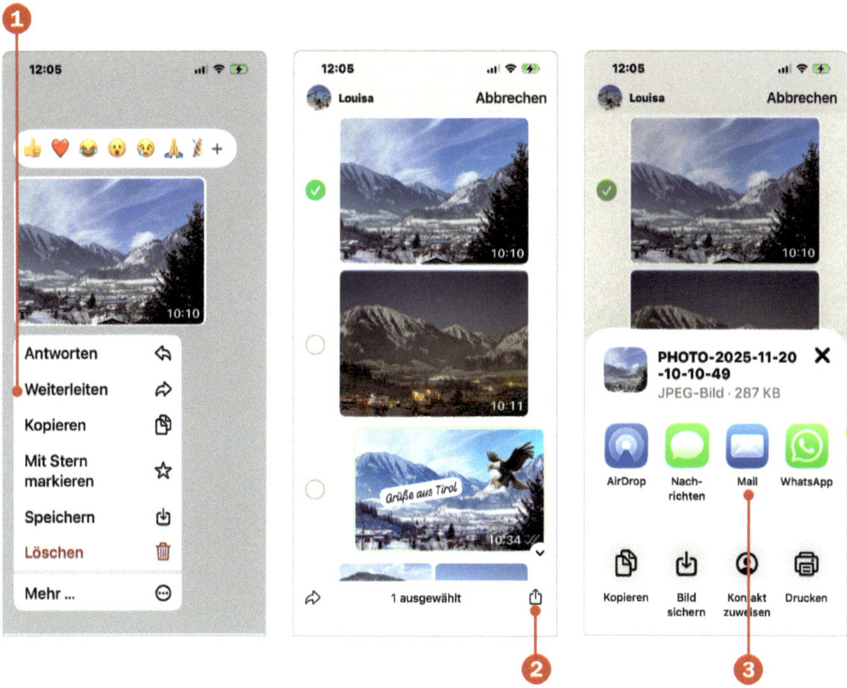

Hier stehen neben der Möglichkeit, etwas via E-Mail zu teilen, noch eine Vielzahl anderer Optionen zur Verfügung. Was genau, ist abhängig von den installierten Anwendungen auf Ihrem Smartphone und den Diensten (Facebook, Instagram), die Sie verwenden.

Einen Chat als ungelesen markieren

Mit der Funktion ***Als ungelesen markieren*** versehen Sie einen Chat in der Übersicht erneut mit einem blauen Punkt. Damit erinnern Sie sich beispielsweise daran, dass Sie dem Absender noch eine Antwort schuldig sind oder noch etwas zu erledigen ist.

- Tippen Sie den Chat in der Übersicht etwas länger an (1), bis das Bearbeitungsmenü angezeigt wird. Alternativ wischen Sie den Chat leicht nach rechts (2).

- Tippen Sie auf ***Als ungelesen markieren*** ❸.
- Der Chat wird jetzt in der Übersicht mit einem grünen Punkt ❹ versehen und der Bereich ***Chats*** erhält den Hinweis auf eine ungelesene Nachricht ❺. Sobald Sie den Chat durch Antippen anzeigen, verschwinden die Markierungen wieder.

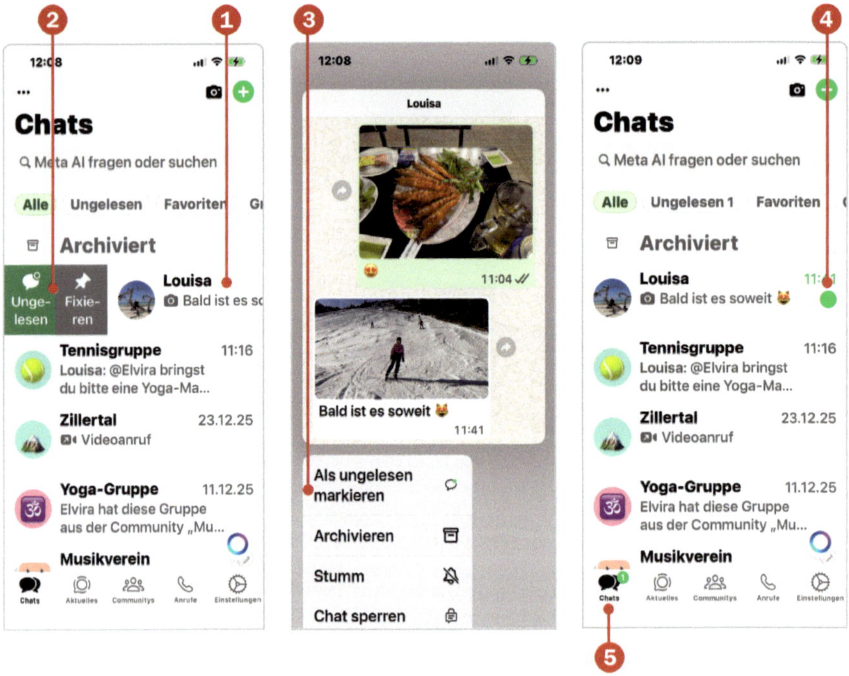

Chat stumm schalten

Standardmäßig kündigt sich jede neue Nachricht durch einen Benachrichtigungston an. Sofern das Smartphone nicht auf lautlos gestellt ist, kann daraus durch Gruppenchats mit vielen Teilnehmern und großem Mitteilungsbedürfnis ein Dauerton entstehen. Wen das ständige Gebimmel gerade stört, stellt den entsprechenden Gruppenchat einfach auf lautlos. Gleiches gilt übrigens für Einzelchats, hier ist nur in der Regel nicht so viel los.

- Zeigen Sie den Chat an und tippen Sie oben auf den Gruppennamen. Wählen Sie ***Benachrichtigungen*** ❶ und dann ***Benachrichtigungen stummschalten*** aus.
- Entscheiden Sie dann, wie lange kein Signalton mehr ertönen soll ❷.
- Einen stummgeschalteten Chat erkennen Sie am durchgestrichenen Lautsprechersymbol ❸ im Bereich ***Chats***.

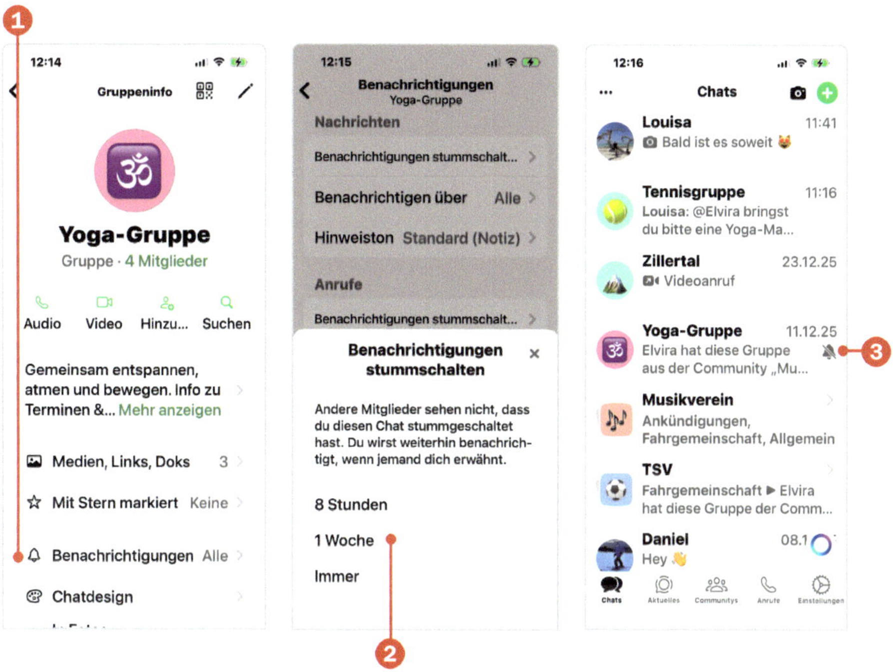

In einem Gruppenchat können Mitglieder persönlich angesprochen werden (siehe ab Seite 207). So versendete Textnachrichten werden trotz Stummschaltung mit einem Benachrichtigungston beim Genannten angekündigt. Mit der direkten Anrede ist oft auch eine Dringlichkeit oder ein Handlungsauftrag verbunden, deshalb soll der Angesprochene darauf aufmerksam gemacht werden.

Stummschaltung vorzeitig beenden: Tippen Sie oben auf den Gruppennamen oder im Einzelchat auf den Namen des Freundes, um die Gruppen- bzw. Kontaktinfo anzuzeigen. Wenn Sie auf ***Benachrichtigungen*** tippen, sehen Sie, wie lange der Chat stummgeschaltet ist. Tippen Sie darauf und wählen Sie ***Ton an*** aus.

Nachrichten übersetzen

Sprachbarrieren müssen kein Hindernis mehr sein: Mit der neuen Übersetzungsfunktion von WhatsApp können Sie Nachrichten direkt im Chat in Ihre Sprache übersetzen – schnell, einfach und ohne zusätzliche Apps. Ein Fingertipp genügt, und Sie verstehen jede Nachricht. So bleiben Sie überall in Verbindung, egal in welcher Sprache. Und so geht's:

- Öffnen Sie den Chat, in dem sich die fremdsprachige Nachricht befindet.
- Halten Sie die Nachricht, die Sie übersetzen möchten, lange gedrückt, bis das Bearbeitungsmenü erscheint.
- Tippen Sie im Menü auf ***Mehr*** 1 und anschließend auf ***Übersetzen*** 2.
- Beim ersten Mal werden Sie aufgefordert, Ihre Ziel- und Quellsprache festzulegen. Tippen Sie dazu auf das grüne Pfeilsymbol neben der gewünschten Sprache 3. WhatsApp lädt das passende Sprachpaket herunter.
- Die übersetzte Nachricht 4 erscheint direkt unter dem Originaltext.

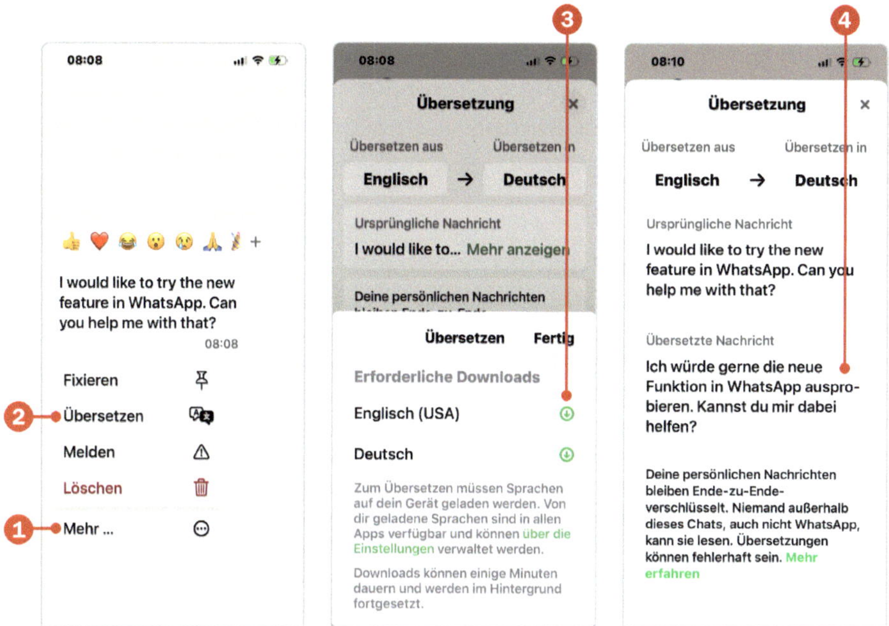

7.3 Nachrichten löschen

Sie können in einem Chat alle Elemente - eigene oder fremde Inhalte - löschen, sogar den ganzen Chat (siehe Seite 256). Auch Fotos und Videos lassen sich entfernen – auf Wunsch gleichzeitig vom Handy. Die Löschung betrifft nur Ihr Gerät; bei Ihrem Chat-partner oder in Gruppen bleibt alles unverändert.

Von dieser Regel gibt es eine Ausnahme. In einem Zeitfenster können Sie eigene Nachrichten löschen und zwar für alle Teil-nehmer im Chat, egal ob es sich dabei um einen Einzel- oder Gruppenchat handelt.

Versehentlich versendete Nachricht löschen

Kurz nicht aufgepasst und schon ist es geschehen: Eine Nach-richt wurde versehentlich im falschen Chat eingegeben und versandt. Oder der Inhalt der Nachricht ist fehlerhaft. Alles nicht tragisch, weil Sie die Nachricht löschen können. Diese wird dann auch im Chat des Empfängers oder im Gruppenchat gelöscht. Neben Textnachrichten können auch alle anderen Medien, z. B. Standortinfos, Fotos, Videos oder Sprachnachrichten, gelöscht werden.

- Zeigen Sie den Chat an und tippen Sie die zu löschende Nachricht etwas länger an. Das Bearbeitungsmenü wird angezeigt. Tippen Sie hier auf ***Löschen*** und dann links unten auf das Papierkorbsymbol (1).
- Wählen Sie im nächsten Schritt ***Für alle löschen*** (2) aus.
- Im Chatfenster wird die Meldung ***Du hast diese Nachricht gelöscht*** (3) angezeigt. Die Meldung ***Diese Nachricht wurde gelöscht*** erscheint beim Empfänger.

> Diese spezielle Löschoption steht nur eine gewisse Zeit zur Verfügung. Zwei Stunden alte Nachrichten können so nicht mehr für alle gelöscht werden. Wird die Option nicht angeboten, ist es zu spät. Dann können Sie die Nachricht nur noch in Ihrem Chat löschen.
>
> Wenn für die fehlerhafte Nachricht schon eine Lesebestätigung angezeigt wird (zwei blaue Häkchen), wurde die Nachricht vom Empfänger zwar schon gelesen, sie kann aber trotzdem noch gelöscht werden. Das gilt auch für den Gruppenchat.
>
> Damit das Löschen klappt, sollten Sender und Empfänger die aktuelle WhatsApp-Version auf dem Smartphone gespeichert haben. Letztendliche Sicherheit, ob die Nachricht wirklich gelöscht wurde, erhalten Sie nicht.

Gruppenadministrator kann alle Nachrichten löschen

Wie schon gesagt, können Sie immer nur Ihre eigene Nachricht für alle löschen. Aber auch davon gibt es eine Ausnahme: Gruppenadministratoren können im Gruppenchat ebenfalls in einem Zeitfenster von grob zwei Tagen Nachrichten von allen Teilnehmern für alle löschen. Damit können unangemessene Nachrichten oder Bilder schnell entfernt werden.

- Wählen Sie die Nachricht aus und tippen Sie sie etwas länger an. Tippen Sie auf ***Löschen*** und dann anschließend unten auf das Papierkorbsymbol. Wählen Sie dann ***Für alle löschen*** ❶ und bestätigen Sie mit ***Löschen*** ❷.
- Im Gruppenchat erscheint dann eine Nachricht ❸, dass das Element vom Admin gelöscht wurde.

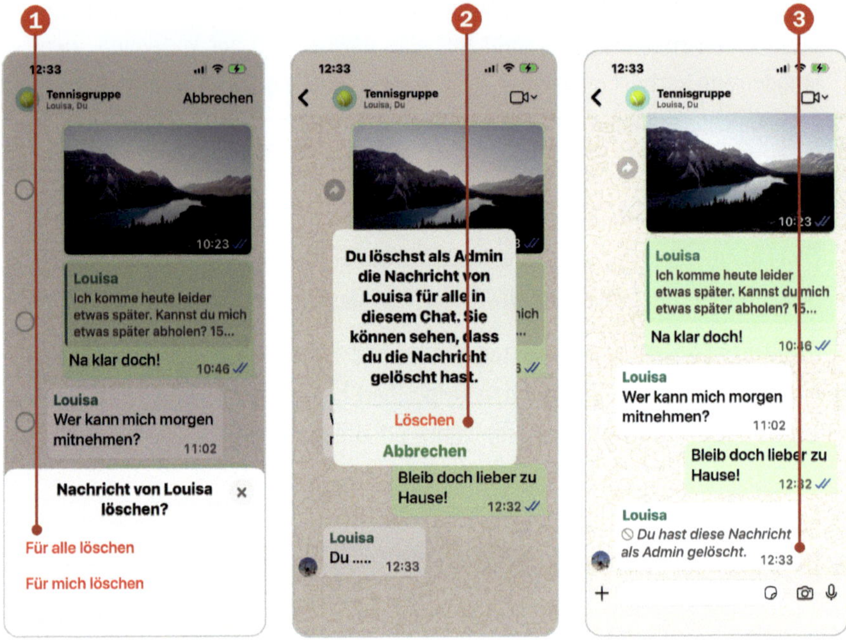

Störende Nachrichten oder Medien löschen

Räumen Sie den Chatverlauf auf oder entfernen Sie Medien, die Sie nicht interessieren. Dies gilt für eigene Nachrichten und auch für fremde. Die Löschungen beziehen sich nur auf Ihr Gerät, die Anzeige beim Chatpartner bleibt unberührt.

- Tippen Sie das Element etwas länger an, wählen Sie im Bearbeitungsmenü ***Löschen*** 1 und dann das Papierkorbsymbol aus. Tippen Sie dann auf ***Für mich löschen*** 2.
- Möchten Sie gleich mehrere Elemente löschen, markieren Sie einfach weitere durch Antippen. Unten rechts 3 wird angezeigt, wie viele Elemente Sie markiert haben.

- Durch nochmaliges Antippen können Sie eine Markierung wieder entfernen.
- Haben Sie zu viele Elemente ungewollt markiert oder wollen Sie den Vorgang nicht ausführen, tippen Sie auf ***Abbrechen*** 4.

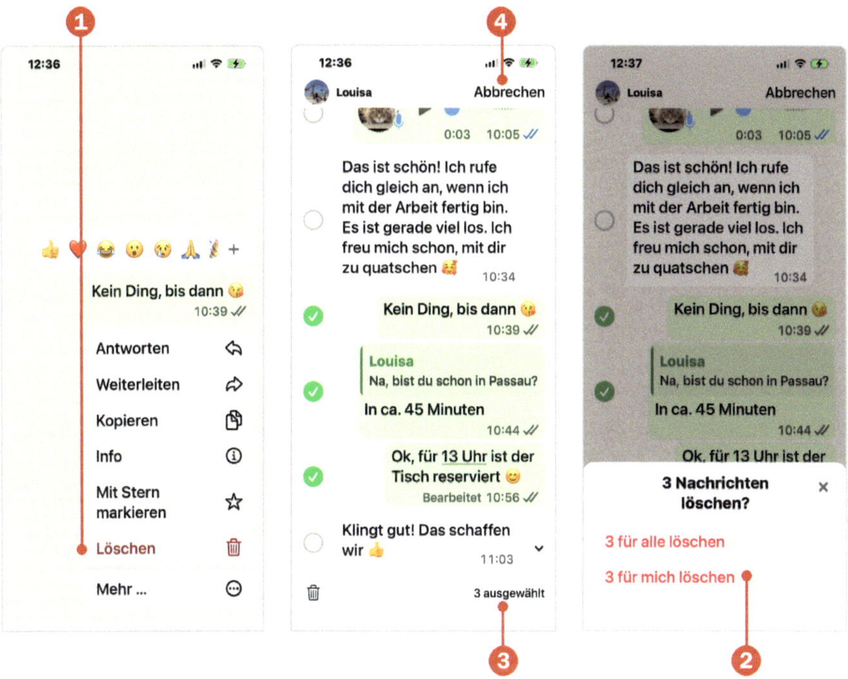

Selbstlöschende Nachrichten

Manche Chats dienen der Terminvereinbarung: Ich habe beispielsweise einen Chat, in dem die Mitglieder einer Yoga-Gruppe nur schreiben, dass Sie zum Kurs kommen. Diese Nachrichten benötigt man nach einer Woche nicht mehr.

Für Chats dieser Art kann eingestellt werden, dass Nachrichten nach einer bestimmten Dauer automatisch gelöscht werden. Dabei ist es unerheblich, ob der oder die Empfänger (Gruppe) die

Nachricht gelesen haben. Nach Ablauf der Frist ist die Nachricht für alle verschwunden. Die Einstellung gilt ab Vereinbarung, alte Nachrichten bleiben davon unberührt.

Fotos und Videos, die in einem Chat dieser Art versandt werden, werden zwar beim Empfänger nicht in den entsprechenden WhatsApp-Ordnern angezeigt, können aber von den Chatpartnern jederzeit gespeichert werden.Nachrichten können auch an einen anderen Chat weitergeleitet werden. Diese werden dort nicht nach Ablauf der Frist gelöscht.

Die Funktion „Selbstlöschende Nachrichten" hat mehr ordnenden Charakter und spart ein wenig Speicherplatz. Sie ist kein Datenschredder, da natürlich jeder Chatteilnehmer neben den gerade genannten Möglichkeiten auch immer einen Screenshot des Chats anfertigen kann.

Selbstlöschende Nachrichten für einen Gruppenchat aktivieren

- Zeigen Sie die Gruppeninfo durch Antippen des grauen Bereichs ❶ oben an.
- Tippen Sie auf ***Selbstlöschende Nachrichten*** ❷ und wählen Sie eine Dauer ❸ aus, nach deren Ablauf die Nachrichten gelöscht werden. Verlassen Sie den Bereich durch Antippen des Pfeils links oben.

Im Gruppenchat erscheint ein Hinweis ❹, dass „Selbstlöschende Nachrichten" aktiviert wurde. Das Profilbild des Chats erhält ein Uhrsymbol als deutlichen Hinweis auf die Funktion.

- Auf demselben Weg wird die Funktion durch Auswahl von ***Aus*** ❺ wieder deaktiviert.

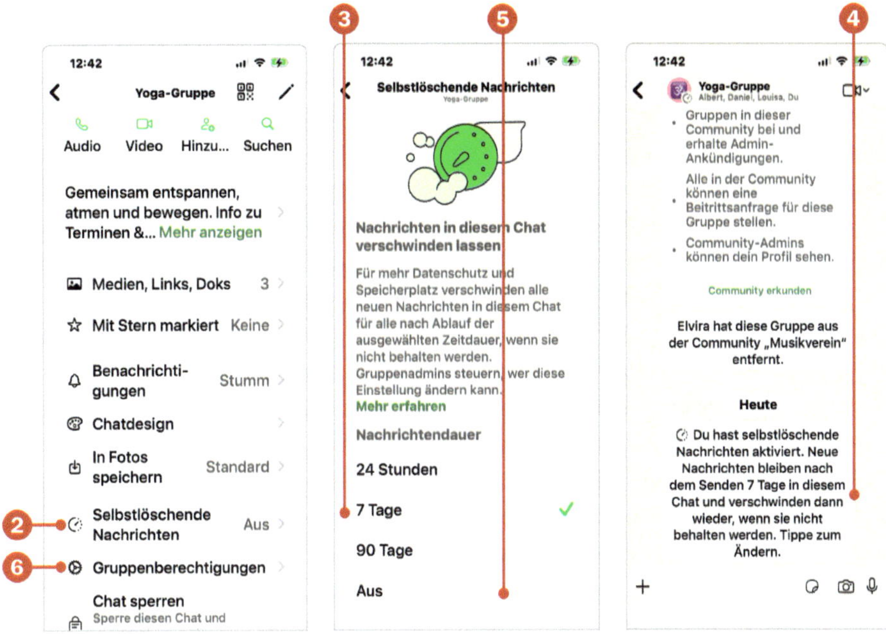

Grundsätzlich kann in einem Gruppenchat jedes Mitglied die Funktion aktivieren bzw. deaktivieren. Der Gruppenadmin kann das allerdings unterbinden. Dazu rufen Sie die Gruppeninfo auf, wählen ***Gruppenberechtigungen*** 6 (diese Option ist nur beim Admin verfügbar) und deaktivieren dann bei ***Gruppeneinstellungen bearbeiten*** den Schalter (grau = Aus).

Selbstlöschende Nachrichten im Einzelchat aktivieren

Im Einzelchat sind beide Partner gleichermaßen befugt, „Selbstlöschende Nachrichten“ zu aktivieren bzw. wieder zu deaktivieren.

- Die Aktivierung erfolgt ähnlich wie im Gruppenchat. Tippen Sie auf den grauen Bereich oben, um die Kontaktinfo zu öffnen, und wählen Sie ***Selbstlöschende Nachrichten*** aus. Hier wählen Sie eine Nachrichtendauer aus und verlassen den Chat mit dem Pfeil links oben. Mit Auswahl von ***Aus*** deaktivieren Sie „Selbstlöschende Nachrichten“ wieder.

Falls sich für Sie die Funktion als nützlich erweist, können Sie diese automatisch für alle neuen Chats vereinbaren. Wie das geht, erfahren Sie ab Seite 215.

Nachrichten behalten

WhatsApp hat eigens die Option „Behalten" eingebaut, damit Chatteilnehmer sich keiner Umwege bedienen müssen, um Nachrichten in einem sich selbstlöschenden Chat vor der Löschung zu bewahren.

- Markieren Sie die Nachricht, in dem Sie etwas länger darauf tippen.
- Wählen Sie in der Bearbeitungsleiste die Option ***Behalten*** ❶ aus. Die Nachricht erhält ein kleines Symbol neben der Uhrzeit ❷. Dieses Symbol sehen auch die anderen Chatteilnehmer.

Auf demselben Weg sorgen Sie dafür, dass eine Nachricht nicht mehr behalten wird.

Sie können sich alle Nachrichten, die behalten wurden, gemeinsam anzeigen lassen. Dazu tippen Sie auf den Bereich oben, um die Kontaktinfo anzuzeigen und wählen ***Behaltene Nachrichten*** ❸ aus. Zur Erinnerung: Diese Funktion steht nur in Chats mit selbstlöschenden Nachrichten zur Verfügung.

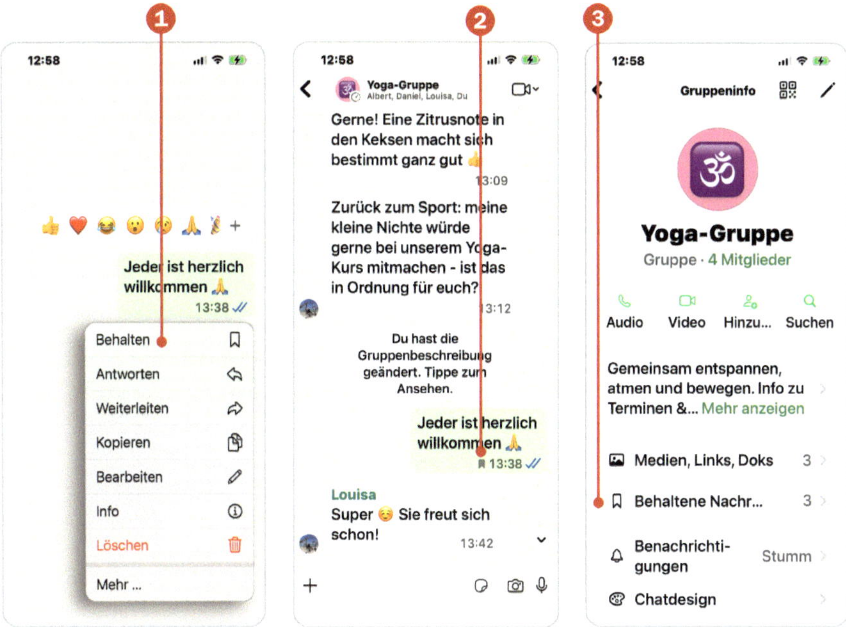

Selbstlöschende Nachrichten automatisch für alle Chats

Falls sich für Sie die Funktion als nützlich erweist, können Sie diese für **alle neuen** Chats vereinbaren und damit in allen Chats nach Ablauf einer gewissen Dauer Nachrichten, Fotos, Sprachnachrichten etc. automatisch und unwiederbringlich löschen.

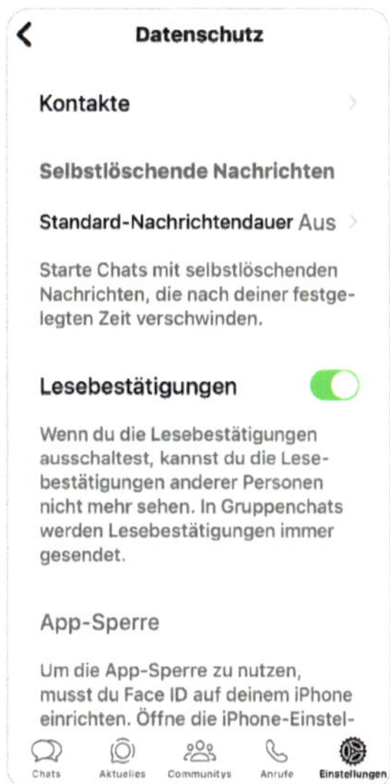

Wählen Sie dazu ***Einstellungen*** ▶ ***Datenschutz*** und tippen Sie auf ***Standard-Nachrichtendauer***. Hier wählen Sie die Nachrichtendauer durch Antippen aus. Verlassen Sie den Bereich wieder über den Pfeil links oben.

Diese Nachricht zerstört sich selbst

Wie im Agententhriller können auch Sie Elemente verschicken, die vom Empfänger nur einmal angesehen werden können, dabei kann es sich um Fotos, Videos oder Sprachnachrichten handeln. Diese Medien zur einmaligen Betrachtung werden nicht in der Fotos-App Ihres Chatpartners gespeichert und können weder weitergeleitet, kopiert, gespeichert noch geteilt werden. Das gilt sowohl für den Chat mit einer Person als auch für Gruppenchats. Die Option der Einmalansicht wird bei der Versendung von Fotos, Videos und Sprachnachrichten automatisch eingeblendet.

Versenden einer Nachricht zur einmaligen Betrachtung

- Wählen Sie ein Foto oder Video aus und fügen Sie ggf. einen Text hinzu. Oder sprechen Sie eine Sprachnachricht ein. Dabei muss die Aufnahmetaste gesperrt werden, da sonst die Option zur Auswahl der Einmalansicht nicht angezeigt wird.
- Tippen Sie auf ①, um die einmalige Ansicht festzulegen. Das Symbol verändert sein Aussehen ②. Versenden Sie die Nachricht.
- Auch im eigenen Chat sehen Sie nur, welches Element ③ Sie verschickt haben, aber nicht was genau. Sobald der Empfänger das Foto bzw. Video betrachtet oder die Nachricht angehört hat, wird in Ihrem Chat die Information ***Geöffnet*** ④ angezeigt.

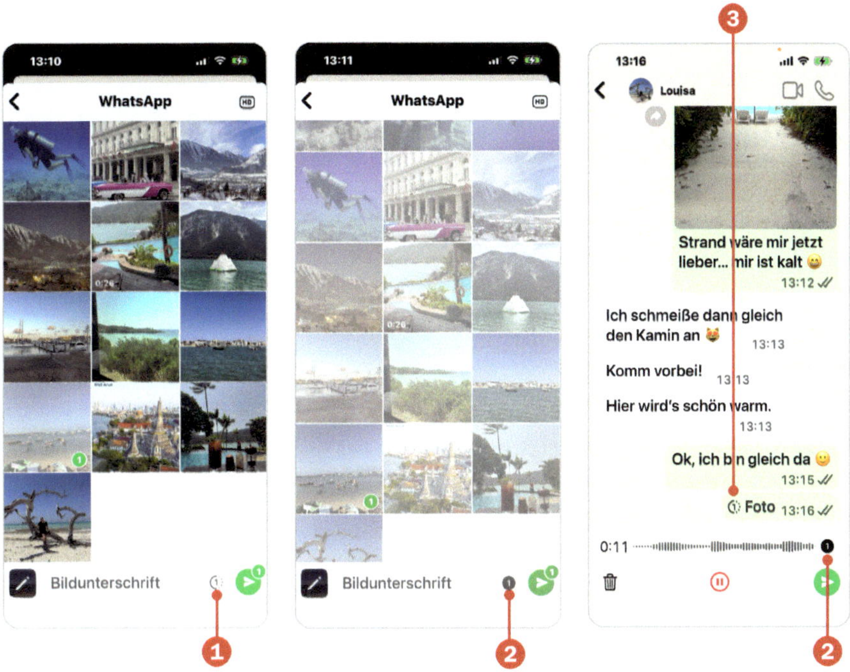

Einmalnachricht erhalten

Das Foto bzw. Video wird im Chat nicht angezeigt. Der Empfänger erfährt nur, dass es sich um ein Foto bzw. Video oder eine Sprachnachricht handelt.

- Tippen Sie die Nachricht an. Das Foto bzw. Video wird angezeigt. Sobald Sie die Ansicht über den Pfeil links oben verlassen, kann die Nachricht nicht nochmals betrachtet werden.

- Die Sprachnachricht wird auch in einer separaten Anzeige geöffnet. Hier können Sie die Nachricht mehrmals abspielen. Sobald die Anzeige über den Pfeil links oben verlassen, wird auch die Sprachnachricht entfernt.
- Nach dem Betrachten bzw. Anhören der Nachricht werden auch beim Empfänger die einzelnen Einmalnachrichten als ***Geöffnet*** ausgewiesen.

Hinweis: Wenn die Person, die Ihre Einmalansicht-Nachricht empfängt, eine aktuelle WhatsApp-Version verwendet, so wird die **Screenshot-Erstellung blockiert**. Bei der Nutzung älterer Versionen ist dies nicht gewährleistet. Seien Sie sich jedoch bewusst, dass es immer wieder Schlupflöcher geben wird. Gehen Sie deshalb sehr vertraulich mit Ihren sensiblen Daten um – es gibt nie eine Garantie.

7.4 Absender blockieren

Erhalten Sie Nachrichten von Personen, die Sie nicht kennen, oder dokumentiert ein Bekannter seinen gesamten Tagesablauf und schickt zu viele Nachrichten und Bilder? Dann können Sie den Kontakt blockieren und es kommt nichts mehr an. Für die Blockierung ist es unerheblich, ob Sie den Kontakt im Adressbuch gespeichert haben oder nicht.

Alle Nachrichten und Medien, die die Person ab der Blockierung an Sie verschickt, werden nicht mehr übermittelt. Wenn die blockierte Person einen Broadcast mit Ihnen als Empfänger versendet, erhalten Sie diesen ebenfalls nicht. Auch Anrufe über WhatsApp erreichen Sie nicht mehr. Lediglich in einem Gruppenchat sehen Sie noch Nachrichten der blockierten Person.

Blockierung einrichten

- Zeigen Sie den Chat mit der Person an, die Sie blockieren möchten. Tippen Sie auf den Kontaktnamen oben im grauen Bereich 1 und wählen Sie ganz unten *... blockieren* 2. Bestätigen Sie mit *Blockieren*.
- Im Chat sehen Sie die Information, dass Sie den Chat blockiert haben 3. Hier könnten Sie nach der Blockierung sogleich den gesamten *Chat löschen*.
- Sendet eine Person, die nicht in Ihrem Adressbuch hinterlegt ist, eine Nachricht, so können Sie diesen Kontakt gleich im Chat blockieren.

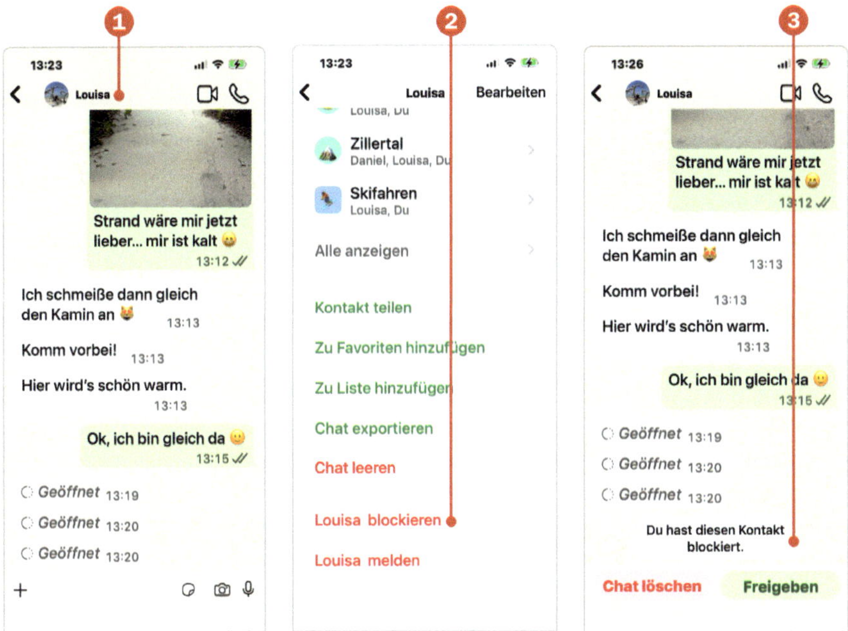

Woran erkennt man, dass man blockiert wurde?

Sie erhalten keine Meldung, dass Sie blockiert wurden. Es gibt Indizien, die nahelegen, dass eine Blockierung vorliegt:

- Im Chat werden die versendeten Nachrichten nur noch mit einem Häkchen angezeigt (versendet). Das zweite Häkchen, dass die Nachricht zugestellt wurde, erscheint nicht mehr.
- Der ***Zuletzt online-Zeitstempel*** wird nicht mehr angezeigt.
- Das Profilbild der Person, die Sie wahrscheinlich blockiert hat, wird nicht mehr angezeigt.

Blockierung aufheben

Rufen Sie die ***Einstellungen*** ④ in WhatsApp auf und wählen Sie ***Datenschutz*** ▶ ***Kontakte*** ⑤ und tippen Sie auf ***Blockiert***, um eine Liste aller blockierten Kontakte anzuzeigen.

- Tippen Sie auf den Kontakt, dessen Blockierung Sie aufheben möchten ⑥, und wischen Sie in der Kontaktinfo ganz nach unten zu ***… freigeben*** ⑦. Wenn alles funktioniert hat, ist der blockierte Kontakt jetzt nicht mehr in der Liste aufgeführt.

Alternativ öffnen Sie den Chat der blockierten Person und tippen ganz unten ***Freigeben***.

Nachrichten, die während der Blockierung übersandt wurden, werden nicht nachträglich übermittelt.

7.5 WhatsApp im Browser verwenden

Ihre WhatsApp-Chats können Sie auch auf Ihrem Computer lesen und dort ebenso Nachrichten versenden. Ich persönlich finde das sehr praktisch, da die Texte an einem großen Monitor leichter zu lesen sind und ich auf einer physischen Tastatur einfach schneller tippe. Sie können hier zum einen WhatsApp im Browser verwenden oder Sie benutzen die WhatsApp Desktop-App, die Sie auf Ihren PC downloaden. Generell können mit Ihrem Smartphone bis zu vier Geräte verbunden werden, ein Smartphone als Hauptgerät ist jedoch unentbehrlich. Wenn die Verknüpfung hergestellt wurde, verbindet sich das Gerät selbst mit WhatsApp. Dann kann das Smartphone sogar ausgeschaltet sein.

> **Sollten Sie WhatsApp auf Ihrem Smartphone für eine Dauer von 14 Tagen nicht verwenden, dann werden die verknüpften Geräte automatisch abgemeldet.**

WhatsApp mit dem Browser verbinden

- Öffnen Sie an Ihrem Computer/Laptop einen Browser, z. B. Microsoft Edge, Google Chrome oder Mozilla Firefox, und navigieren Sie zu ***https://web.whatsapp.com*** ❶. Falls der verwendete Browser nicht unterstützt wird, erhalten Sie Vorschläge für besser geeignete Browser.

- Öffnen Sie auf Ihrem Smartphone die WhatsApp-***Einstellungen*** und wählen Sie ***Verknüpfte Geräte***. Tippen Sie auf Ihrem Smartphone auf ***Gerät hinzufügen*** ❷ und bestätigen Sie mit ***OK***. Unter Umständen müssen Sie den Code bzw. Fingerabdruck eingeben, den Sie zum Entsperren des Smartphones verwenden. Das ist eine zusätzliche Sicherheitseinstellung.

- Scannen Sie den QR-Code auf Ihrem Computerbildschirm. Dazu halten Sie das iPhone so, dass via Kamera der QR-Code aufgenommen werden kann.

  Unter Umständen müssen Sie innerhalb dieses Prozesses den Zugriff auf die Kamera des Smartphones ermöglichen. Dazu erscheint eine Abfrage auf dem Bildschirm, die Sie durch Antippen von ***Zulassen*** bestätigen.

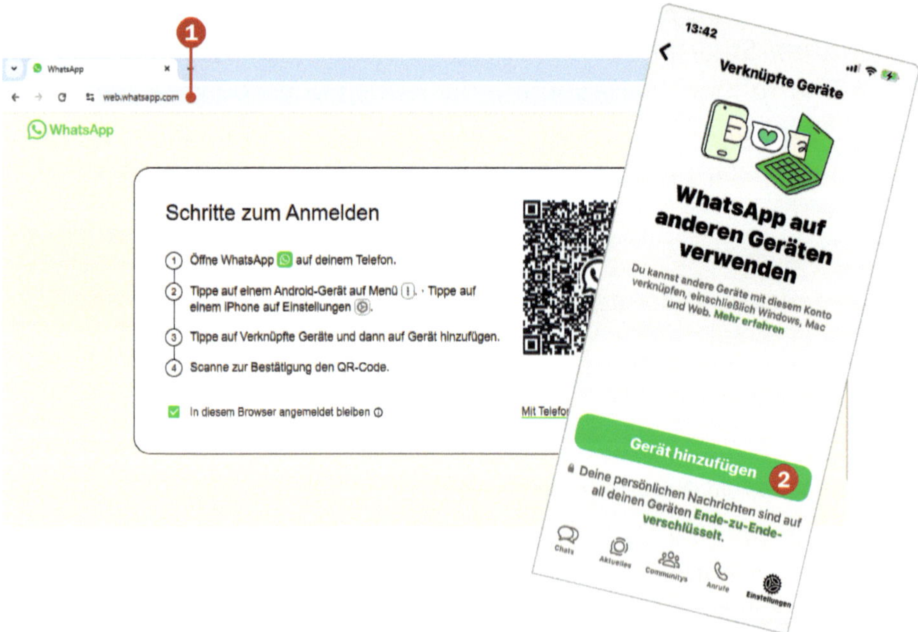

Sobald Smartphone und Browser verbunden wurden, wechselt die Anzeige im Browserfenster am Computer. Die Chatdaten werden synchronisiert und Ihre Chats werden im Browser angezeigt. Ab jetzt werden, wenn Sie die Adresse ***https://web.whatsapp.com*** in diesem Browser aufrufen, Ihre WhatsApp-Inhalte angezeigt. Sollte der Rechner allerdings nicht Ihr eigener sein, ist es besser die Verbindung nach Durchsicht Ihrer Nachrichten wieder zu trennen. Dazu gleich mehr.

Bedienung im Browser

- **Zu anderen Bereichen wechseln:** Beim Öffnen wird immer die Chatübersicht angezeigt. Sie wechseln über die Leiste 1 zu den Bereichen ***Communitys***, ***Status*** und ***Kanäle***. Mit [+] zeigen Sie die Kontaktliste an und starten einen neuen Chat.
- **Textnachricht verschicken:** Klicken Sie den gewünschten Chat auf der linken Seite an und tippen Sie rechts unten Ihre Nachricht ein 2. Daneben finden Sie auch die Schaltfläche für Emojis. Mit der Enter-Taste versenden Sie die Nachricht.
- **Foto oder Dokument versenden:** Die Datei muss auf dem Computer gespeichert sein. Klicken Sie das Büroklammersymbol 3 an und wählen Sie aus, um ein Foto zu verschicken, oder zum Versenden von Dokumenten. Einen Link zu einer Webseite können Sie einfach in der Adressleiste des Browsers kopieren und im Nachrichtenfeld einfügen und versenden.
- **Sprachnachricht aufnehmen:** Klicken Sie auf das Mikrofon 4, um Ihre Nachricht einzusprechen. Das Gerät muss dazu über ein Mikrofon verfügen.
- **Neue Gruppe erstellen:** Klicken Sie auf Menü ⋮ 5 auf der linken Seite und wählen Sie ***Neue Gruppe*** aus.
- **Suche:** Über das Suchfeld 6 finden Sie Chats. Tippen Sie einfach den Namen des Freundes oder der Gruppe ein. Es werden aber auch Übereinstimmungen in Chat-Texten gefunden.
- **Nachrichtenreaktion:** Zeigen Sie mit der Maus auf ein Bild, Foto etc., um auf eine Nachricht zu reagieren. Ein Emoji-Symbol 7 wird angezeigt. Durch Antippen blenden Sie die Reaktionsleiste ein.
- **Weitere Bearbeitungsoptionen:** Weitere Befehle erhalten Sie, indem Sie auf das Foto, die Nachricht etc. mit der Maus zeigen. Rechts oben wird ein Pfeil 8 eingeblendet, der weitere Optionen durch Anklicken zur Verfügung stellt.

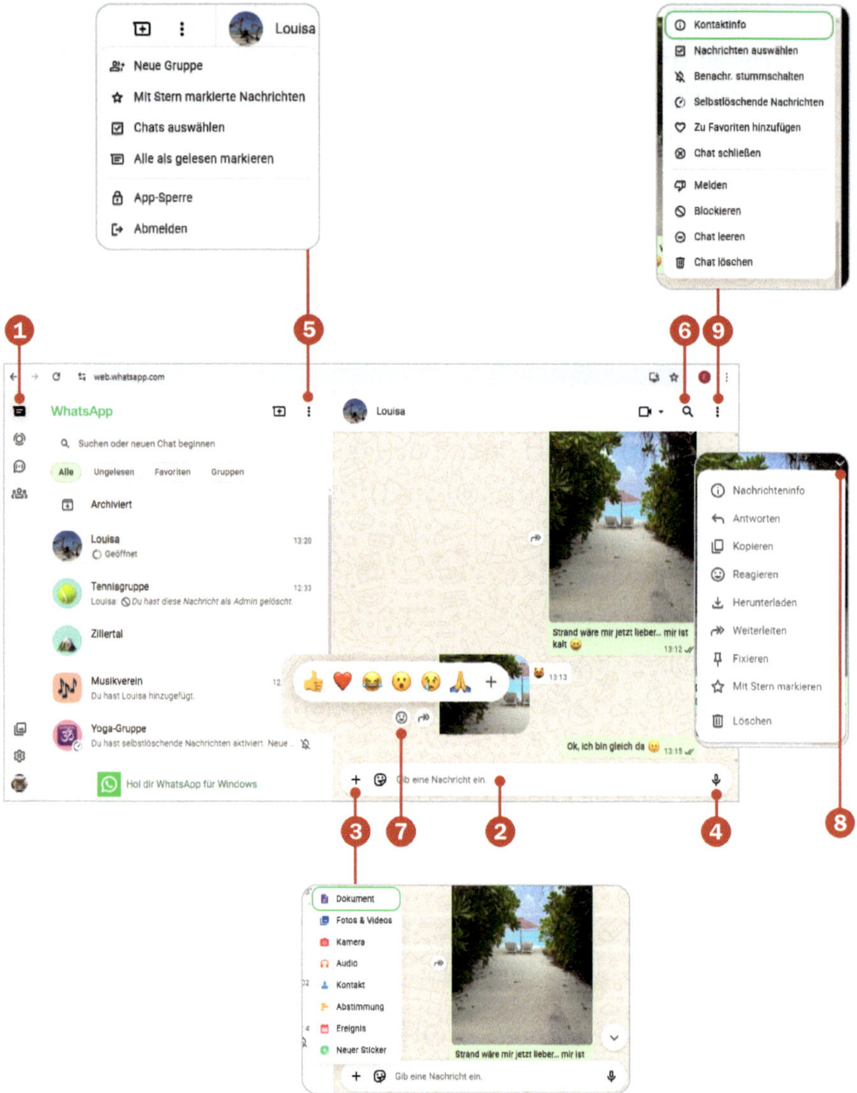

Benachrichtigung stummschalten: Zeigen Sie den betreffenden Chat an, klicken rechts auf Menü ⋮ und wählen ***Benachr. stummschalten*** 9 aus. Im nächsten Schritt entscheiden Sie, wie lange der Chat stummgeschaltet werden soll und bestätigen nochmals.

Meldungen: Meldungen werden links oben über dem Suchfeld angezeigt. Dabei kann es sich um einen Hinweis auf ein Update handeln oder die Information, dass Ihr Gerät gerade nicht mit dem Internet verbunden ist.

WhatsApp vom Browser trennen

Um Smartphone und Browser zu trennen, tippen Sie im Browser auf das Menü ⋮ links und wählen ***Abmelden*** 1 aus.

Falls Sie übersehen haben, sich an einem Gerät abzumelden, auf welches Sie momentan keinen Zugriff haben, dann öffnen Sie die WhatsApp-***Einstellungen*** am Smartphone und wählen ***Verknüpfte Geräte*** aus. Hier tippen Sie auf die Verknüpfung, die Sie trennen möchten 2, und wählen dann ***Abmelden***.

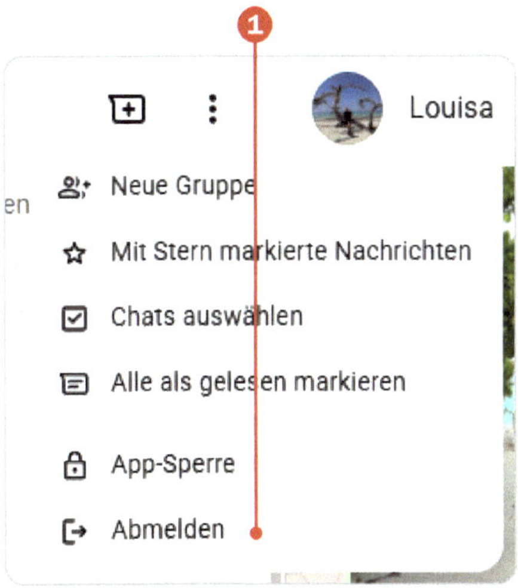

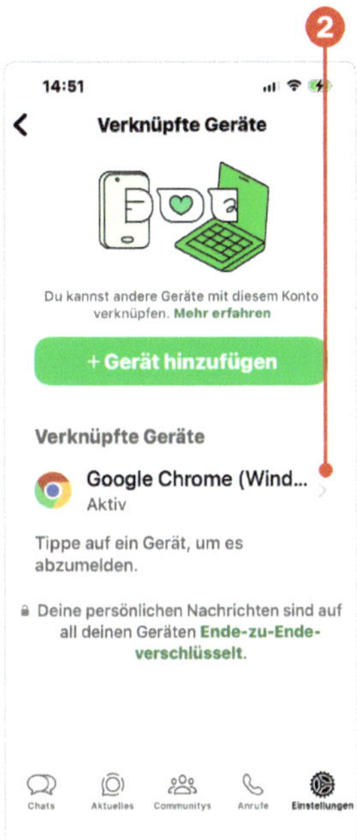

WhatsApp Desktop-App verwenden

WhatsApp Desktop-App herunterladen

Im Gegensatz zur ersten Variante handelt es sich bei der webbasierten Desktop-App um ein eigenständiges Programm. Diese s muss vor der Benutzung heruntergeladen werden. Der Vorteil gegenüber der Webvariante ist, dass mit der Desktop-App auch Video- und Sprachanrufe möglich sind.

- Öffnen Sie an Ihrem PC oder Mac einen Browser, z. B. Safari, Microsoft Edge, Google Chrome oder Mozilla Firefox, navigieren Sie zu ***https://www.whatsapp.com/download/*** und wählen Sie dort ***Von Microsoft Store herunterladen*** aus ❶. Die Mindestanforderung für das Programm liegt bei Windows 10 oder höher.
- Anschließend öffnet sich der Microsoft Store. Dort klicken Sie auf ***Herunterladen*** ❷. Wenn der Download abgeschlossen ist, klicken Sie auf ***Öffnen*** ❸.

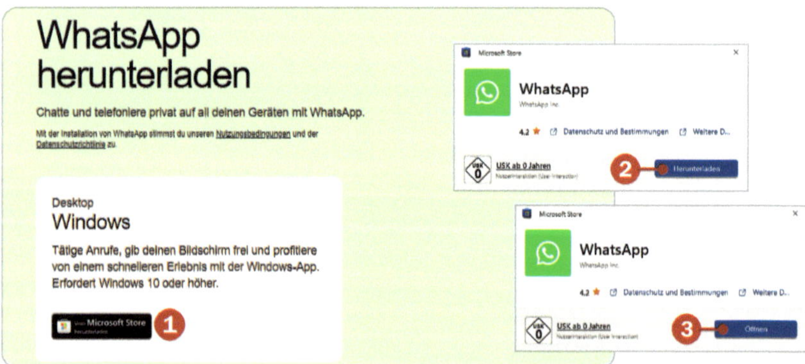

- Klicken Sie in der geöffneten Desktop-App auf ***Anmelden*** ❹.
- Zeitgleich öffnen Sie WhatsApp auf Ihrem Smartphone, öffnen die ***Einstellungen*** und wählen ***Verknüpfte Geräte***. Tippen Sie auf Ihrem Smartphone auf ***Gerät hinzufügen*** und bestäti-

gen Sie mit ***OK***. Unter Umständen müssen Sie den Code bzw. Fingerabdruck eingeben, den Sie zum Entsperren des Smartphones verwenden. Das ist eine zusätzliche Sicherheitseinstellung.

- Scannen Sie den QR-Code auf Ihrem Computerbildschirm. Dazu halten Sie das Smartphone so, dass via Kamera der QR-Code aufgenommen werden kann. Unter Umständen müssen Sie innerhalb dieses Prozesses den Zugriff auf die Kamera des Smartphones ermöglichen. Dazu erscheint eine Abfrage auf dem Bildschirm, die Sie durch Antippen von ***Zulassen*** bestätigen.
- Wenn Sie eine Verbindung zum Programm hergestellt haben, erscheint diese mit der Bezeichnung ***Windows*** 5 in Ihren verknüpften Geräten.

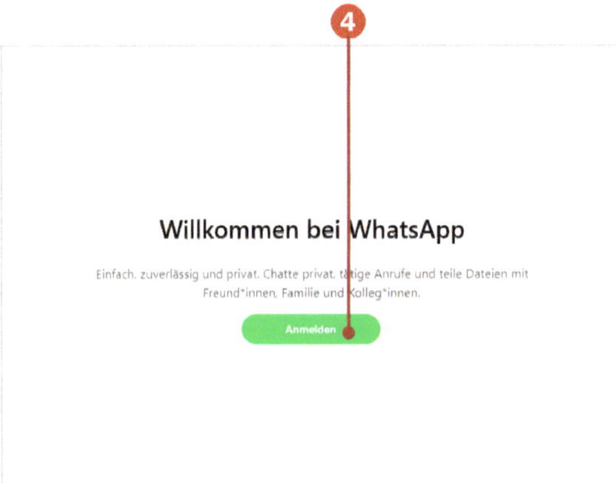

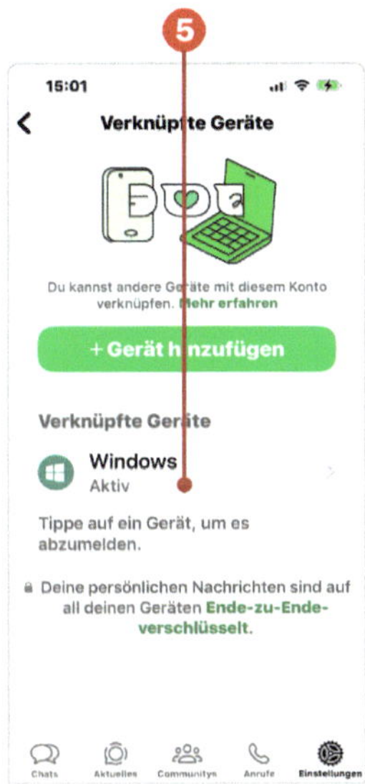

Sobald Sie Ihr Smartphone mit der Desktop-App verbunden haben, wechselt die Anzeige des Programms am PC. Die Chatdaten werden synchronisiert und Ihre Chats werden in der App angezeigt. Die Desktop-App finden Sie auf Ihrem Windows-Rechner jetzt unter ***Start*** ▸ ***Alle***.

Bedienung der Desktop-App

- **Zu anderen Bereichen wechseln:** Beim Öffnen wird immer die Chatübersicht angezeigt. Sie wechseln über die Leiste ❶ zu anderen Bereichen (von oben nach unten): Chat, Anrufe, Status, Nachrichten, die Sie mit Stern markiert haben, archivierte Chats, Einstellungen und Ihr Profil.
- Die Kontaktliste zum Starten eines neuen Chats ist hier ❷.
- **Textnachricht verschicken:** Klicken Sie den gewünschten Chat auf der linken Seite an und tippen Sie rechts unten Ihre Nachricht ein ❸. Links vom Nachrichtenfeld finden Sie die Schaltfläche für Emojis. Mit der Enter-Taste versenden Sie die Nachricht.
- **Foto oder Dokument versenden:** Die Datei muss auf dem Computer gespeichert sein. Klicken Sie auf + ❹ und wählen Sie das gewünschte Element. Einen Link zu einer Webseite können Sie einfach in der Adressleiste des Browsers kopieren und im Nachrichtenfeld einfügen und versenden.
- **Sprachnachricht aufnehmen:** Um die Aufnahme zu starten, klicken Sie auf das Mikrofon ❺. Der Computer muss dazu über ein Mikrofon verfügen und Sie müssen den Zugriff erlauben.
- **Suche:** Über die Suche ❻ finden Sie Chats. Tippen Sie einfach den Namen des Freundes oder der Gruppe ein. Es werden aber auch Übereinstimmungen in Chattexten gefunden.
- **Nachrichtenreaktion:** Zeigen Sie mit der Maus auf eine Nachricht, ein Foto etc. Ein Emoji-Symbol ❼ wird angezeigt. Durch Antippen blenden Sie die Reaktionsleiste ein.
- **Kontakt anrufen:** Die Möglichkeit über die App auch Anrufe durchführen zu können, ist ein klarer Vorteil gegenüber der Nutzung von WhatsApp im Browser. Das Gerät muss über ein Mikrofon, Lautsprecher und eine Webcam verfügen. Zeigen Sie den betreffenden Chat an, klicken rechts oben auf das entsprechende Symbol für einen Sprach- oder Videoanruf ❽.
- **Abmelden:** Klicken Sie unter Einstellungen ❾ auf ***Abmelden***.

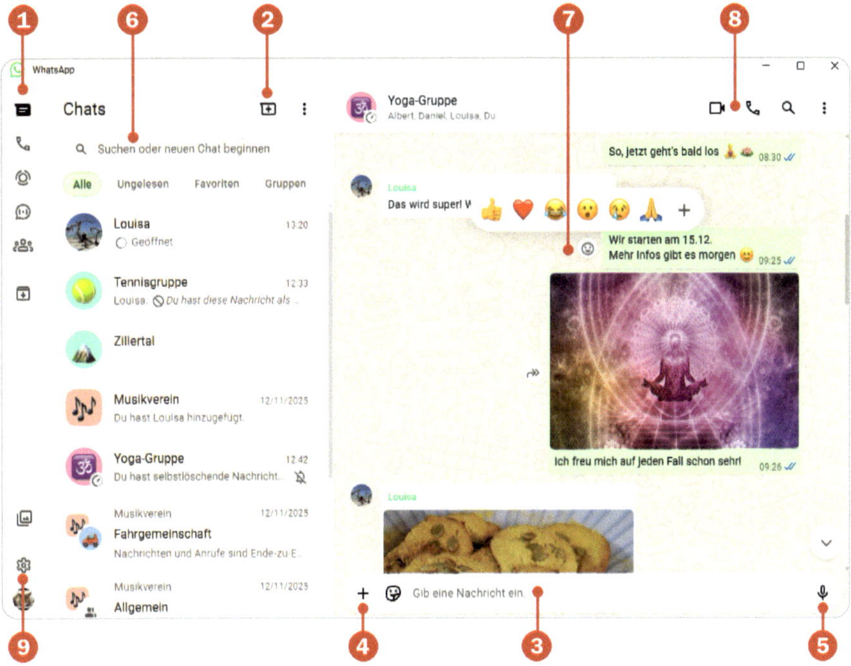

Zweites Smartphone verknüpfen
Sie können WhatsApp-Inhalte Ihres Haupttelefons auch auf einem zweiten Smartphone anzeigen. Die Verknüpfung funktioniert für diesen Fall etwas anders. Dieser Fall würde für ein Einsteigerbuch zu weit führen. Ein Video finden Sie dazu auf unserem YouTube-Kanal BILDNER.TV.

7.6 WhatsApp auf dem iPad

Endlich gibt es eine offizielle WhatsApp-App für das iPad, die direkt über den App Store heruntergeladen werden kann! Damit ist die Nutzung des Messengers auf dem iPad deutlich komfortabler und vollwertig möglich – ganz ohne Umwege oder Drittanbieter-Lösungen.

Nach dem Download der App aus dem App Store müssen Sie Ihr WhatsApp-Konto mit dem iPad verknüpfen.

- Öffnen Sie WhatsApp auf dem iPad und tippen Sie auf ***Weiter*** 1 – anschließend wird ein QR-Code angezeigt.
- Öffnen Sie dann WhatsApp auf Ihrem Smartphone. Gehen Sie zu ***Einstellungen*** und tippen Sie dort auf ***Verknüpfte Geräte***.
- Wählen Sie ***Gerät hinzufügen*** 2 und scannen Sie den QR-Code mit Ihrem Smartphone.
- Ihr WhatsApp-Konto wird synchronisiert. Sie können WhatsApp auf dem iPad nutzen, auch wenn Ihr Handy offline ist.

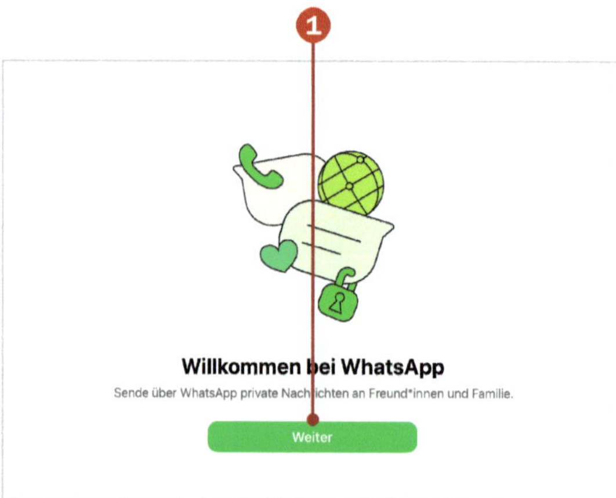

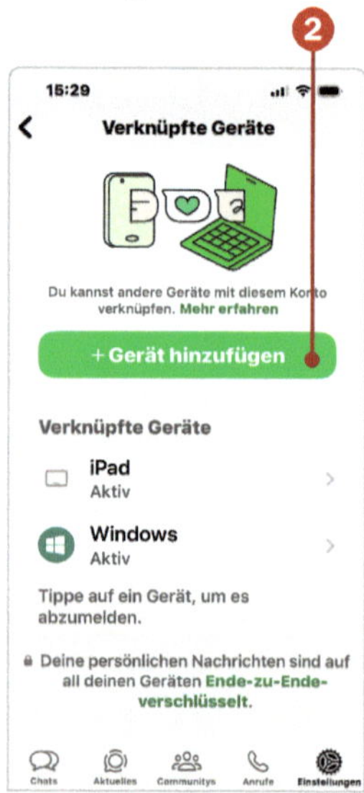

Die iPad-App bietet nahezu den Funktionsumfang wie auf dem iPhone:

- Text- und Sprachnachrichten
- Bilder, Videos und Dokumente senden
- Audio- und Videoanrufe
- Status-Updates

- Multitasking mit Splitscreen-Unterstützung
- Widgets für den Home-Bildschirm

Die Chats werden geräteübergreifend synchronisiert, sodass Sie auf dem iPad genau dort weitermachen können, wo Sie auf dem Smartphone aufgehört haben.

Bedienung auf dem iPad:

- **Zu anderen Bereichen wechseln:** Beim Öffnen wird immer die Chatübersicht angezeigt. Sie wechseln über die untere Leiste 1 zu anderen Bereichen (wie auf dem iPhone).
- Die Kontaktliste zum Starten eines neuen Chats ist hier 2.
- **Textnachricht verschicken:** Klicken Sie den gewünschten Chat auf der linken Seite an und tippen Sie rechts unten Ihre Nachricht ein 3. Sobald Sie in das Nachrichtenfeld tippen, erscheint neben den eingeblendeten Textvorschlägen links ein Tastatursymbol 4. Wenn Sie darauf tippen, können Sie ***Emojis anzeigen*** wählen und Emojis in Ihrem Text verwenden 5. Über das Senden-Symbol versenden Sie die Nachricht 6.
- **Foto oder Dokument versenden:** Die Datei muss auf dem iPad gespeichert sein. Klicken Sie auf + 7 und wählen Sie das gewünschte Element.
- **Sprachnachricht aufnehmen:** Um die Aufnahme zu starten, tippen Sie in das Nachrichtenfeld und anschließend auf das Mikrofon 8. Sie müssen gegebenenfalls den Zugriff erlauben.
- **Nachrichtenreaktion:** Tippen Sie etwas länger auf ein Bild, Foto etc., um auf eine Nachricht mit einem Emoji zu reagieren.
- **Kontakt anrufen:** Zeigen Sie den betreffenden Chat an und tippen rechts oben auf das entsprechende Symbol für einen Sprach- oder Videoanruf 9.

- **Weitere Bearbeitungsoptionen:** Weitere Befehle erhalten Sie, indem Sie rechts oben auf ⊙ ⑩ tippen. In diesem Menü können Sie unter anderem die Suchfunktion nutzen, Chats stummschalten oder Personen blockieren.
- **Abmelden:** Klicken Sie unter ***Einstellungen*** ⑪ auf ***Abmelden***.

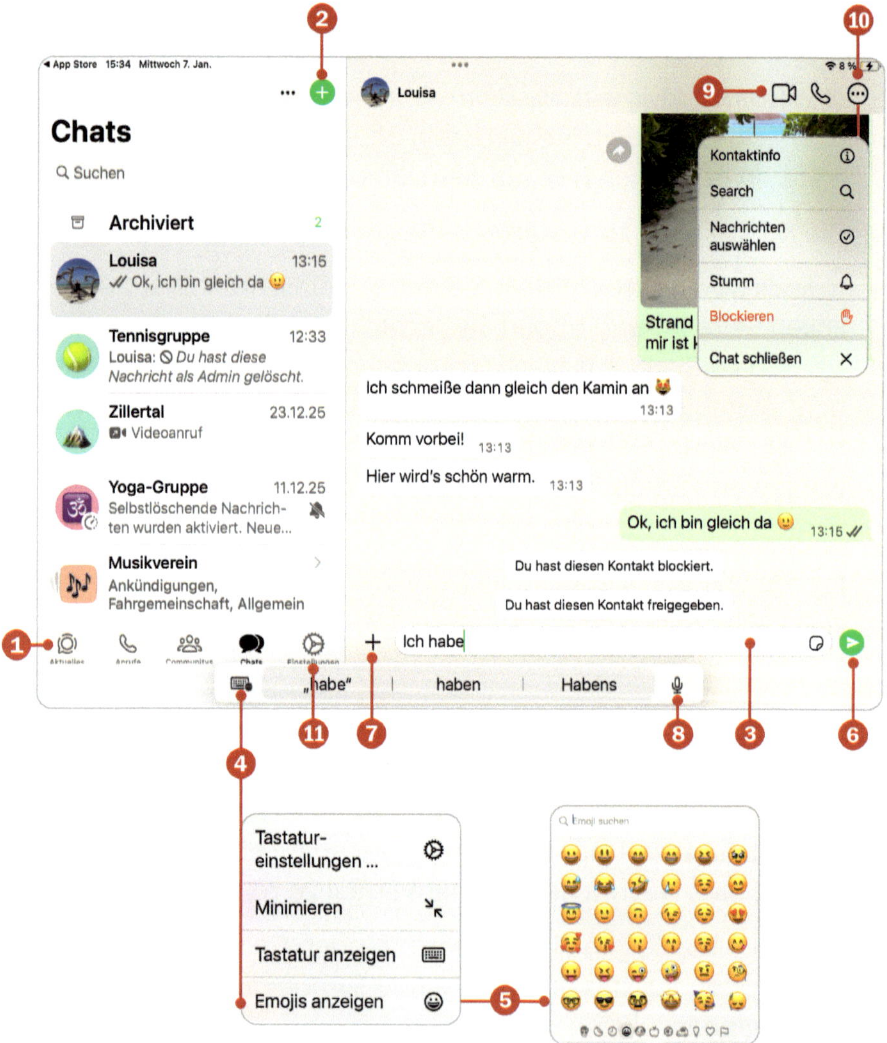

8 Ordnung schaffen

Was finde ich in diesem Kapitel?

Anheften, Archivieren & Löschen

Filter & Listen

Chats durchsuchen, Inhalte mit Stern markieren

Das erwartet Sie hier!

Je länger Sie WhatsApp verwenden, umso mehr füllt sich die Chatliste. Am Ende der Liste finden sich meist Gruppenchats, die sich erledigt haben. Wenn Sie einem Freund länger nicht geschrieben haben, rutscht dessen Chat in der Liste auch immer weiter nach unten. In diesem Kapitel finden Sie Methoden, wie Sie trotz umfangreicher Inhalte den Überblick behalten.

- Mit den verschiedenen **Suchfunktionen** finden Sie Kontakte oder Unterhaltungen zu bestimmten Themen. Ich wusste beispielsweise das Geburtsdatum eines Bekannten nicht mehr, aber noch, dass ich ihm letztes Jahr in WhatsApp gratuliert hatte. Also schnell im Chat nach „Geburtstag“ (für alles Gute zum Geburtstag) gesucht und herausgefunden, dass ich zu spät dran war 😟.
- Mit **Filter** zeigen Sie nur bestimmte Chats an, z. B. nur Chats, die ungelesene Nachrichten beinhalten. Sie können auch eigene Listen zusammenstellen, z. B. eine Familienliste und mit dem entsprechenden Filter nur diese Chats anzeigen.
- Die **Archivierung** verbannt Chats aus der Liste. Bei Bedarf kann der Chat aber wieder hervorgeholt werden.
- Wer hier etwas rigoroser ist, kann den Chat auch **löschen**. Dann ist alles weg und Sie starten mit einem neuen, leeren Chat das nächste Mal, wenn Sie dem Freund schreiben.
- Verschiedene **Hintergründe** bieten die Möglichkeit Chats visuell voneinander zu unterscheiden und so vorzubeugen, dass Sie Chats mit ähnlichen Namen verwechseln.

8.1 Gesucht und gefunden

Nach Text in einem Chat suchen

Einmal im Nachrichtenfieber können Chats sehr umfangreich werden. Wer da einen bestimmten Eintrag sucht, muss viel blättern und lesen. Deshalb stellt WhatsApp in Chats, Gruppenchats und Broadcasts über das Menü eine Suchfunktion zur Verfügung.

- Tippen Sie oben im Chat auf den grauen Bereich ① zur Anzeige der Gruppen- bzw. Kontaktinfo und wählen Sie ***Suchen*** ② aus.
- Geben Sie den Suchbegriff in das Feld ein. Nach den ersten Buchstaben erscheinen bereits Treffer. Falls der Suchbegriff mehrmals vorkommt, navigieren Sie mit ③ ^ (Suche aufwärts) oder ˅ (Suche abwärts) zu den einzelnen Treffern. Treffer sind gelb hinterlegt ④.
- Die Suche verlassen Sie mit ***Abbrechen*** rechts oben ⑤.

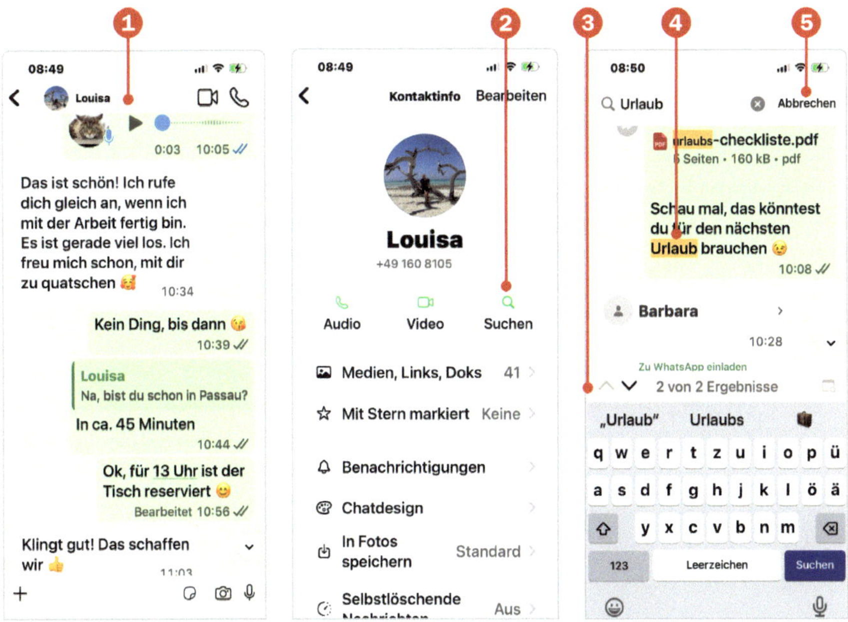

Chats und Anrufe durchsuchen

Wer nicht weiß, in welchem Chat sich das Gesuchte verbirgt, kann auch die einzelnen Bereiche ***Status***, ***Anrufe***, ***Chats*** und die Kontaktliste durchsuchen. Ich verwende die Suche gerne, um einen Chat oder Gruppenchat aufzurufen, den ich in der Übersicht gerade nicht entdecken kann. Dazu geben Sie einfach den Namen der Person oder des Gruppenchats ein. Natürlich können Sie auch nach einem Begriff suchen.

- Zeigen Sie den Bereich an, der durchsucht werden soll, z. B. ***Chats***, und tippen Sie oben in die Suchleiste 1. Sollte die Leiste nicht angezeigt werden, wischen Sie vertikal nach unten.
- **Suchbegriff eintippen:** Geben Sie den Suchbegriff 2 ein.
- **Filter:** Es stehen auch einige praktische Filter 3 zur Verfügung, die Sie unter dem Suchfeld finden und durch Antippen auswählen. Die Filter ***Fotos***, ***Dokumente***, ***Links*** etc. 4 grenzen das Suchfeld auf diese Elemente ein.
- Suchbegriff und Filter können kombiniert werden, um die Treffermenge weiter einzugrenzen.
- **Trefferliste:** Die Trefferliste wird darunter angezeigt. Durch Antippen wählen Sie das gewünschte Element aus: Wenn Sie den Chat anzeigen möchten, in dem das Gesuchte verschickt wurde, tippen Sie auf den Namen der Person bzw. des Gruppenchats 5. Das Gesuchte ist gelb 6 markiert. Möchten Sie Link, Foto oder Dokument 7 separat aufrufen, tippen Sie dieses an.
- Wenn Sie nach einem Namen suchen, werden zunächst die Einzelchats angezeigt, die zu diesem Namen passen, darauf folgen die Gruppenchats und Kontakte. Danach finden Sie eine Liste von Nachrichten, in denen der Name genannt wurde.
- Um mehr von der Liste zu sehen, wischen Sie oberhalb der Tastatur kurz über das Display.

- Zur Neueingabe eines Suchbegriffs tippen Sie auf *x* (8). Um die Suche zu beenden, ohne ein Element auszuwählen, tippen Sie auf < (9) links oben.

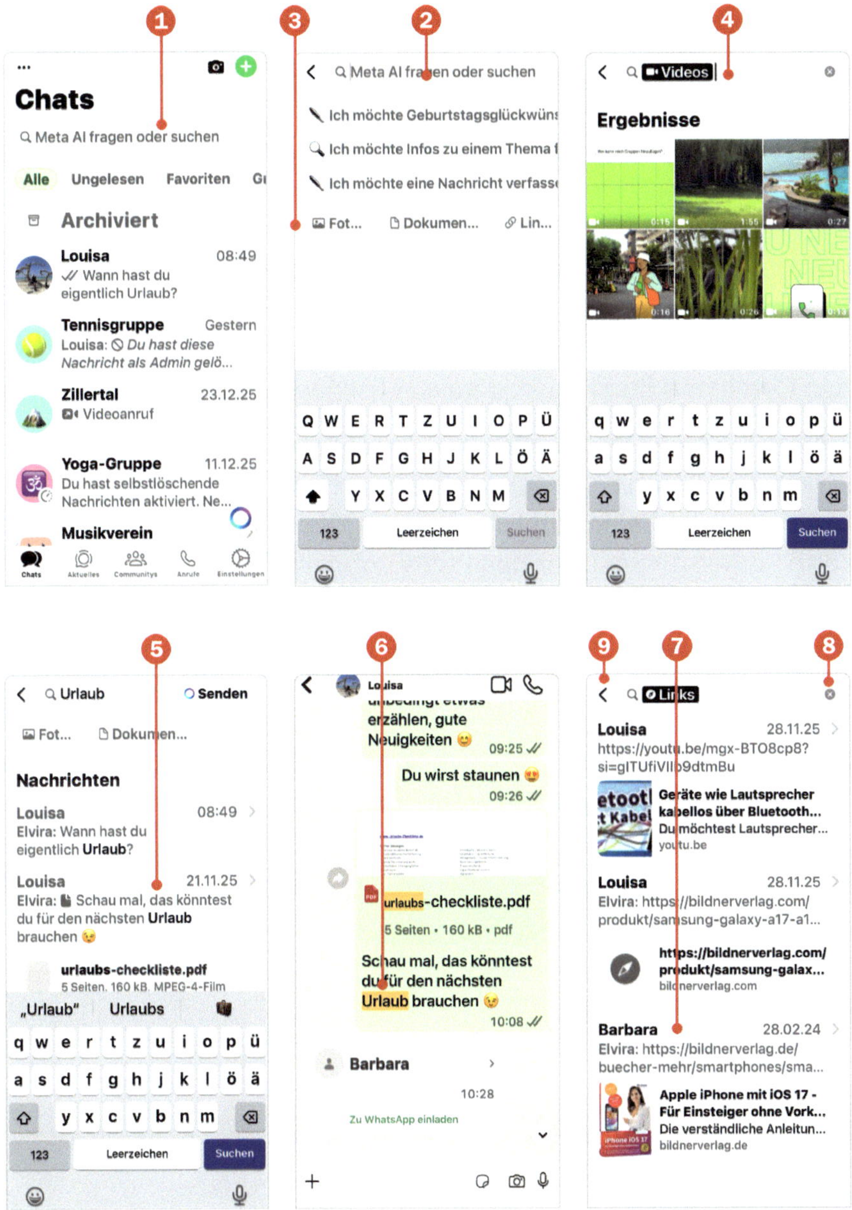

Medien eines Chats anzeigen

Alle Medien, Dokumente und Links, die in einem Chat ausgetauscht wurden, können übersichtlich angezeigt werden. So finden Sie vielleicht das gesuchte Element schneller.

Tippen Sie im Einzelchat oder im Gruppenchat auf den Kontakt- bzw. Gruppennamen - wählen Sie ***Medien, Links, Doks*** 1 aus.

Hier stehen drei Bereiche zur Verfügung: Bei ***Medien*** 2 sehen Sie alle Fotos, Videos und Audiodateien, die Sie von der Person erhalten oder an diesen Freund versendet haben. In ***Doks*** (Dokumente) finden Sie alle PDFs sowie Word- oder Excel-Dateien. In ***Links*** sind alle ausgetauschten Weblinks aufgeführt. Wechseln Sie zwischen den Bereichen durch horizontales Wischen oder Antippen.

Tippen Sie eine Datei länger an, um sie weiterzuleiten oder zu löschen. Die Befehle 3 werden im Bearbeitungsmenü angezeigt. Durch Auswahl eines Links zeigen Sie die Webseite an. Den Bereich verlassen Sie über das Pfeilsymbol links oben.

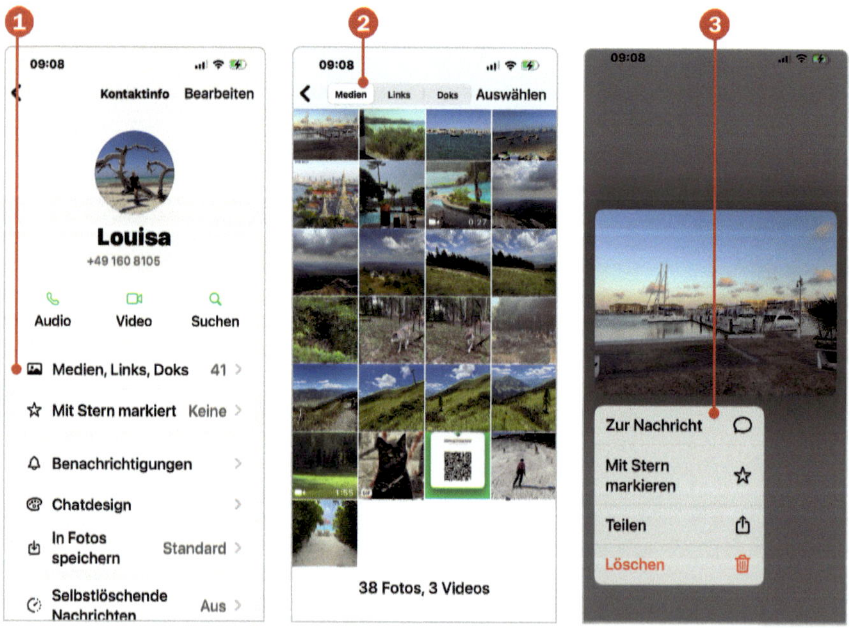

Einzelne Nachrichten mit Stern markieren

Sie können auch vorsorgen und einzelne Elemente eines Chats, z. B. ein Foto oder eine Nachricht, gleich mit einer Markierung versehen. Alle markierten Elemente, egal aus welchem Chat, werden dann gemeinsam in einer Liste angezeigt. So können Sie eine Merkliste mit Elementen erstellen, für die Sie noch etwas erledigen müssen. Natürlich können Sie auch einfach Fotos, Videos oder Sprüche markieren, die Sie gut finden, und so eine Sammlung zusammenstellen.

Toller Nebeneffekt: Wenn Sie versuchen, einen Chat zu löschen, der mit Stern markierte Nachrichten enthält, erscheint eine Meldung, die auf diesen Umstand hinweist.

Inhalte auswählen

- Markieren Sie die Nachricht durch längeres Antippen. Das Bearbeitungsmenü wird angezeigt. Tippen Sie auf ***Mit Stern markieren*** ❶. Gleichzeitig erhält das Element einen Stern ❷ zur Kennzeichnung.

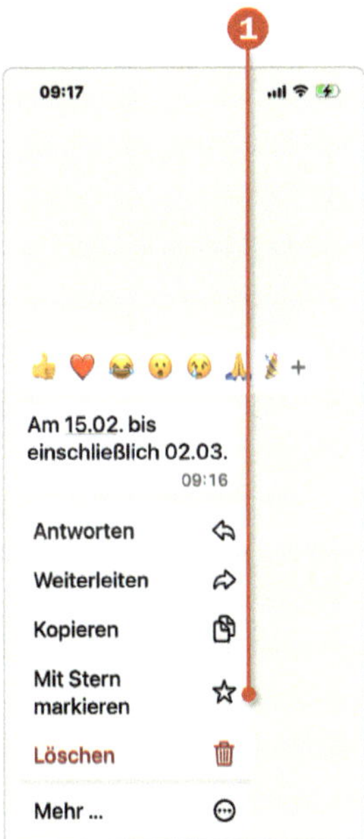

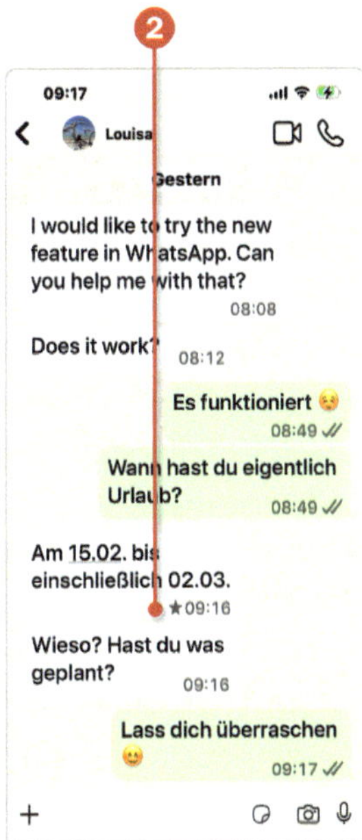

Ausgewählte Inhalte anzeigen

- Rufen Sie die WhatsApp-***Einstellungen*** auf. Über ***Mit Stern markiert*** ❸ öffnen Sie Ihre „Sternliste“.

- **Chat anzeigen, zu dem das Element gehört:** Am oberen Rand eines jeden Eintrags sehen Sie, in welchem Chat sich das markierte Element befindet. Tippen Sie auf den Namen ④, um den Chat anzuzeigen. Mit dem Pfeil links oben kommen Sie wieder zur Sternliste. Links können Sie durch Antippen auch über die Sternliste aufrufen, Sprachnachrichten auch hier abspielen.
- **Element aus der Übersicht entfernen:** Markieren Sie das Element ⑤ durch längeres Antippen. Das Bearbeitungsmenü wird angezeigt. Tippen Sie auf ***Stern entfernen*** ⑥.
- **Mehrere Elemente aus der Sternliste entfernen:** Zeigen Sie die Sternliste an, tippen Sie rechts oben auf ***Bearbeiten*** ⑦, markieren Sie die Elemente, die Sie entfernen wollen und bestätigen Sie mit ★.

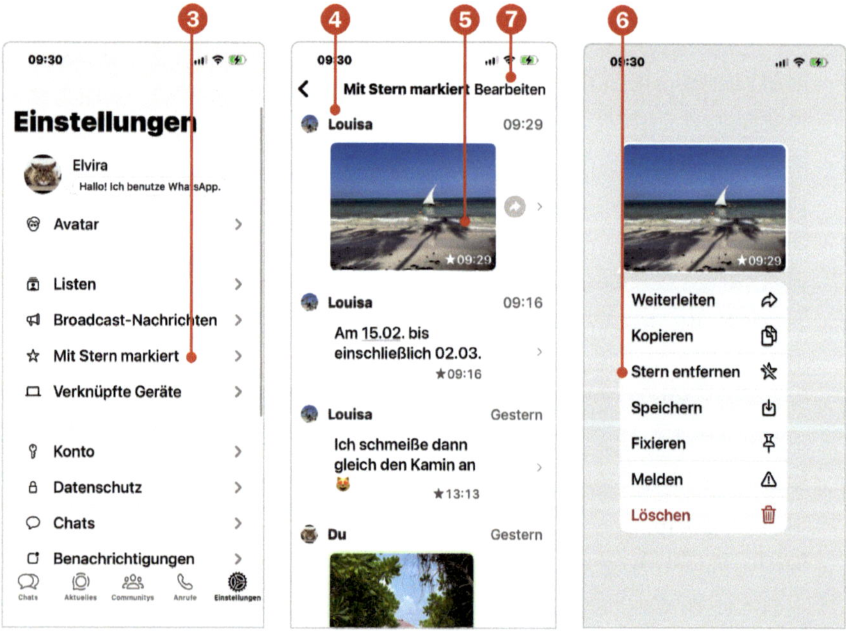

8.2 So gewinnen Sie mehr Übersicht

Diese Möglichkeiten helfen, Chats schneller aufzurufen oder besser voneinander zu unterscheiden.

Unterschiedliche Hintergründe in Chats

Jedem Chat kann ein eigener Hintergrund zugewiesen werden: Gleiche Farben für Familien, unterschiedliche Hintergründe für Freunde mit ähnlichen Namen – so behalten Sie den Überblick.

- Zeigen Sie den Chat an, tippen Sie auf den Kontaktnamen oben im grauen Bereich und wählen Sie ***Chatdesign*** 1 aus. Unter ***Designs*** finden Sie Vorlagen, die das Aussehen Ihres kompletten Chats verändern – sowohl die Farbe des Nachrichtenbereichs als auch der Hintergrund werden angepasst.
- Tippen Sie den gewünschten Hintergrund 2 an. Sie sehen eine Vorschau. Wischen Sie nach links oder rechts, um weitere Designs anzusehen. Wenn Ihnen der Hintergrund nicht zusagt, verlassen Sie die Vorschau mit ***Abbrechen***. Wenn er Ihnen gefällt, tippen Sie auf ***Festlegen*** 3.
- Im Bereich ***Anpassen*** 4 können Sie den Hintergrund und die Chatfarbe getrennt voneinander auswählen. Wenn Sie auf ***Hintergrund*** tippen, stehen fotografierte (***Aus Fotos auswählen***) und einfarbige (***Farbe festlegen***) Angebote zur Auswahl 5.
- Über ***Mit KI erstellen*** 6 können Sie Hintergrundbilder mit Meta AI gestalten. Tippen Sie auf ***Bild beschreiben***, geben Sie eine kurze Hintergrundbeschreibung ein, und tippen Sie dann auf → 7. Anschließend erstellt die KI mehrere Vorschläge, die Sie in der Vorschau ansehen können. Bei Gefallen übernehmen Sie mit ✓ 8 und ***Festlegen*** das Hintergrundbild.

Wenn Sie wieder zum Originalhintergrund zurückkehren möchten, tippen Sie auf ⋯ 9 und dann auf ***Hintergrund zurücksetzen***. Bestätigen Sie mit ***Zurücksetzen***.

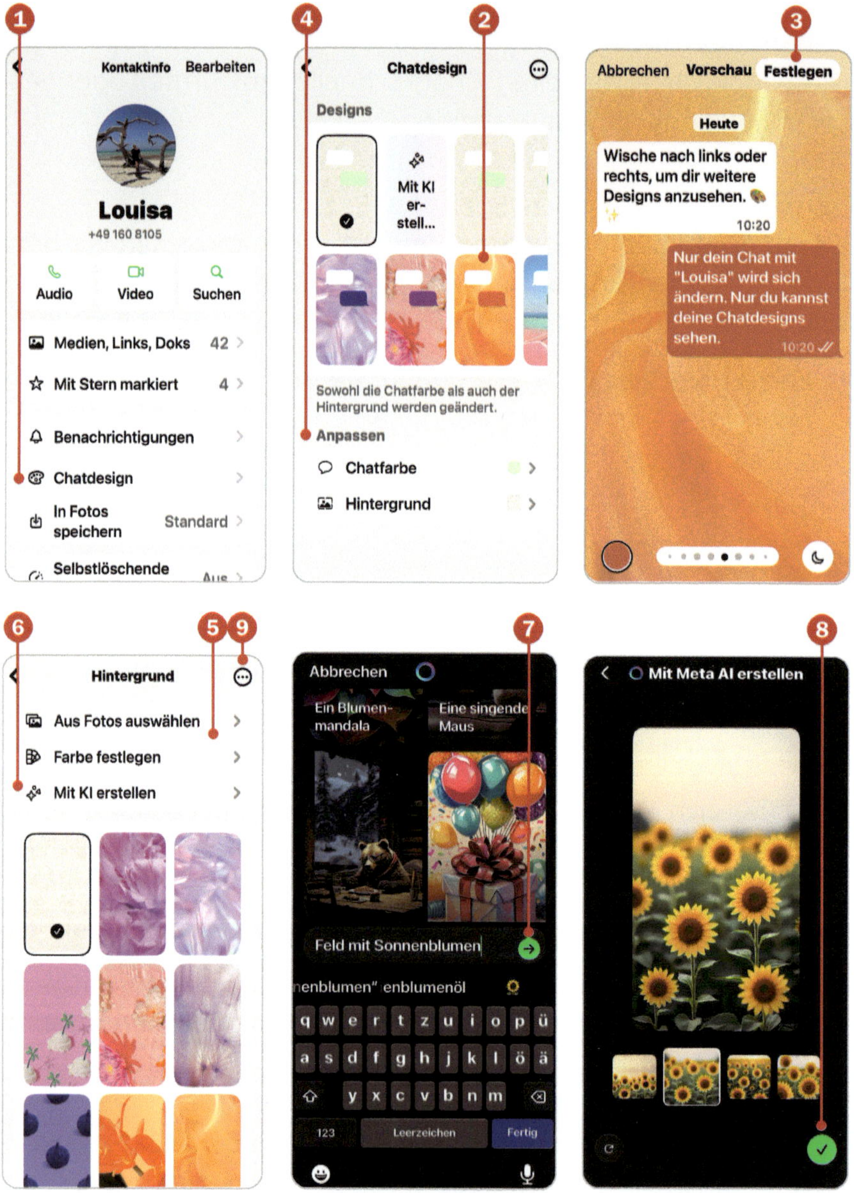

Hintergrund für alle Chats ändern: Sie können den Hintergrund auch gleich für alle Chats ändern. Wählen Sie hierfür ***Einstellungen*** ▶ ***Chats*** ▶ ***Standard-Chatdesign***.

Chat anheften

Sie können einen Chat (Einzel- oder Gruppenchat) am Anfang der Chat-Liste fest verankern. Auch neue Nachrichten in anderen Chats ändern nichts an der Reihenfolge, der fixierte Chat bleibt ganz oben. Auf diese Weise können bis zu drei Chats angepinnt werden.

- **Chat fixieren:** Ziehen Sie den Chat, der oben angeheftet werden soll, nach rechts. Wählen Sie den Befehl ***Fixieren*** ①. Der Chat wird jetzt mit einem Pin-Symbol ② angezeigt.
- **Chat lösen:** Um die Fixierung eines Chats wieder aufzuheben, wiederholen Sie den Vorgang und tippen auf ***Lösen*** ③.

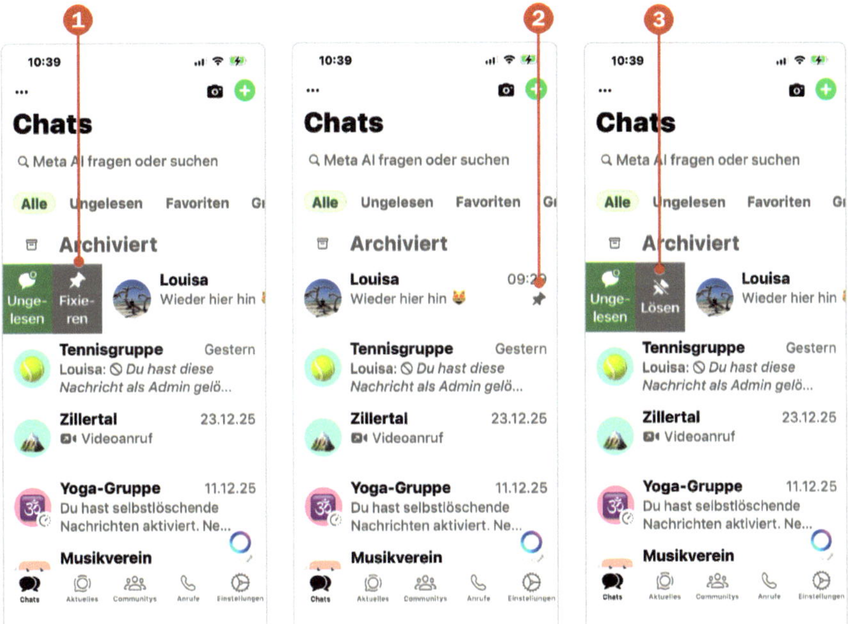

Mehr Übersicht mit Filtern und Listen

Über die Filterleiste am oberen Rand können Sie Chats gezielt anzeigen lassen – zum Beispiel nur ungelesene Nachrichten, Favoriten oder Gruppenchats. Zusätzlich lassen sich eigene Listen erstellen, mit denen Sie Chats thematisch sortieren können, etwa nach Familie, Arbeit oder Hobbys. So finden Sie wichtige Chats schneller und können Ihre Kommunikation besser organisieren.

Sortierte Chats in der Filterleiste

Die Filterleiste in WhatsApp befindet sich am oberen Rand der Chat-Übersicht und dient dazu, Ihre Unterhaltungen gezielt zu sortieren und schneller zu finden. Sie ist horizontal angeordnet und zeigt verschiedene Kategorien als Schaltflächen an, die Sie einfach antippen können. Folgende Filter sind verfügbar:

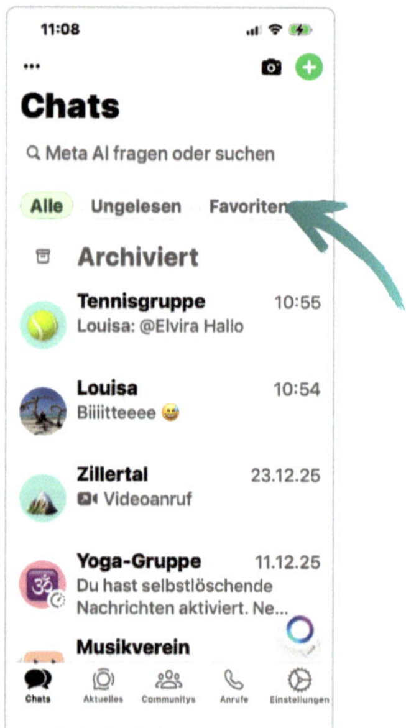

- **Alle:** Zeigt sämtliche Chats an.
- **Ungelesen:** Listet nur Chats mit ungelesenen Nachrichten auf.
- **Favoriten:** Zeigt Chats, die Sie als Favorit markiert haben. Wie Sie einen Chat favorisieren, erfahren Sie gleich auf der nächsten Seite.
- **Gruppen:** Filtert ausschließlich Gruppenchats.

Wenn die Filterleiste in WhatsApp nicht direkt sichtbar ist, kann es helfen, den Bildschirm in der Chat-Übersicht leicht nach unten zu ziehen (also eine kleine Wischbewegung nach unten). Dadurch wird die Leiste oft eingeblendet, besonders wenn sie zuvor ausgeblendet war oder durch Scrollen nach unten aus dem Sichtbereich geraten ist.

Chats zu Favoriten hinzufügen

Als Favorit können Sie besonders wichtige Einzel- oder Gruppenchats kennzeichnen und über den gerade kennengelernten Filter anzeigen und schnell Zugriff erhalten.

- Tippen Sie in der Chat-Übersicht in der Filterliste auf ***Favoriten*** ❶ und anschließend auf ***Personen oder Gruppen hinzufügen*** ❷. Wählen Sie nun die Chats oder Gruppen, die Sie als Favoriten speichern wollen, mit einem Häkchen aus ❸. Bestätigen Sie rechts oben mit ***Fertig***.
- Alternativ können Sie auch direkt aus einem Chat heraus vorgehen: Öffnen Sie den gewünschten Chat, tippen Sie oben auf den Kontakt- oder Gruppennamen und wählen Sie ganz unten ***Zu Favoriten hinzufügen*** aus.

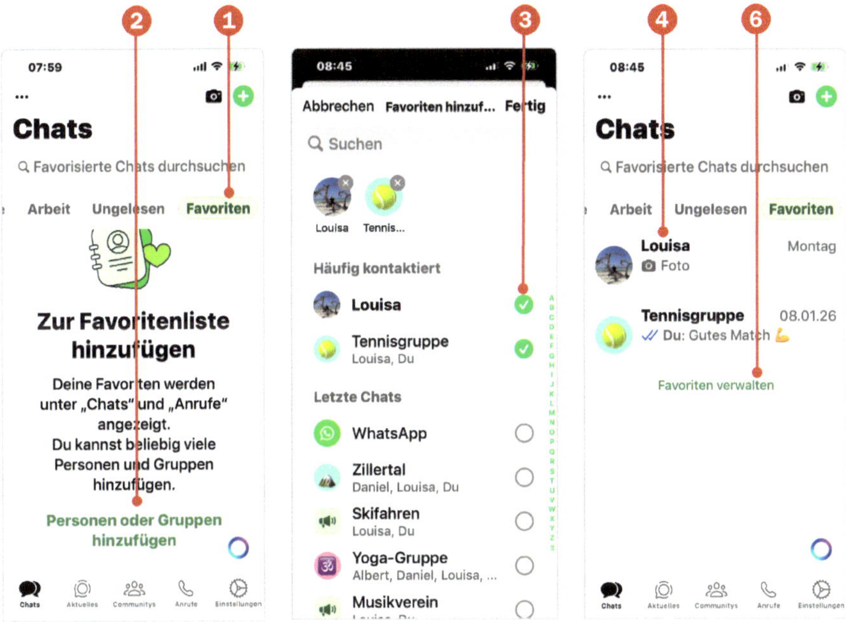

Damit sind die ausgewählten Chats sofort in Ihrem Favoriten-Bereich auswählbar ❹ - sowohl in der Chatübersicht als auch in der Rubrik ***Anrufe*** ❺ (siehe nächste Seite).

Favoriten aus der Liste entfernen: Tippen Sie oben in der Filterleiste auf ***Favoriten*** und wählen Sie ***Favoriten verwalten*** 6 (siehe Grafik vorige Seite) aus. Tippen Sie rechts oben auf ***Bearbeiten*** 7 und dann bei dem Kontakt, den Sie entfernen möchten, auf das Löschen-Symbol 8. Bestätigen Sie Ihre Änderung mit ***Löschen*** und mit ***Fertig*** 9.

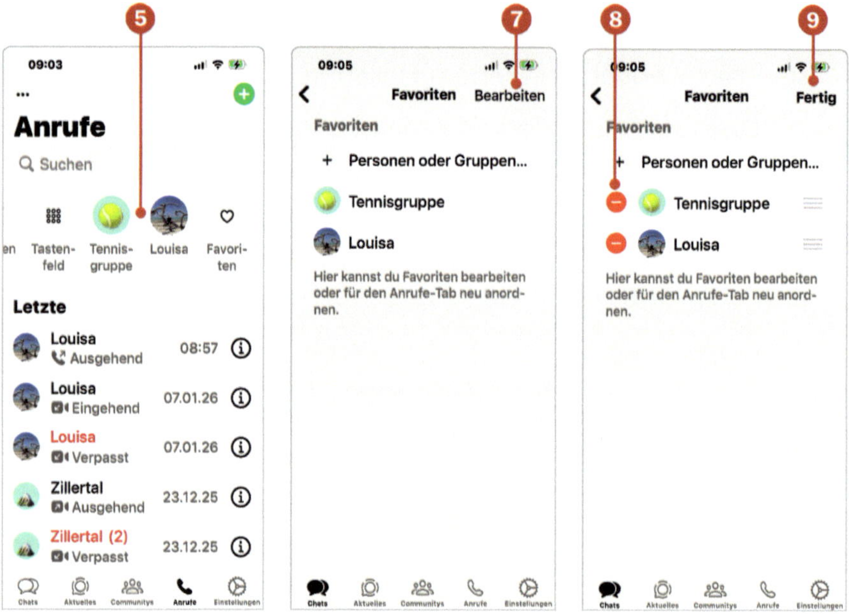

Eigene Liste erstellen

Mit eigenen Listen in WhatsApp können Sie Ihre Chats individuell organisieren. Ob Familie, Arbeit oder Projekte: Sie entscheiden, wie Ihre Kommunikation strukturiert wird.

Greifen Sie schneller auf wichtige Chats zu und erstellen Sie Ihre eigene Liste. So geht's:

- Tippen Sie in der Chat-Übersicht oben in der Filterleiste auf **+** 1. Wischen Sie dazu horizontal über die Filter.
- Geben Sie Ihrer Liste einen Namen 2, z. B. Arbeit, Freunde.

- Wählen Sie die Personen (Einzelchats) oder Gruppen aus, die Sie hinzufügen möchten 3 und tippen Sie dann rechts oben auf ***Hinzufügen*** 4.
- Bestätigen Sie Ihre Auswahl mit ***Fertig*** 5.

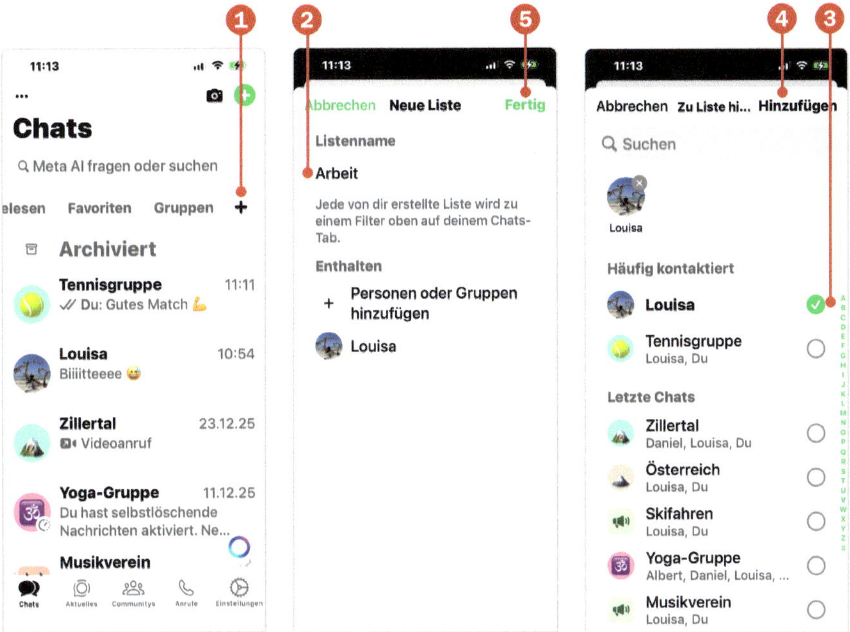

Eigene Listen können Sie jederzeit anpassen: Inhalte ändern, umbenennen oder die Reihenfolge in der Filterleiste neu ordnen.

- **Liste ändern:** Bleiben Sie mit dem Finger etwas länger auf dem Listennamen 6 in der Filterleiste. Es öffnet sich ein Bearbeitungsmenü. Tippen Sie auf ***Bearbeiten*** 7. Nun können Sie entweder den Listennamen ändern oder Personen (Einzelchats)/Gruppen hinzufügen oder über – entfernen.
- **Liste löschen:** Öffnen Sie, wie gerade beschrieben, das Bearbeitungsmenü, indem Sie den Listennamen länger gedrückt halten, und tippen Sie auf ***Löschen*** 8. Bestätigen Sie mit ***Löschen***.

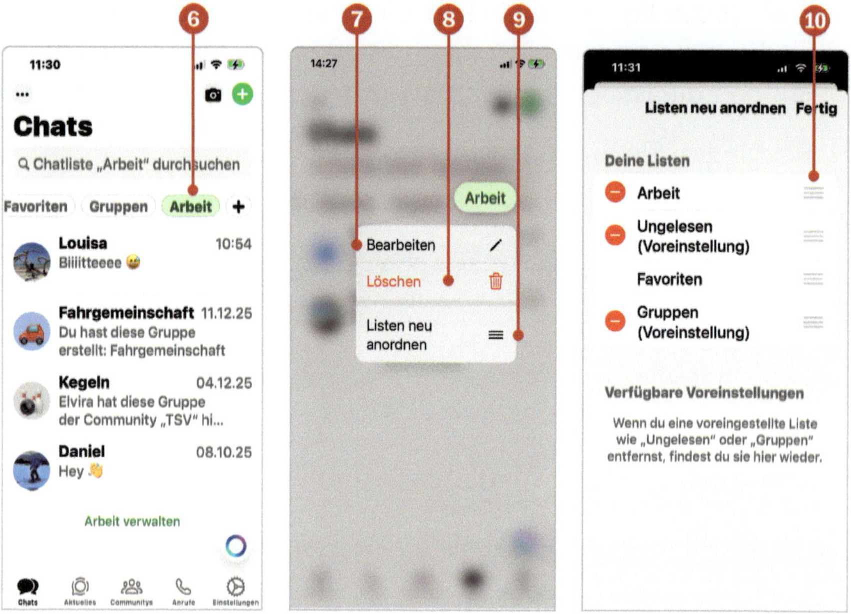

- **Reihenfolge ändern:** Wählen Sie im Bearbeitungsmenü die Option ***Listen neu anordnen*** 9 aus und ziehen Sie die entsprechenden Listen in die gewünschte Reihenfolge 10.
- Eine Übersicht über Ihre Listen finden Sie auch in den WhatsApp-Einstellungen unter ***Listen***.

8.3 Aufräumen und Speicherplatz freigeben

Chats archivieren

Es gibt Chats, über die ständig Nachrichten versendet werden, und andere, die immer weiter nach unten rutschen und kaum mehr beachtet werden. Am Ende der Chatliste stören sie eigentlich nicht. Wer gern Ordnung hat und eine übersichtliche, kurze Chatliste bevorzugt, kann Chats archivieren. Dadurch verschwinden die Chats aus der Liste, werden aber nicht gelöscht, sondern im **Archiv** gesammelt. Alle Arten von Chats und auch Broadcast-Listen können archiviert werden.

Falls Sie die Archivierung testen möchten, müssen Sie noch entscheiden, wie verfahren werden soll, wenn eine neue Nachricht in einem archivierten Chat eingeht. Sie haben zwei Optionen:

1 Der Chat wird automatisch wieder in die Chatliste verschoben. Dasselbe geschieht, wenn Sie der Person schreiben. Das Archiv ❶ wird in diesem Fall über der Chatliste angezeigt. Um das Archiv einzublenden, wischen Sie mit dem Finger auf dem Display nach unten.

2 Der Chat verbleibt im Archiv. Lediglich neben dem Archiv wird eine Nummer in blauer Farbe ❷ angezeigt, die darauf hinweist, dass eine neue Nachricht eingegangen ist. Das Archiv wird oben in der Chatliste angezeigt, damit Sie den Hinweis nicht übersehen. Werden Sie in einem archivierten Gruppenchat erwähnt, erscheint das @-Symbol ❸ beim Archiv.

Archiveinstellung festlegen: Rufen Sie die WhatsApp-***Einstellungen*** ❹ auf und tippen Sie dann auf ***Chats*** ❺. Der Regler bei ***Chats im Archiv lassen*** ist eingeschaltet, wenn Sie möchten, dass die Chats immer im Archiv verbleiben. Schalten Sie den Regler aus , wenn Sie möchten, dass der Chat beim Eingang einer neuen Nachricht wieder in der Chatliste erscheint. Durch Antippen des Reglers schalten Sie ihn ein und aus.

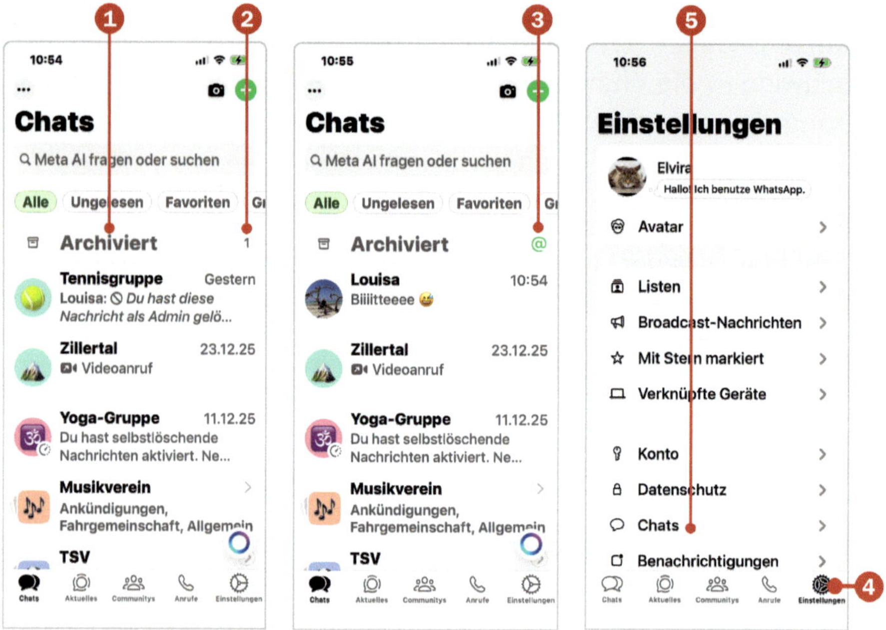

- **Chat archivieren:** Ziehen Sie den Chat, den Sie archivieren möchten, nach links ⑦. Der ausgewählte Chat wird jetzt aus der Übersicht in den Bereich ***Archiviert*** ⑧ verschoben.

  Wenn Sie die Option ***Chats im Archiv lassen*** gewählt haben, dann können Sie neue Nachrichten nur lesen, wenn Sie das Archiv öffnen. Wenn das Archiv nicht angezeigt wird, wischen Sie über dem Bildschirm mit dem Finger nach unten. Das Archiv erscheint dann über der Chatübersicht. Tippen Sie den Bereich ***Archiviert*** an und öffnen Sie dann den Chat durch Antippen.

- **Archivierung aufheben:** Tippen Sie im Bereich ***Chats*** auf ***Archiviert***, um die archivierten Chats anzuzeigen. Ziehen Sie den Chat, den Sie wieder in der Chatliste anzeigen möchten, nach links und tippen Sie auf ***Archivieren*** ⑨.

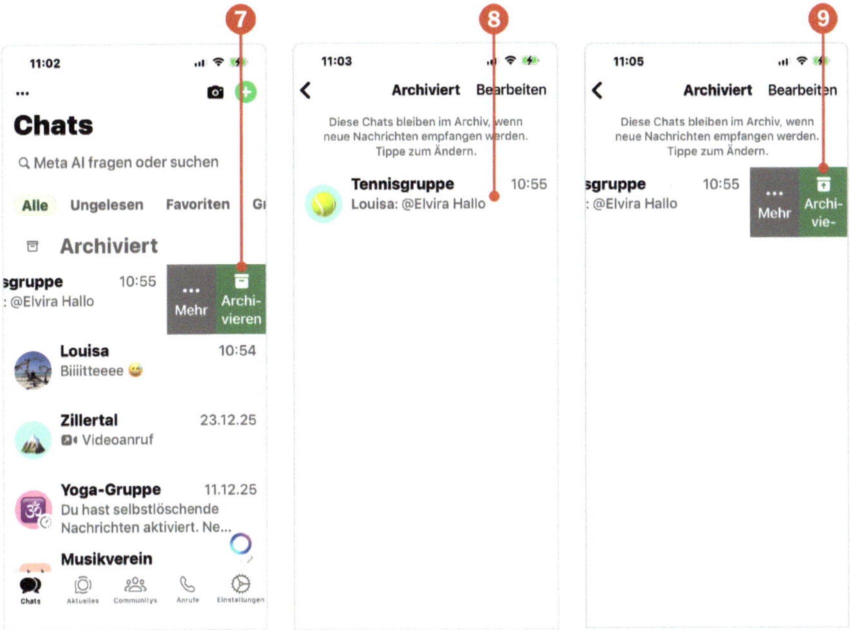

Chat löschen und leeren

Chat löschen: Wenn Sie etwas konsequenter aufräumen möchten und nicht an den versendeten Nachrichten hängen, dann löschen Sie alte Chats. Dadurch entfernen Sie alle Nachrichten. Der Kontakt bleibt selbstverständlich in der Kontaktliste erhalten und kann für einen **neuen** Chat dort ausgewählt werden. Auf die folgende Weise können nur Einzelchats gelöscht werden. Wie Sie einen Gruppenchat löschen, haben Sie bereits auf Seite 256 erfahren.

Zum Löschen eines Chats tippen Sie diesen in der Übersicht etwas länger an. Der Chat wird ausgewählt und das Bearbeitungsmenü angezeigt. Tippen Sie auf ***Chat löschen*** 1

Chat leeren: Um einen Chat zu leeren, müssen Sie diesen zunächst anzeigen. Tippen Sie dann auf den Kontaktnamen oben im grauen Bereich und anschließend ganz unten auf ***Chat leeren*** 2.

Falls der Chat mit Stern markierte Nachrichten beinhaltet, erhalten Sie einen Hinweis. Sie können den Inhalt dennoch löschen. Tippen Sie auf ***Alle Nachrichten löschen*** 3. Sonst bleiben diese Nachrichten im Chat erhalten. Der Chat selbst wird weiterhin in der Chat-Übersicht angezeigt.

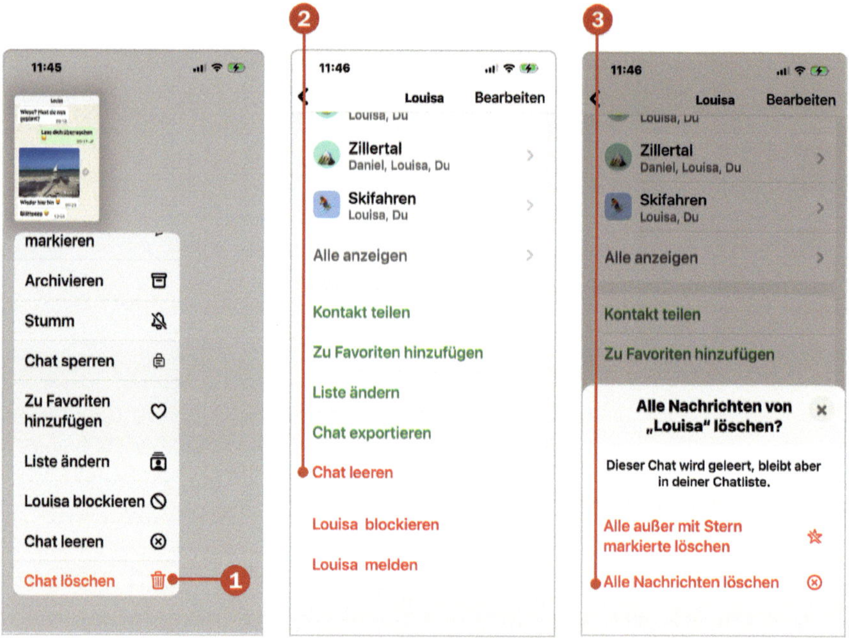

Chats können auch auf einmal archiviert, geleert oder gelöscht werden. Die Befehle dazu finden Sie unter ***Einstellungen*** ▶ ***Chats*** ▶ ***Alle Chats archivieren***.

Speicherintensive Chats bzw. Medien löschen

Wenn das Smartphone meldet, dass der Speicherplatz fast voll ist, sollten Sie auch WhatsApp kontrollieren. So stellen Sie fest, welche Chats viel Speicherplatz belegen:

- Rufen Sie die WhatsApp-Einstellungen auf und tippen Sie dann auf ***Speicher und Daten*** ▶ ***Speicher verwalten***.

Hier werden unter der Bezeichnung ***Häufig weitergeleitet*** Videos, Fotos etc. aufgelistet, die von vielen Personen in WhatsApp geteilt wurden. Meist handelt es sich dabei um spaßige Videos, die in der Masse viel Speicherplatz belegen, an denen man aber nicht wirklich hängt. Außerdem ist es möglich, dass hier mehrere Kopien desselben Videos angezeigt werden, da Sie diese in unterschiedlichen Chats erhalten haben. Darüber finden Sie den Bereich ***Größer als 5 MB*** 1. Hier werden Bilder und Videos angezeigt, die viel Speicherplatz belegen. Am Ende sind alle Chats und Kanäle 2 nach der Größe des belegten Speicherplatzes aufgeführt.

- Durch Antippen zeigen Sie die Inhalte der einzelnen Bereiche an.
- Zum Betrachten eines Videos tippen Sie es kurz an. Über den Pfeil links oben gelangen Sie wieder zur Übersicht.

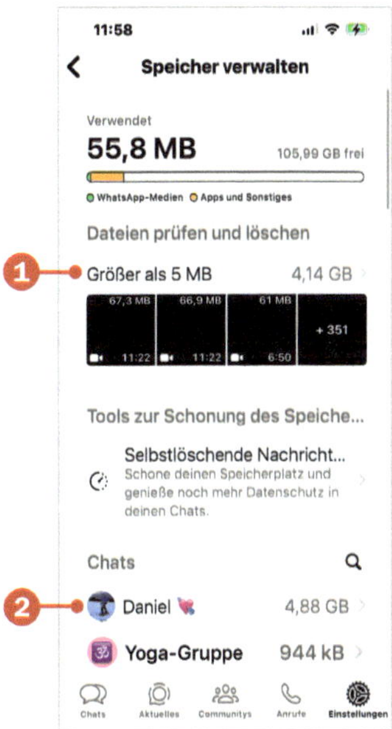

- **Foto/Video löschen:** Wenn Sie ein Element löschen möchten, tippen Sie etwas länger darauf und wählen im Bearbeitungsmenü ***Löschen***. Wollen Sie mehrere Fotos/Videos löschen, tippen Sie rechts oben auf ***Wählen*** und versehen die Elemente mit einem grünen Häkchen ❸. Zum Löschen tippen Sie auf das Papierkorbsymbol und bestätigen mit ***Alle löschen*** ❹. Wenn ein Element im Chat mit einem Stern markiert wurde, können Sie über ***Alle außer markierte löschen*** ❺ alle anderen Inhalte entfernen und die markierten Nachrichten behalten.

Achtung! Diese Aktion kann nicht rückgängig gemacht werden. Wenn Sie doch nichts löschen möchten, verlassen Sie den Bereich durch ggf. mehrfaches Drücken des Zurück-Pfeils links oben.

Zu viele Bilder & Videos in der Fotos-App

Fotos und Videos, die Sie über WhatsApp erhalten, werden standardmäßig in der App ***Fotos*** auf Ihrem Smartphone angezeigt.

Sie können nun in den Einstellungen von WhatsApp festlegen, ob übersandte Videos und Fotos in die Fotos-App aufgenommen werden sollen. Wichtig ist, dass Sie in den Einstellungen nur eine grundsätzliche Regelung treffen. Sie können für jeden Chat und auch für Medien einzeln davon abweichen. Dazu gleich mehr.

Eine richtige Einstellung gibt es nicht. Wenn Sie viele schöne Fotos von gemeinsamen Ausflügen über WhatsApp erhalten, dann ist es toll, die Bilder auch in der App ***Fotos*** anzuzeigen. Hier können Sie diese in einem Album zusammenfassen oder mit anderen Apps bearbeiten. Haben Sie viele Freunde, die gerne und viele witzige Sprüche in Bildform, Fotos ihres Abendessens oder ihrer Haustiere etc. versenden, dann kann es in der Fotos-App schnell unübersichtlich werden.

Ich lasse Bilder standardmäßig in der App ***Fotos*** anzeigen, habe aber einige Chats, vor allem Gruppenchats, von dieser Regelung ausgenommen. Deren Fotos werden nur in WhatsApp angezeigt.

Allgemeine Regelung treffen

In den WhatsApp-***Einstellungen*** ▶ ***Chats*** finden Sie die Option ***In Fotos speichern***.

Wenn der Schalter auf ***Ein*** steht, werden über WhatsApp erhaltene Bilder und Videos in der App ***Fotos*** angezeigt. Durch Antippen des Reglers schalten Sie die Anzeige aus. Nochmalige Antippen aktiviert sie wieder.

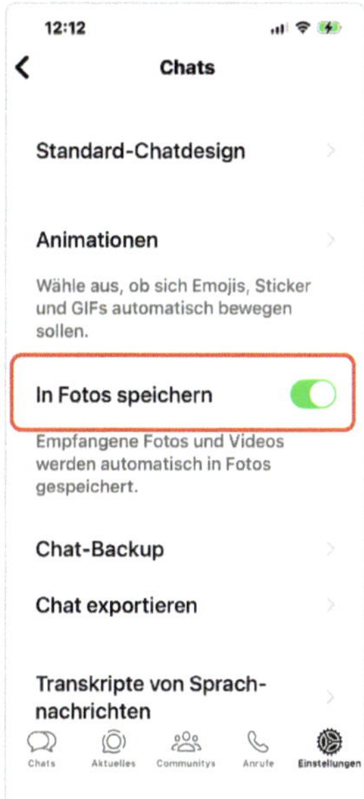

Einzelne Chats von der Regelung ausnehmen

Für einzelne Chats können Sie jetzt von der geltenden Regelung abweichen. Angenommen Sie lassen Medien in der App Fotos grundsätzlich anzeigen, dann können Sie bestimmte Gruppen- oder Einzelchats davon ausnehmen:

Zeigen Sie den gewünschten Chat an. Tippen Sie oben auf den grauen Bereich ❶ zur Anzeige der Kontakt- bzw. Gruppeninfo und wählen Sie dann ***In Fotos speichern*** ❷. Hier ist zunächst ***Standard*** ausgewählt, d. h. die allgemeinen Einstellungen werden verwendet. Durch Auswahl von ***Niemals*** ❸ zeigen Sie die Medien dieses Chats nicht in der Fotos-App an.

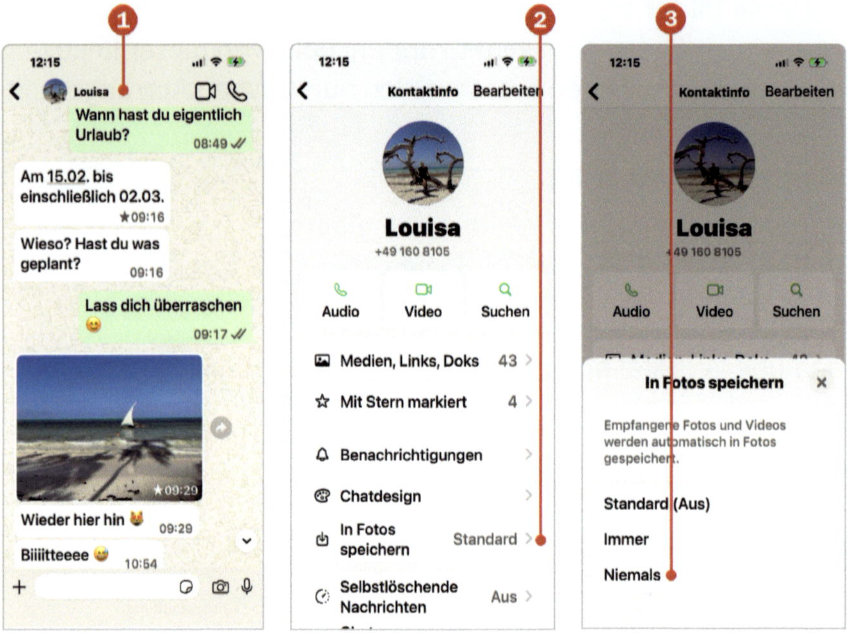

Einzelne Aufnahmen sichern

Wenn Sie die Option ***In Fotos speichern*** deaktiviert haben, werden Fotos und Videos, die Sie in WhatsApp erhalten, nicht in der App Fotos gespeichert. Falls Sie dennoch einzelne Fotos oder Videos speichern wollen, tippen Sie sie im Chat etwas länger mit dem Finger an, wodurch das Bearbeitungsmenü erscheint und wählen Sie dann ***Speichern*** 1.

9 Persönliche Daten & Sicherheit

Was finde ich in diesem Kapitel?

- Download von Medien
- Datenschutzeinstellungen
- Profil & Avatar

Das erwartet Sie hier!

In diesem Kapitel erfahren Sie, wie Sie die WhatsApp-Oberfläche an Ihre Bedürfnisse anpassen, welche Informationen man Ihrem Profil entnehmen kann und wie Sie Ihr Datenvolumen schönen.

- Mit Ihrem Namen, einem Foto und einem kurzen Infotext stellen Sie sich in WhatsApp vor. Jeder, der Ihre Handynummer besitzt, kann diese Informationen in der Standardeinstellung lesen. Vielleicht möchten Sie das gar nicht; hier lernen Sie, wie Sie die **Datenschutzeinstellungen** anpassen, sodass nur Freunde Ihr Profilfoto sehen.

- Wie sehen Sie selbst wohl als Comicfigur aus? Das können Sie nun auf WhatsApp herausfinden, indem Sie einen **Avatar** von sich erstellen. Diesen können Sie als Profilbild einstellen oder als Sticker versenden. Hierfür steht Ihnen ein umfangreiches Sticker-Set zur Auswahl.

- **Updates** sind wichtig, damit WhatsApp reibungslos funktioniert. Deshalb sollten Updates nach Möglichkeit automatisch installiert werden.

- Wenn Sie oft mit Ihrem Smartphone unterwegs sind, vielleicht auch im Ausland, sollten Sie einstellen, wann welche Medien heruntergeladen werden dürfen. Sie können den **Medien-Download** beispielsweise nur zulassen, wenn Sie mit einem WLAN verbunden sind, das schont ein kleines Datenvolumen.

9.1 Ein Blick auf Sie - die WhatsApp-Visitenkarte

Profilbild und Name festlegen

Bei der Installation von WhatsApp haben Sie bereits einen Namen für Ihr Profil eingegeben. Die meisten Nutzer verwenden hier ihren Vornamen oder Vor- und Nachnamen. Beim Chatpartner wird allerdings der Name angezeigt, mit dem er Sie in seinem Adressbuch (App Kontakte) auf seinem Smartphone gespeichert hat.

Das Profilbild kann Sie zeigen. Man kann darauf aber auch verzichten. Viele verwenden hier ein Foto des Haustiers, laden ein Urlaubsbild hoch oder passen das Profilbild der Jahreszeit an. Wenn Sie kein Profilbild hinterlegt haben, wird Ihr Kontakt nur mit einem Platzhalterbild im WhatsApp Ihrer Freunde angezeigt.

- Profilbild und Name bearbeiten Sie über die WhatsApp-*Einstellungen* und Antippen des Bereichs oben ❶, der Ihren Namen anzeigt.

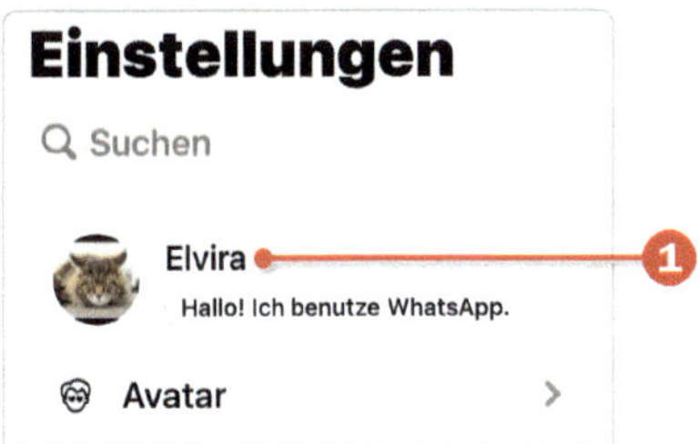

- **Profilbild:** Tippen Sie auf *Bearbeiten* ❷ und dann nochmals auf *Bearbeiten* rechts oben. Tippen Sie auf *Bild auswählen* (sofern ein passendes Foto auf dem Smartphone gespeichert ist oder *Foto aufnehmen* ❸ (wenn Sie jetzt ein Bild knipsen möchten) oder *Avatar verwenden* (wenn Sie bereits einen Avatar von sich erstellt haben). Haben Sie schon ein Bild hinterlegt, können Sie auf diesem Weg einfach ein neues auswählen oder über *Bild löschen* nur den Platzhalter anzeigen.

- Nach Auswahl des Bildes können Sie die Position und Größe durch Ziehen mit dem Finger verändern ❹. Wenn Sie mit dem Ergebnis zufrieden sind, tippen Sie rechts unten auf ***Auswählen***.

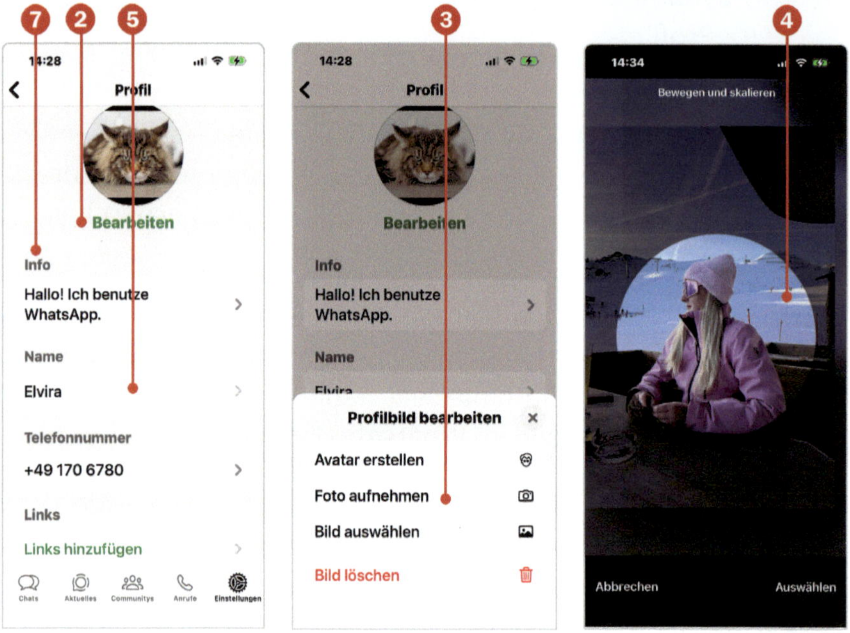

Name: Tippen Sie auf den Namen ❺, um einen anderen Namen einzugeben. Bestätigen Sie mit ***Fertig***. Verlassen Sie dann den Bereich über den Pfeil links oben.

Info ist ein kurzer Text, den Sie mit einem Emoji kombinieren können, um Ihren Kontakten mitzuteilen, was Sie gerade machen oder wie Ihre Erreichbarkeit aussieht. Sie erscheint gut sichtbar in Ihrem Profil und in Chats. Im nächsten Abschnitt erfahren Sie, wie Sie diese Info gestalten und welche Möglichkeiten Ihnen zur Verfügung stehen.

Die Info-Funktion – Ihr smarter Status

WhatsApp hat die klassische Profil-Info („Ich benutze WhatsApp") in eine dynamische Kurzmeldung verwandelt. Diese erscheint in Ihrem Profil und unterhalb des Profilbilds in Einzelchats. Sie zeigt, was Sie gerade machen oder worüber Sie sprechen möchten. Standardmäßig bleibt diese Info nur 24 Stunden sichtbar, bevor sie automatisch verschwindet.

Verfassen Sie einen kurzen Text, um Ihren Status klar auszudrücken. Zusätzlich können Sie Ihrer Info ein Emoji hinzufügen. Falls Sie es noch einfacher möchten, stehen Ihnen vordefinierte Vorlagen zur Verfügung.

So richten Sie Ihre Info ein:

- Öffnen Sie die WhatsApp-***Einstellungen*** und tippen Sie auf die Sprechblase unterhalb Ihres Profilnamens ①. Standardmäßig ist hier der Text ***Hallo! Ich benutze WhatsApp.*** eingetragen. Wenn Sie es einfach möchten, wählen Sie eine der vorgegebenen Optionen im Bereich ***Auswählen*** ②.
- Um den aktuellen Text zu entfernen und eine neue Info zu erstellen, tippen Sie einfach auf das ***x*** ③ neben Ihrer bestehenden Info.
- Wenn Sie ein Emoji hinzufügen wollen, tippen Sie links neben dem Textfeld auf ☺.
- Direkt darunter können Sie festlegen, wer Ihre Info sehen darf ④: ***Alle***, ***Meine Kontakte*** ⑤, ***Meine Kontakte außer …*** oder ***Niemand***. Setzen Sie bei Ihrer Auswahl ein Häkchen. Stellen Sie die Option am besten auf ***Meine Kontakte***, damit fremde Personen oder unbekannte Nummern keine sensiblen Informationen über Sie erhalten.

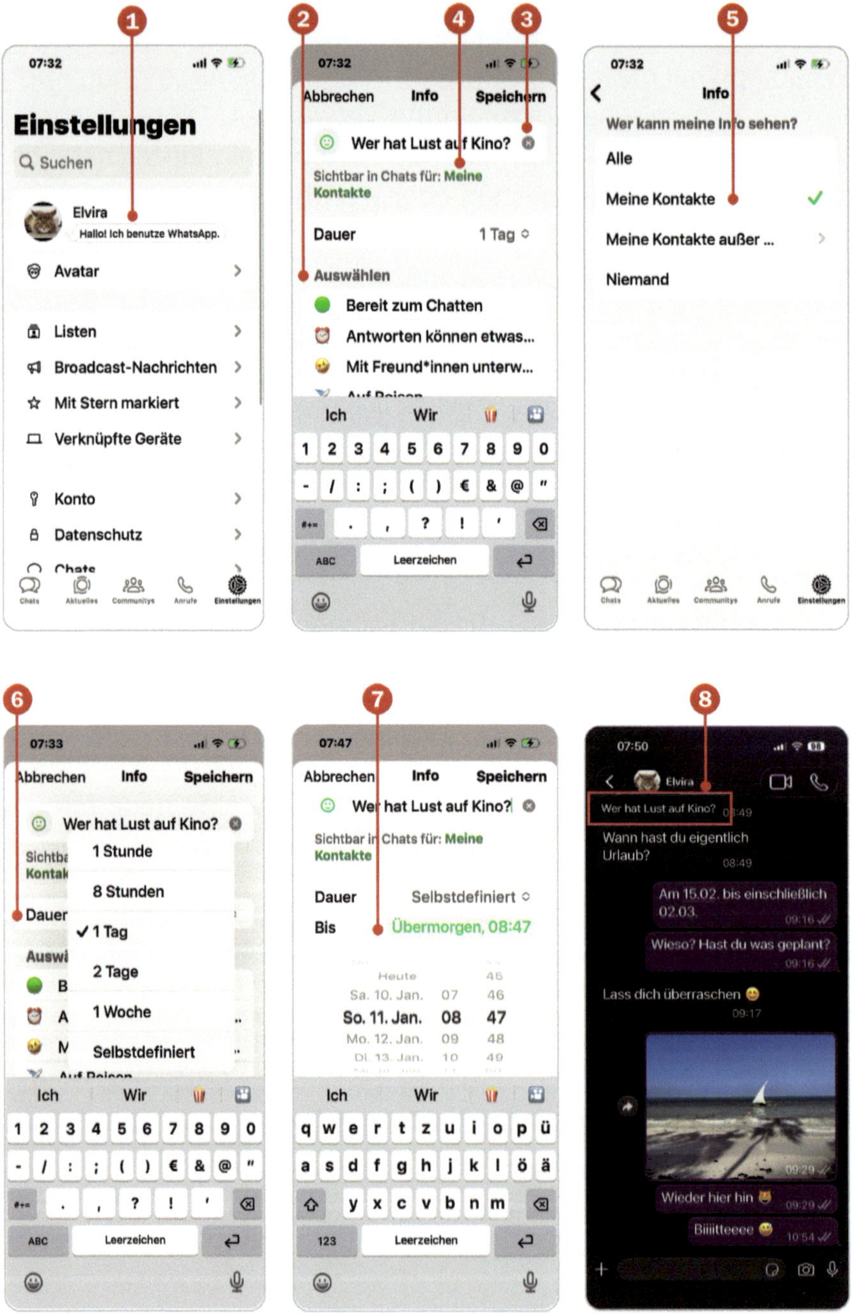
1
07:32
Einstellungen
Suchen
Elvira
Hallo! Ich benutze WhatsApp.
Avatar
Listen
Broadcast-Nachrichten
Mit Stern markiert
Verknüpfte Geräte
Konto
Datenschutz
Chats
Aktuelles
Communitys
Anrufe
Einstellungen
2
4
3
Abbrechen
Info
Speichern
Wer hat Lust auf Kino?
Sichtbar in Chats für: Meine Kontakte
Dauer
1 Tag
Auswählen
Bereit zum Chatten
Antworten können etwas...
Mit Freund*innen unterw...
Ich
Wir
ABC
Leerzeichen
5
Info
Wer kann meine Info sehen?
Alle
Meine Kontakte
Meine Kontakte außer ...
Niemand
6
07:33
1 Stunde
8 Stunden
1 Tag
2 Tage
1 Woche
Selbstdefiniert
7
07:47
Dauer
Selbstdefiniert
Bis
Übermorgen, 08:47
Heute
Sa. 10. Jan.
So. 11. Jan.
Mo. 12. Jan.
Di. 13. Jan.
123
8
07:50
Elvira
Wer hat Lust auf Kino?
Wann hast du eigentlich Urlaub?
08:49
Am 15.02. bis einschließlich 02.03.
09:16
Wieso? Hast du was geplant?
09:16
Lass dich überraschen
09:17
09:29
Wieder hier hin
09:29
Biiiitteeee
10:54

- Tippen Sie auf ***Dauer*** 6 und stellen Sie die Länge der Sichtbarkeit Ihrer Info ein: ***1 Stunde***, ***8 Stunden***, ***1 Tag***, ***2 Tage***, ***1 Woche*** oder sogar bis zu einem Monat (***Selbstdefiniert***) 7.
- Bestätigen Sie Ihre Eingabe mit ***Speichern***. Ihre Info wird sofort unter Ihrem Profilbild und in Chats angezeigt. Hier 8 sehen Sie, wie Ihre Info beim Empfänger dargestellt wird.

Der eigene Avatar

Bei Avataren handelt es sich um ein **digitales Abbild Ihrer Person** im Comicstil. Mit dieser Funktion kreieren Sie eine Figur, die Ihnen mehr oder weniger ähnlich sieht. Dabei können Sie aus einer Vielzahl an unterschiedlichen Frisuren, Gesichtszügen u. v. m. wählen und Ihrem "kleinen Ich" mit verschiedenen Outfits eine ganz persönliche Note verleihen. Auf Grundlage des fertigen Avatars werden Sticker erstellt, die den Avatar in verschiedenen Gemütszuständen (fröhlich, traurig, verliebt, verschmitzt etc.) zeigen. Diese können Sie in Chats einfügen, aber auch anstelle eines Fotos als Profilbild verwenden. Der Avatar ist eine tolle Möglichkeit für alle, die nicht so gerne ein Foto von sich, als Profilbild hinterlegen möchten.

Ihren Avatar erstellen

- Tippen Sie in den ***Einstellungen*** auf ***Avatar*** 1 und danach auf ***Avatar erstellen*** 2. Mit ***Los geht´s*** und ***Aus Selfie erstellen*** 3 beginnen Sie mit der Erstellung.
- Zunächst wird Ihr Gesichtsform und die Gesichtszüge mit der Kamera aufgenommen. Positionieren Sie ihr Gesicht in der Mitte des Kreises und tippen Sie auf das Kamera-Symbol 4.
- Im nächsten Schritt bestimmen Sie Ihre Figur 5 und tippen auf ***Weiter***. Der Avatar wird jetzt konfiguriert.

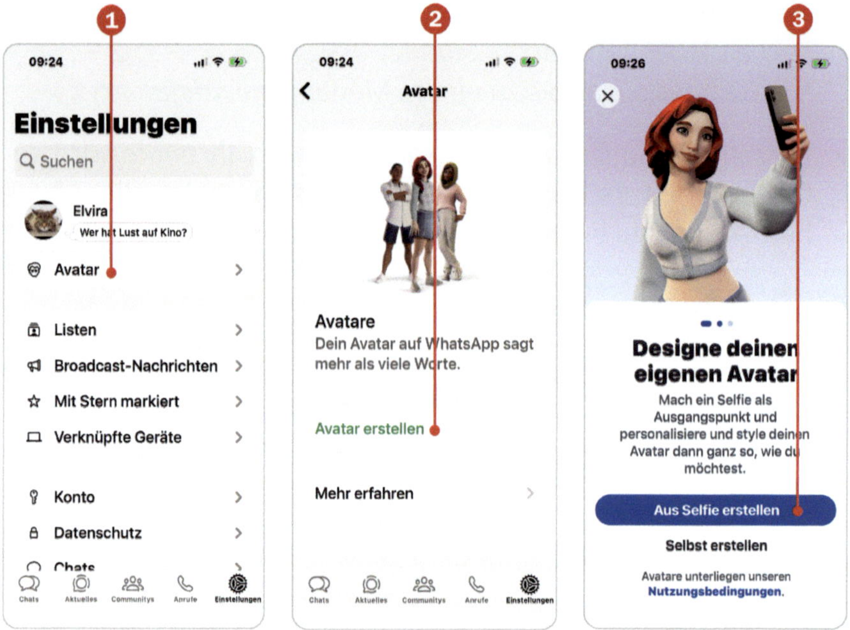

- Beginnend mit dem ***Stil*** 6 passen Sie anschließend Schritt für Schritt die einzelnen Bereiche Ihres Avatars an. Tippen Sie dazu nacheinander auf die Kategorien Haare, Make-up, Gesicht und Körper. In jedem Bereich können Sie aus zahlreichen Optionen wählen – etwa Frisuren, Haarfarben, Augenform, Hautfarbe, Gesichtsdetails oder Kleidung. So gestalten Sie ein individuelles digitales Abbild, das Ihrem persönlichen Stil entspricht.
- Zur Fertigstellung des Avatars tippen Sie auf ***Fertig*** 7. Anschließend wählen Sie ***Avatar veröffentlichen***, damit er Ihnen für Sticker, als Profilbild und im Status zur Verfügung steht.

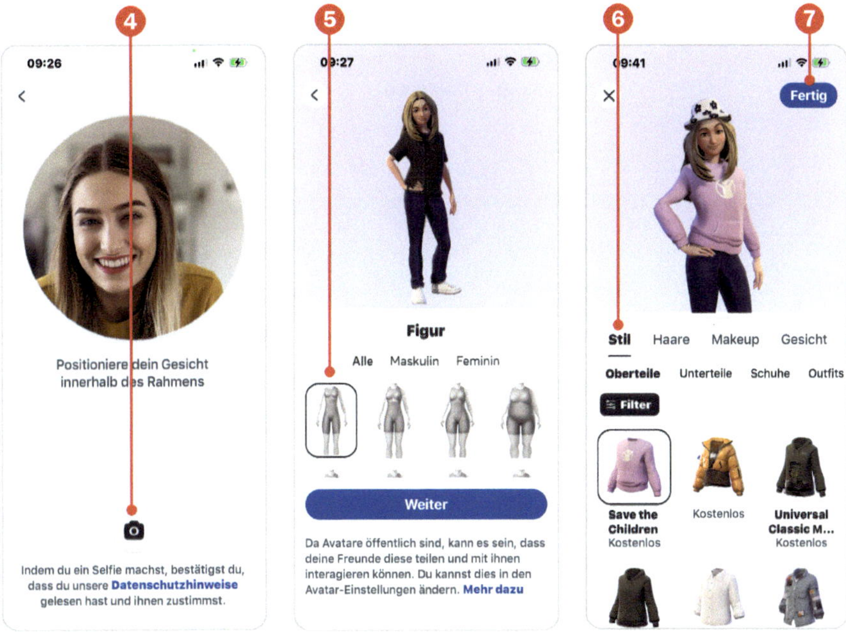

Avatar bearbeiten & löschen

Wenn Sie nicht zufrieden sind, können Sie jederzeit unter ***Einstellungen*** ▸ ***Avatar*** ▸ ✎ ❶ den Avatar nochmals verändern.

Oder Sie löschen den Avatar über ⋮ ❷ ▸ ***Löschen*** und beginnen von neuem.

Avatar als Profilbild

Unter ***Einstellungen*** ▸ ***Avatar*** ▸ ***Profil*** ❸ legen Sie schnell den Avatar als Profilbild fest. Wählen Sie eine ***Darstellung*** Ihres Avatars und eine passende ***Hintergrundfarbe*** aus. Mit ***Speichern*** ❹ wird die ausgewählte Anzeige als Profilbild hinterlegt.

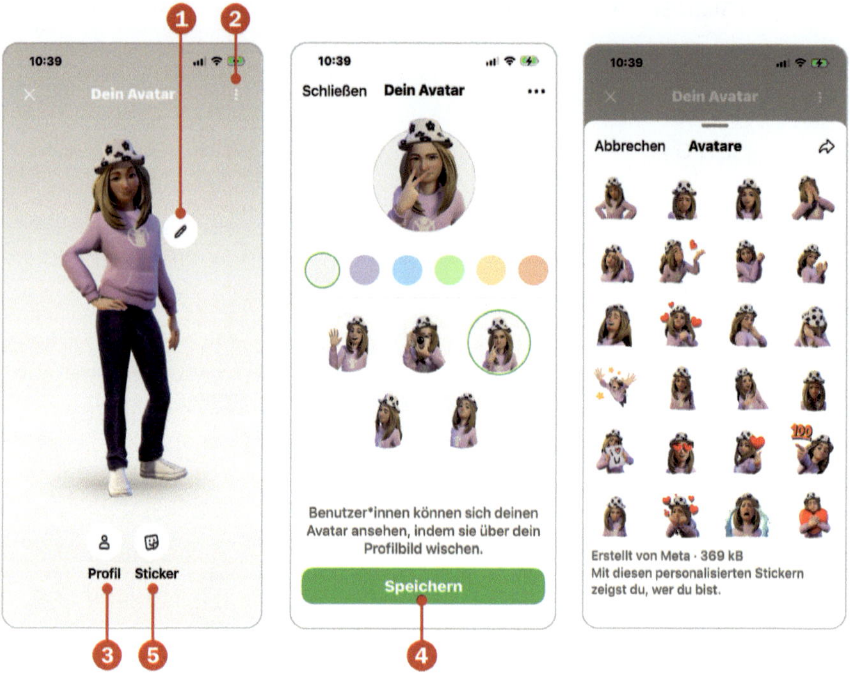

Mit ***Sticker*** 5 werden alle Sticker angezeigt, die automatisch erstellt wurden.

9.2 Der Schutz Ihrer Daten

Wer kann meine persönlichen Informationen sehen?

Mit Name und Foto geben Sie Informationen von sich Preis, die Sie unter Umständen nicht jedem zukommen lassen möchten. Auf der anderen Seite gestalten Sie WhatsApp lebendiger, wenn Sie ein Profilfoto hinterlegen und dieses nach Lust und Laune ändern. Darüber hinaus kann man anzeigen, wann man zuletzt in WhatsApp war bzw. dass man gerade online ist. Ob man das möchte, muss jeder selbst entscheiden. In jedem Fall ist es wichtig, zu verstehen, wer welche Inhalte einsehen kann. Im Grunde gibt es vier Stufen der Übertragung persönlicher Information:

Alle: Wie der Name schon sagt, alle die Ihre Telefonnummer haben, können die Informationen einsehen.

Meine Kontakte: Durch die Auswahl von ***Meine Kontakte*** sehen alle Personen, die Sie in Ihrem Adressbuch (App Kontakte) gespeichert haben, Ihr Bild und weitere Infos. Personen, deren Telefonnummer Sie nicht gespeichert haben, wird das Bild nicht angezeigt. Das ist eine nützliche Einschränkung, mit der Sie z. B. auch sicherstellen, dass in einem Gruppenchat nur die Teilnehmer Ihr Bild sehen, mit denen Sie befreundet sind. Unbekannten Gruppenmitgliedern wird es nicht angezeigt.

Meine Kontakte außer: Natürlich speichert man im Adressbuch des Smartphones auch Nummern von Handwerkern, berufliche Kontakten oder weitläufigen Bekannten. Diese können Sie durch die Option ***Meine Kontakte außer*** von der Anzeige ausschließen.

Niemand: Die Information wird einfach gar nicht angezeigt.

Die Entscheidung über die Weitergabe persönlicher Informationen treffen Sie in den Einstellungen:

- Öffnen Sie die ***Einstellungen*** und wählen Sie ***Datenschutz***.

Profilbild und Info

- Tippen Sie auf den Eintrag ***Profilbild*** 1. Ich empfehle die Option ***Meine Kontakte*** oder ***Meine Kontakte außer*** 2 auszuwählen. Mit dem Pfeil links oben verlassen Sie den Bereich wieder, dabei werden etwaige Änderungen automatisch übernommen. Wenn Sie sich für ***Meine Kontakte außer*** entscheiden, wird eine Liste Ihrer Kontakte angezeigt. Hier tippen Sie die Kontakte an 3, die Ihr Profilbild nicht sehen sollen und bestätigen Sie mit ***Fertig***.

- Die *Info* ❹ folgt demselben Prinzip.

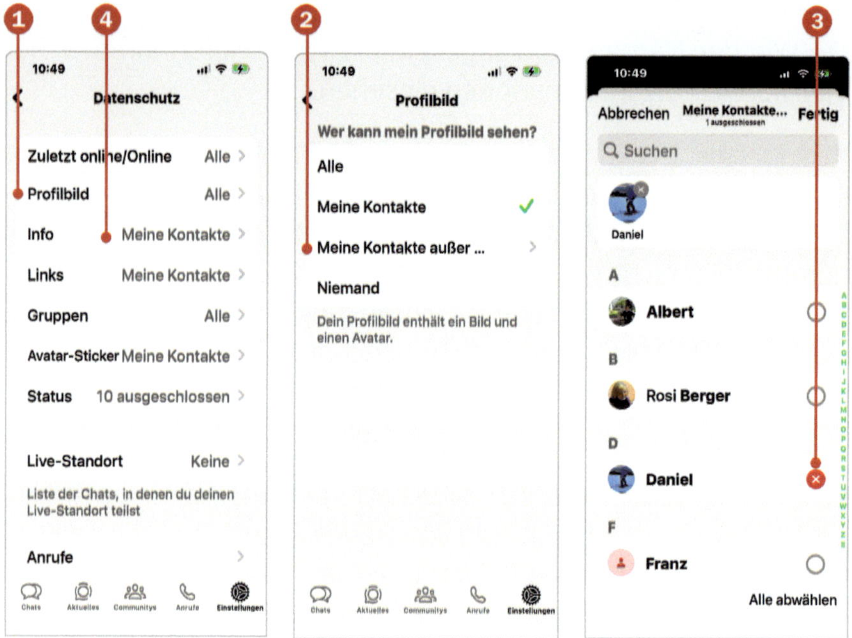

Zuletzt online

In einem Chat sehen Sie, wann die Person das letzte Mal online war. Fand das am selben Tag statt wird die Uhrzeit angezeigt ❶, sonst das Datum. Bearbeitet der Freund gerade etwas in WhatsApp dann erscheint oben im Chat „online" ❷. Durch die Weitergabe dieser Information fühlen sich manche unter Druck gesetzt, frei nach dem Motto „er war oder ist online, hat aber meine Nachricht noch nicht beantwortet". Aus diesem Grund geben viele diese Information nicht weiter. Wenn Sie das auch so einstellen möchten, müssen Sie wissen, dass Sie dann den Zuletzt online-Stempel bzw. die Online-Information der ausgeschlossenen Personen auch nicht mehr sehen.

- Wählen Sie im Bereich ***Datenschutz*** die Option ***Zuletzt online/ Online*** 3 aus. Ich habe mich hier für ***Niemand*** entschieden; Sie können auch mit ***Meine Kontakte außer …*** nur bestimmte Personen ausschließen. Im unteren Bereich entscheiden Sie, wie mit der Information „online" verfahren werden soll.

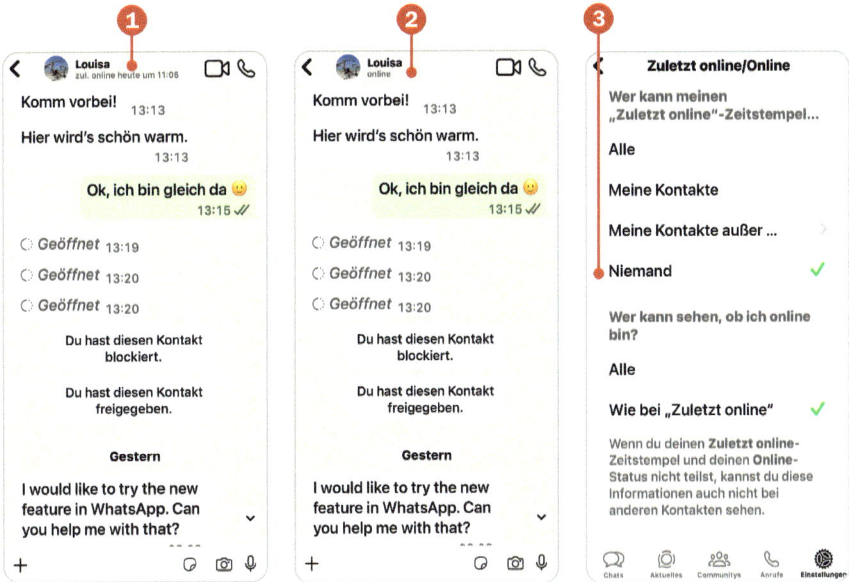

Lesebestätigungen

Die Lesebestätigung, dargestellt durch zwei blaue Häkchen 1 hinter einer Nachricht, zeigt an, dass diese gelesen wurde. Die Übermittlung dieser Information können Sie auch ausschalten.

Öffnen Sie die WhatsApp-***Einstellungen*** ▶ ***Datenschutz*** und tippen Sie auf den Bereich ***Lesebestätigungen*** 2. Dadurch wird der Schalter auf die Position ***Aus*** gestellt. Jetzt wird keine Lesebestätigung mehr übermittelt.

Allerdings erhalten auch Sie diese Information nicht mehr. Diese Einstellung hat **keine Auswirkung auf Gruppenchats**. Hier wird immer eine Lesebestätigung gesendet. Nochmaliges Antippen des Bereichs schaltet die Lesebestätigung wieder ein.

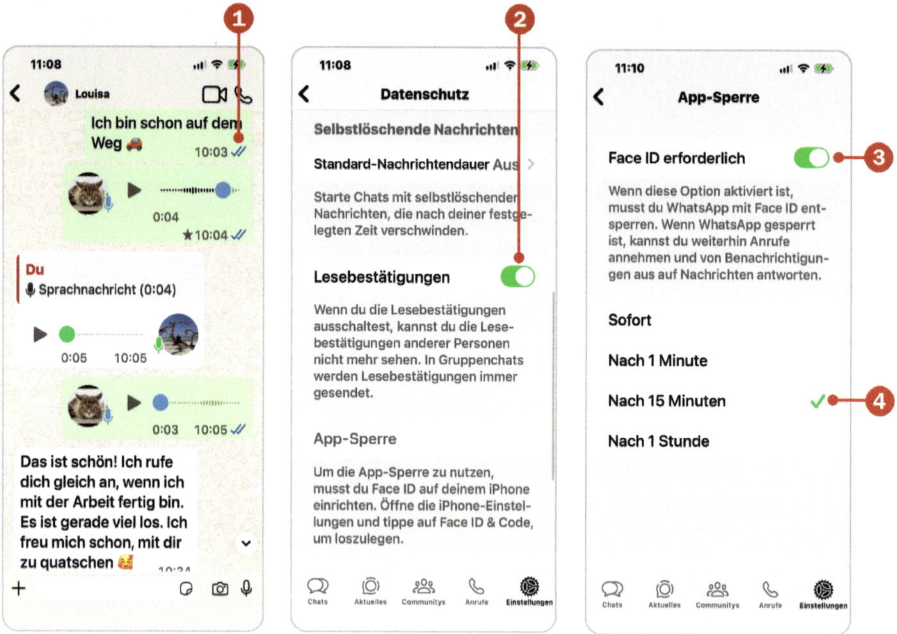

App-Sperre mit Gesichtserkennung

Das unbefugte Öffnen von WhatsApp können Sie durch eine zusätzliche App-Sperre verhindern - und zwar über Face ID. Das ist sinnvoll, wenn Sie Ihr entsperrtes Handy öfter aus der Hand geben, z. B. einem Kind zum Videoschauen. Über ***Einstellungen*** ▶ ***Datenschutz*** ▶ ***App-Sperre*** können Sie verhindern, dass WhatsApp geöffnet wird. Aktivieren Sie die Sperre 3 und entscheiden Sie, nach Ablauf welcher Zeit 4 WhatsApp bei Nichtverwendung gesperrt wird.

Datenschutz-Check durchführen

Im Bereich ***Datenschutz*** blendet WhatsApp oben ein Banner ein, mit der Möglichkeit einen Datenschutz-Check durchzuführen. Dabei werden Sie durch alle datenschutzrelevanten Einstellungsoptionen geleitet und können so schnell überprüfen, ob diese Ihren Wünschen entsprechen und sie ggf. anpassen.

Der Datenschutz-Check ist dabei nur ein Wegweiser; alle dort aufgeführten Optionen finden Sie in den Einstellungen von WhatsApp. Falls Sie das Banner versehentlich geschlossen haben, können Sie es nicht wieder selbst einblenden. Von Zeit zu Zeit wird das Banner automatisch in WhatsApp eingeblendet. Die Optionen, die der Datenschutz-Check momentan abfragt, werden auch in diesem Buch behandelt.

- **Datenschutz-Check durchführen:** Wählen Sie ***Einstellungen*** ▶ ***Datenschutz*** aus und tippen Sie oben auf ***Datenschutz-Check***. Tippen Sie einen der vier Bereiche an.

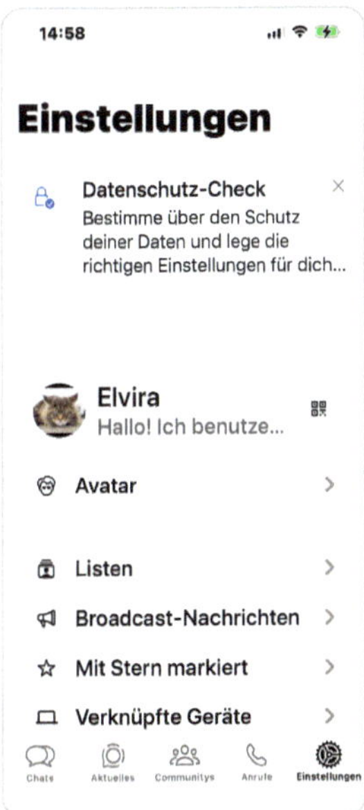

1	Wer darf mich zu einer Gruppe hinzufügen	Seite 121
	Anrufe von Unbekannt stummschalten	Seite 192
	Blockierte Kontakte	Seite 226
2	Profilbild	Seite 267
	Zuletzt online/Online	Seite 274
	Lesebestätigung	Seite 277
3	Standard-Nachrichtendauer	Seite 219
	Ende-zu-Ende-verschlüsselte Backups	Seite 297
4	Face-ID-Sperre	Seite 278

Verschlüsselung

Durch eine Ende-zu-Ende-Verschlüsselung können die ausgetauschten Nachrichten, Fotos, Videos etc. nur vom Sender und vom Empfänger gelesen werden - nicht einmal WhatsApp hat Zugriff darauf. Die Ende-zu-Ende-Verschlüsselung wird automatisch verwendet, sofern Sender und Empfänger die aktuelle WhatsApp-Version installiert haben.

Sie werden auf diesen Umstand innerhalb des Chats durch einen gelb hinterlegten Infotext 1 hingewiesen.

Wenn ein Freund ein neues Smartphone verwendet, ein gekoppeltes Gerät entfernt bzw. ein neues hinzufügt oder einfach WhatsApp neu installiert, erzeugt dieser Vorgang eine Sicherheitsbenachrichtigung in Ihrem gemeinsamen Chat 2. Allerdings nur wenn die Option ***Sicherheitsbenachrichtigungen anzeigen*** aktiviert ist. Um dies zu überprüfen, tippen Sie auf ***Einstellungen*** ▶ ***Konto*** ▶ ***Sicherheitsbenachrichtigungen*** und ziehen den Regler bei ***Sicherheitsbenachrichtigungen auf diesem Telefon anzeigen*** ggf. auf die Position ***Ein*** 3.

Falls der Freund WhatsApp **nicht** neu installiert hat und Sie trotzdem eine Sicherheitsbenachrichtigung erhalten, kann das ein Hinweis darauf sein, dass das WhatsApp des Freundes unberechtigt von Dritten genutzt wird.

Zur Überprüfung der Ende-zu-Ende-Verschlüsselung könnten Sie sich nun mit diesem Freund treffen und die Sicherheitsnummer vergleichen 4 bzw. den Code scannen. Die Nummer ist für jeden Einzelchat einmalig. Dazu zeigen Sie den gemeinsamen Chat an, tippen oben auf den grauen Bereich, um die Kontaktinfo anzuzeigen und wählen hier ***Verschlüsselung***. Dort finden Sie Informationen zur Verschlüsselung und die 60-stellige Nummer für diesen Chat. Die Übereinstimmung wird automatisch von WhatsApp verifiziert.

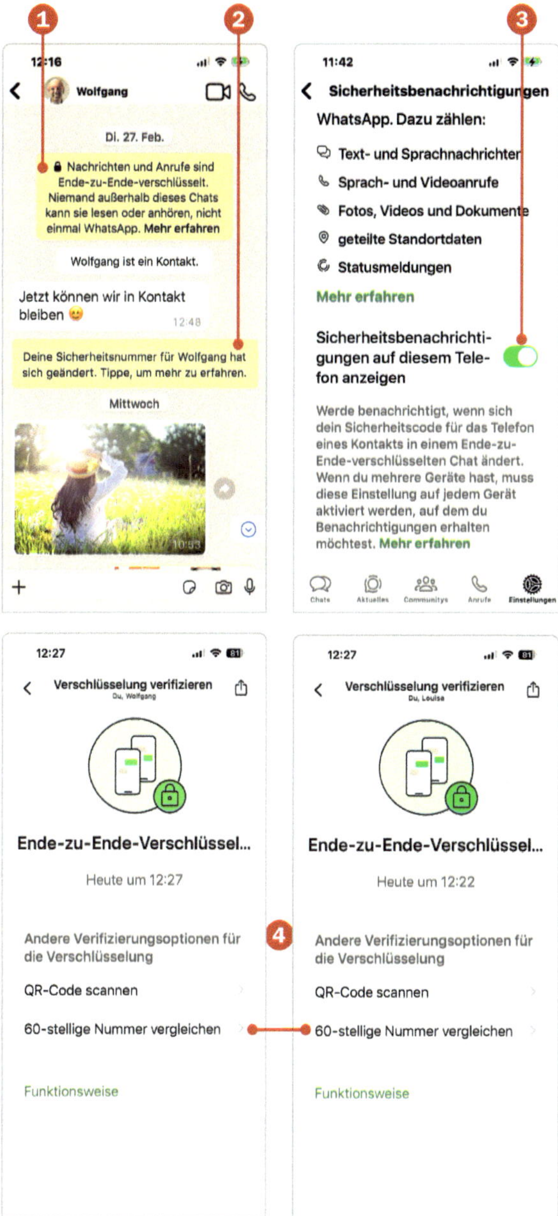
1
2
3
12:16
Wolfgang
Di. 27. Feb.
Nachrichten und Anrufe sind Ende-zu-Ende-verschlüsselt. Niemand außerhalb dieses Chats kann sie lesen oder anhören, nicht einmal WhatsApp. Mehr erfahren
Wolfgang ist ein Kontakt.
Jetzt können wir in Kontakt bleiben
12:48
Deine Sicherheitsnummer für Wolfgang hat sich geändert. Tippe, um mehr zu erfahren.
Mittwoch
11:42
Sicherheitsbenachrichtigungen
WhatsApp. Dazu zählen:
Text- und Sprachnachrichten
Sprach- und Videoanrufe
Fotos, Videos und Dokumente
geteilte Standortdaten
Statusmeldungen
Mehr erfahren
Sicherheitsbenachrichtigungen auf diesem Telefon anzeigen
Werde benachrichtigt, wenn sich dein Sicherheitscode für das Telefon eines Kontakts in einem Ende-zu-Ende-verschlüsselten Chat ändert. Wenn du mehrere Geräte hast, muss diese Einstellung auf jedem Gerät aktiviert werden, auf dem du Benachrichtigungen erhalten möchtest. Mehr erfahren
Chats
Aktuelles
Communitys
Anrufe
Einstellungen
12:27
Verschlüsselung verifizieren
Du, Wolfgang
Ende-zu-Ende-Verschlüssel...
Heute um 12:27
Andere Verifizierungsoptionen für die Verschlüsselung
QR-Code scannen
60-stellige Nummer vergleichen
Funktionsweise
4
12:27
Verschlüsselung verifizieren
Du, Louise
Ende-zu-Ende-Verschlüssel...
Heute um 12:22
Andere Verifizierungsoptionen für die Verschlüsselung
QR-Code scannen
60-stellige Nummer vergleichen
Funktionsweise

9.3 Updates installieren

In der Regel werden Updates automatisch installiert. So verwenden Sie WhatsApp immer mit den neuesten Funktionen. Welche Update-Einstellungen an Ihrem Gerät gelten, finden Sie in den Einstellungen Ihres iPhones.

- Öffnen Sie die ***Einstellungen*** ❶ ▸ ***Apps*** und tippen Sie auf ***App Store*** ❷.
- Ziehen Sie dann den Regler bei ***App-Updates*** auf ***Ein*** ❸.
- Der Regler bei ***App-Downloads*** sollte auf ***Aus*** ❹ sein. Sie sollten Updates nur über WLAN installieren, da sonst das Datenvolumen des Mobilfunkvertrags zu stark belastet wird.

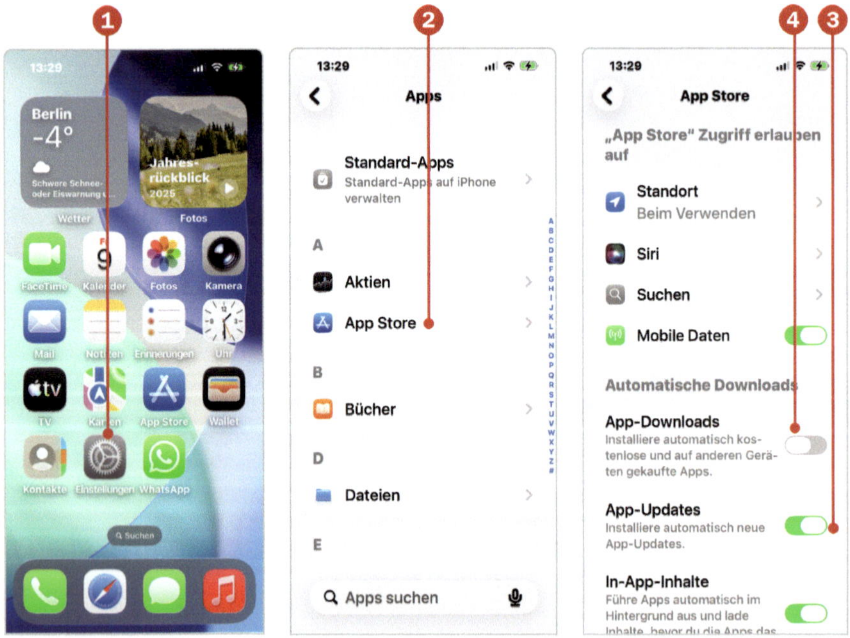

Sie können jederzeit eine Aktualisierung auch manuell anstoßen. So geht's:

- Tippen Sie im App Store rechts oben auf Ihr Profil **5** und scrollen Sie nach unten zu ***Verfügbare Updates*** **6**.
- In der Übersicht wird angezeigt, ob und wie viele Updates verfügbar sind.
- Tippen Sie auf ***Alle Aktualisieren*** **7**, um für alle angezeigten Apps ein Update herunterzuladen. Soll z. B. nur WhatsApp aktualisiert werden, dann tippen Sie dort auf ***Aktualisieren*** **8**.
- Wählen Sie ***Mehr*** aus, um zu sehen, welche neuen Inhalte das Update enthält **9**.

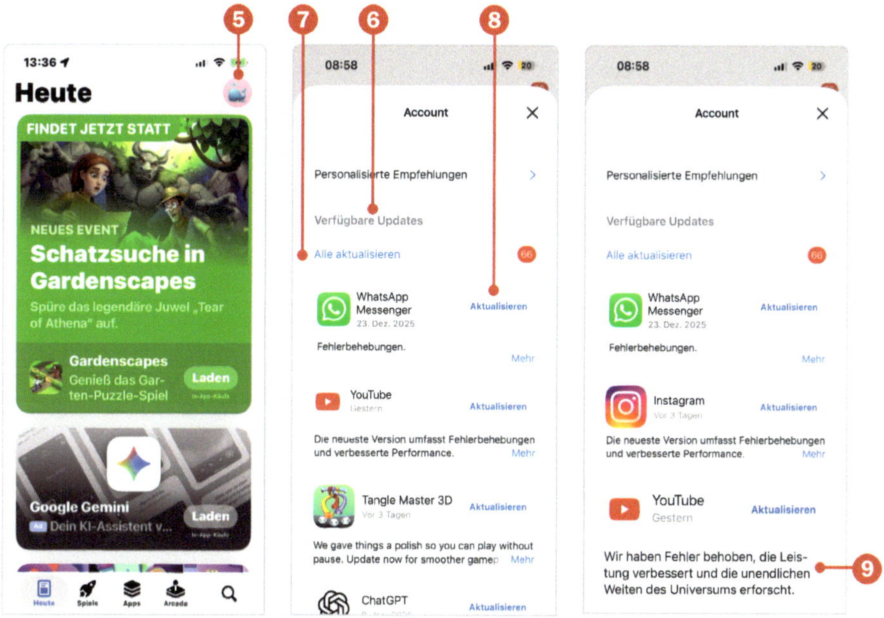

Wenn Sie Apps aktualisieren, sollten Sie mit einem WLAN verbunden sein.

WhatsApp-Version am Smartphone

Um herauszufinden, welche WhatsApp-Version Sie aktuell verwenden, öffnen Sie die WhatsApp-***Einstellungen*** ❶ und tippen Sie auf ***Hilfe und Feedback*** ❷. Die verwendete Version können Sie ganz oben ersehen ❸.

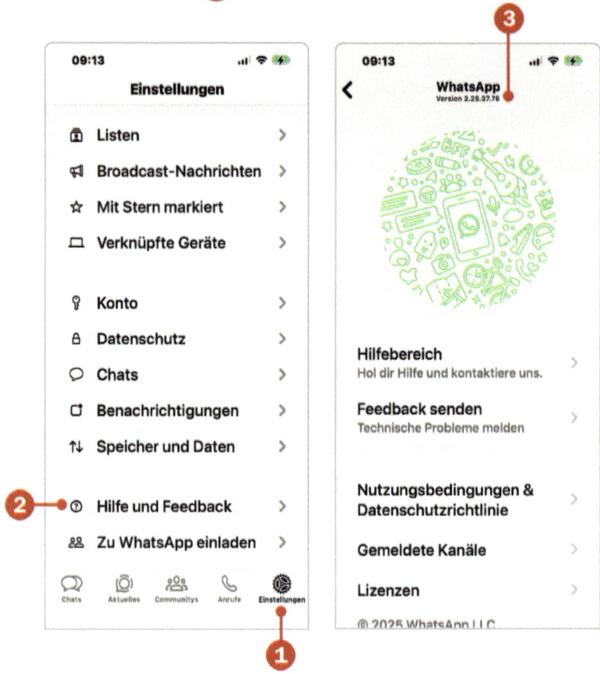

9.4 Konto-Sicherheit

WhatsApp stellt verschiedene Funktionen bereit, um die Sicherheit Ihres Kontos zu erhöhen und die Wiederherstellung im Notfall zu erleichtern. Sie können beispielsweise eine E-Mail-Adresse hinterlegen, um bei Bedarf Ihre Zugangsdaten zurückzusetzen. Zusätzlich lässt sich ein individueller sechsstelliger Code einrichten, der bei der Anmeldung regelmäßig abgefragt wird. Noch komfortabler und sicherer wird es mit der Nutzung von Passkeys, die eine Anmeldung per Gesichtserkennung oder Fingerabdruck ermöglichen – ganz ohne SMS-Code.

E-Mail-Adresse hinterlegen

Wofür ist die E-Mail-Adresse gut?

Die hinterlegte E-Mail-Adresse dient als zusätzliche Sicherheitsebene für Ihr WhatsApp-Konto – ergänzend zur Telefonnummer. Sie ermöglicht es Ihnen, den Zugriff auf Ihr Konto wiederherzustellen, sofern Sie keinen Zugang zu SMS oder Anrufen haben, etwa bei einem Gerätewechsel oder einer verlorenen SIM-Karte.

Ihre E-Mail-Adresse wird ausschließlich für Sicherheitszwecke verwendet und ist für andere Nutzerinnen und Nutzer nicht sichtbar.

E-Mail-Adresse in WhatsApp hinterlegen

- Öffnen Sie die ***Einstellungen*** 1 in WhatsApp.
- Tippen Sie auf ***Konto*** 2 und dann auf ***E-Mail-Adresse*** 3. Geben Sie anschließend Ihre E-Mail-Adresse ein. Bestätigen Sie mit ***Weiter*** 4.

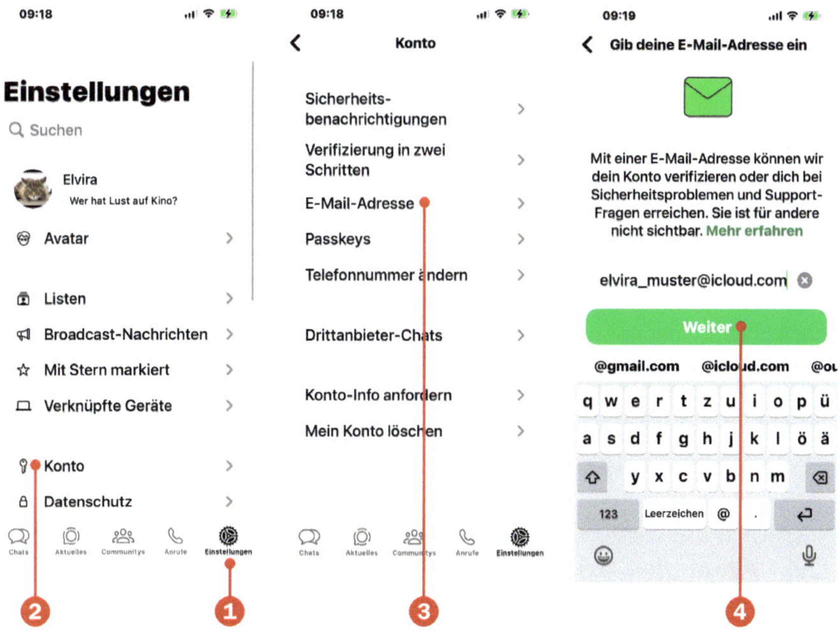

- Sie erhalten einen sechsstelligen Bestätigungscode per E-Mail. Geben Sie diesen in WhatsApp ein.
- Tippen Sie auf ***Verifizieren*** 5, um den Vorgang abzuschließen.

Verifizierung in zwei Schritten

Die Verifizierung in zwei Schritten bietet Ihnen zusätzlichen Schutz für Ihr Konto, besonders bei einem Gerätewechsel oder SIM-Tausch. Nach der Aktivierung werden Sie regelmäßig aufgefordert, eine selbstgewählte 6-stellige PIN einzugeben. Diese PIN verhindert, dass sich jemand unbefugt mit Ihrer Telefonnummer anmelden kann. Zusätzlich können Sie eine E-Mail-Adresse hinterlegen, um die PIN zurückzusetzen, falls Sie sie einmal vergessen.

Verifizierung in zwei Schritten aktivieren

- Öffnen Sie die ***Einstellungen*** 1. Tippen Sie auf ***Konto*** 2 und anschließend auf ***Verifizierung in zwei Schritten*** 3.
- Tippen Sie dann auf ***Aktivieren*** 4 und legen Sie eine 6-stellige PIN fest.

E-Mail-Adresse hinterlegen

- Hinterlegen Sie Ihre E-Mail-Adresse, um die PIN zurücksetzen zu können, falls Sie sie vergessen. Tippen Sie dazu auf ***E-Mail-Adresse hinzufügen*** 5. Falls Sie diese Option nicht nutzen wollen, tippen Sie auf ***Überspringen*** 6 (nicht empfohlen).
- Geben Sie Ihre E-Mail-Adresse ein und bestätigen Sie mit ***Weiter*** 7. An Ihre Adresse wird nun ein 6-stelliger Code gesendet, den Sie eintragen müssen. Tippen Sie auf ***Verifizieren*** 8.

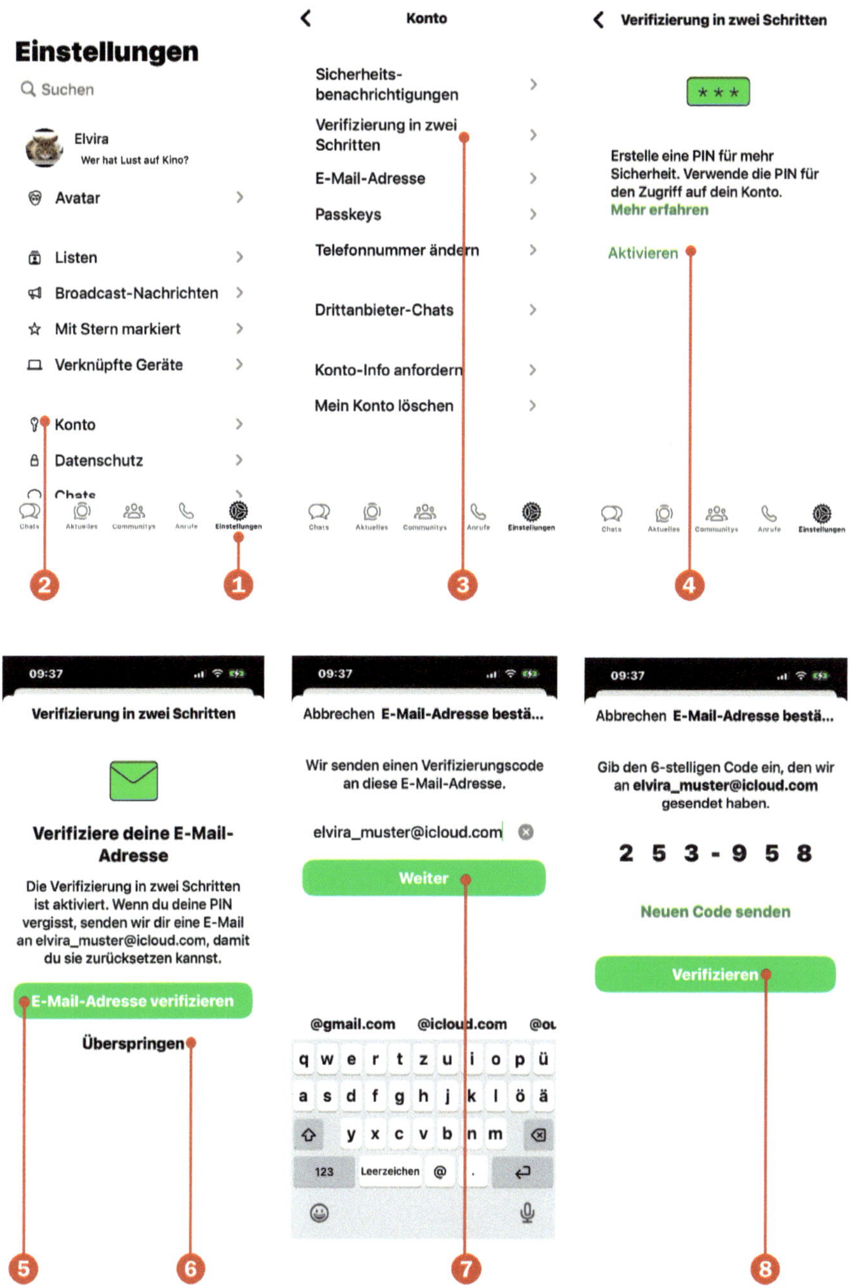
Einstellungen
Suchen
Elvira
Wer hat Lust auf Kino?
Avatar
Listen
Broadcast-Nachrichten
Mit Stern markiert
Verknüpfte Geräte
Konto
Datenschutz
Chats
Aktuelles
Communitys
Anrufe
Einstellungen
Konto
Sicherheits-benachrichtigungen
Verifizierung in zwei Schritten
E-Mail-Adresse
Passkeys
Telefonnummer ändern
Drittanbieter-Chats
Konto-Info anfordern
Mein Konto löschen
Verifizierung in zwei Schritten
Erstelle eine PIN für mehr Sicherheit. Verwende die PIN für den Zugriff auf dein Konto.
Mehr erfahren
Aktivieren
1
2
3
4
09:37
Verifizierung in zwei Schritten
Verifiziere deine E-Mail-Adresse
Die Verifizierung in zwei Schritten ist aktiviert. Wenn du deine PIN vergisst, senden wir dir eine E-Mail an elvira_muster@icloud.com, damit du sie zurücksetzen kannst.
E-Mail-Adresse verifizieren
Überspringen
Abbrechen E-Mail-Adresse bestä...
Wir senden einen Verifizierungscode an diese E-Mail-Adresse.
elvira_muster@icloud.com
Weiter
@gmail.com @icloud.com
Leerzeichen
Gib den 6-stelligen Code ein, den wir an elvira_muster@icloud.com gesendet haben.
2 5 3 - 9 5 8
Neuen Code senden
Verifizieren
5
6
7
8

PIN deaktivieren

Wenn Sie die Zwei-Schritt-Verifizierung nicht mehr nutzen möchten, können Sie sie jederzeit deaktivieren. Öffnen Sie dazu die ***Einstellungen*** in WhatsApp, tippen auf ***Konto*** und dann auf ***Verifizierung in zwei Schritten***. Dort wählen Sie ***Deaktivieren*** und bestätigen Ihre Entscheidung nochmal mit ***Deaktivieren*** (gegebenenfalls ist die Eingabe Ihrer aktuellen PIN erforderlich). Danach ist die zusätzliche Sicherheitsabfrage beim Anmelden nicht mehr aktiv – Ihr Konto bleibt weiterhin durch die Standardfunktionen geschützt, jedoch ohne den zusätzlichen Schutzmechanismus.

Passkeys

WhatsApp hat auf dem iPhone die Unterstützung für Passkeys eingeführt – eine moderne und besonders sichere Methode zur Anmeldung, die ganz ohne klassische Passwörter auskommt. Stattdessen nutzt sie ein kryptografisches Schlüssel-Paar, das lokal auf dem Gerät gespeichert wird. Die Anmeldung erfolgt dann bequem über Face-ID, Touch-ID oder den Gerätepasscode.

Das bedeutet: Sie müssen sich keine SMS-Codes mehr merken oder eingeben, und sind gleichzeitig besser vor Phishing-Angriffen geschützt. Der Passkey wird im iCloud-Schlüsselbund gespeichert, sodass Sie sich auch auf anderen Apple-Geräten ganz einfach bei WhatsApp anmelden können. Die Einrichtung ist unkompliziert:

- Öffnen Sie die ***Einstellungen*** ❶ in WhatsApp. Tippen Sie auf ***Konto*** ❷ und anschließend auf ***Passkeys*** ❸.
- Wählen Sie ***Passkey erstellen***. Bestätigen Sie mit ***Passkey hinzufügen***. Der Passkey wird automatisch im iCloud-Schlüsselbund gespeichert.

- So können Sie den Passkey wieder deaktivieren: WhatsApp-*Einstellungen* ▶ *Konto* ▶ *Passkeys* ▶ tippen Sie auf das Dreipunkte-Menü des Passkeys und wählen Sie *Löschen* 4.

> Um die Passkey-Funktion nutzen zu können, müssen in den iPhone-Einstellungen Face-ID und der iCloud-Schlüsselbund aktiviert sein!

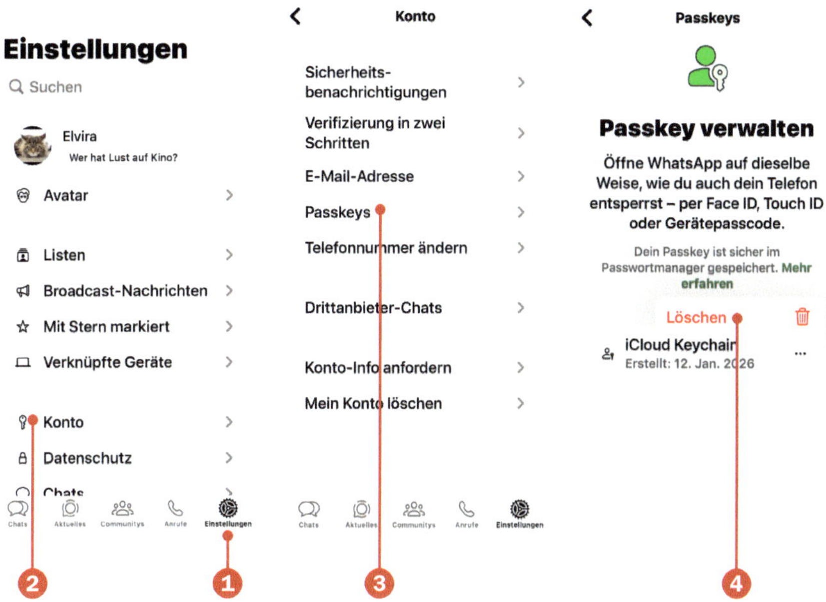

9.5 Datenvolumen schonen

Wie schon mehrfach erwähnt, wird durch die Verwendung von WhatsApp außerhalb eines WLANs das von Ihrem Mobilfunkanbieter zur Verfügung gestellte Datenvolumen verbraucht. In der Regel ist das Versenden von Nachrichten kein Datenvolumenkiller, bei Fotos und Videos kommt es auf die Menge an. Bedenken Sie dabei auch, dass Bilder, die Sie erhalten, heruntergeladen werden müssen und ebenfalls das Datenvolumen schmälern.

Das gilt natürlich auch für Videos, Audiodateien oder Sprachnachrichten. Auch Telefonate über WhatsApp lassen das Datenvolumen schrumpfen. Versuchen Sie, wann immer möglich, Ihr Smartphone mit einem WLAN zu verbinden und große Datenmengen nur bei bestehender WLAN-Verbindung zu versenden. Welche Entscheidungen Sie hier treffen, hängt natürlich auch davon ab, wie viel Datenvolumen Ihr Mobilfunkvertrag beinhaltet.

Um einen Eindruck zu erhalten, wie datenintensiv Sie WhatsApp nutzen, rufen Sie die WhatsApp-***Einstellungen*** auf und wählen ***Speicher und Daten*** ► ***Netzwerknutzung*** 1.

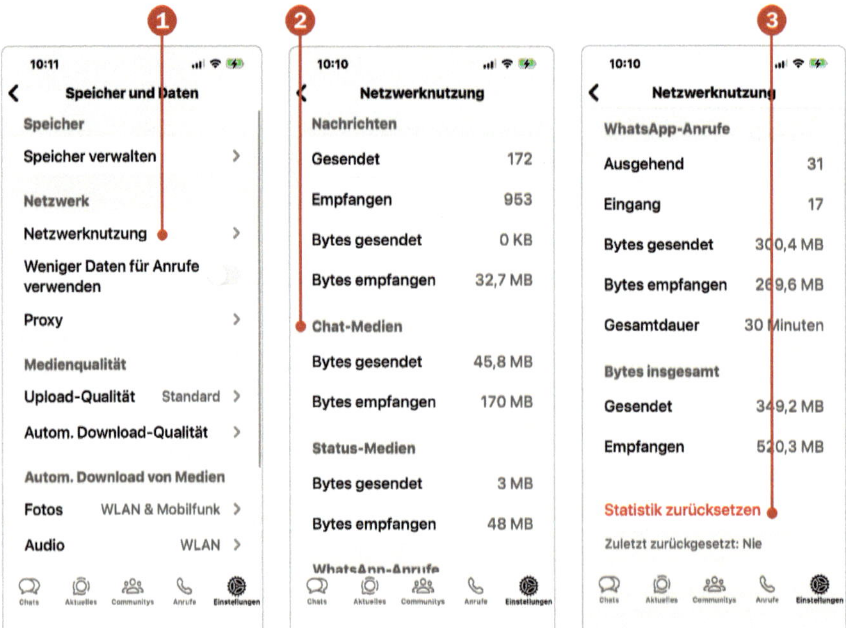

Sie erhalten eine Übersicht Ihrer Nutzungsdaten, z. B. wie viel Datenvolumen verbraucht wurde, um Bilder, Videos oder Audiodateien auszutauschen. Diese Werte finden Sie unter ***Medien*** 2, dabei bezeichnet der erste Wert die Gesamtgröße der Daten, die Sie gesendet haben und der zweite Wert ist die Gesamtmenge aller empfangenen Medien. Aber Vorsicht, auch Übertragungen über WLAN sind enthalten – sie verbrauchen natürlich kein mobiles Datenvolumen.

Über ***Statistik zurücksetzen*** ❸ am unteren Ende der Liste setzen Sie alle Werte auf Null, z. B. am Anfang des Monats, wenn Sie auch mit vollem Datenvolumen starten.

Oder Sie testen an einem Tag ohne WLAN-Netz stichprobenhaft, wie viel Datenvolumen WhatsApp benötigen würde. Generell sind das natürlich nur Richtwerte.

Automatische Downloads von Medien verhindern

Text- und Sprachnachrichten werden in WhatsApp immer automatisch heruntergeladen, egal ob Sie via WLAN oder mobil verbunden sind. Standardmäßig werden auch Bilder, die an Sie gesendet werden, automatisch geladen. Das schmälert unterwegs das Datenvolumen.

Ob Sie diese Standardeinstellung verändern, hängt von folgenden Faktoren ab: Wie oft Sie sich mit dem Smartphone außerhalb eines WLANs befinden, ob Sie eine Unmenge an Bildern erhalten und wie groß das Datenvolumen ist, welches Ihr Mobilfunkvertrag zur Verfügung stellt.

Wenn Sie schon Mitte des Monats kein Datenvolumen mehr zur Verfügung haben, kann diese Einstellung helfen: Rufen Sie die WhatsApp-***Einstellungen*** auf, tippen Sie auf ***Speicher und Daten*** und wählen Sie bei ***Autom. Download von Medien*** die Option ***Fotos*** aus ❶. Hier setzen Sie durch Antippen das Häkchen bei ***WLAN*** ❷.

Wenn Sie unterwegs sind, sehen Sie im Chat zwar, dass Sie ein Bild erhalten haben, es wurde aber noch nicht heruntergeladen. In wichtigen Fällen können Sie das Bild jederzeit durch Antippen ❸ herunterladen und anzeigen. Sobald das Smartphone eine

Verbindung zu einem WLAN hat, werden alle Bilder wieder automatisch heruntergeladen.

Wer bei einem Anruf ohne WLAN-Verbindung sein Datenvolumen schonen möchte, geht so vor: Rufen Sie die WhatsApp-***Einstellungen*** auf und tippen Sie auf ***Speicher und Daten***. Aktivieren Sie die Option ***Weniger Daten für Anrufe verwenden*** 4. Dazu tippen Sie einmal auf den Regler, der dann auf ***Ein*** springt. Die Einsparung geht natürlich zu Lasten der Qualität.

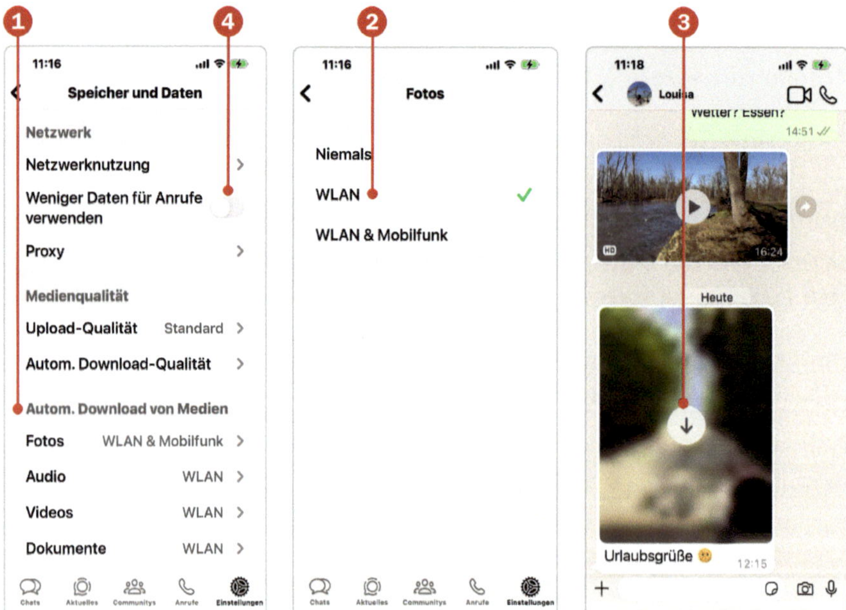

Datenroaming

Was ist Roaming bzw. Datenroaming?

Wenn Sie ins Ausland reisen, verbindet sich Ihr Smartphone mit dem ausländischen Mobilfunknetz. Da Sie auf der Grundlage Ihres Vertrag in der Regel nur für die Nutzung des Mobilfunknetzes Ihres Anbieters bezahlen, fallen für die Verwendung des fremden Netzes zusätzliche **Roaminggebühren** an,

z. B. für Anrufe, die Sie erhalten oder tätigen, für das Surfen im Internet mit dem Smartphone oder für das Versenden von Nachrichten in WhatsApp. Eine Möglichkeit, wie Sie diesen Roaminggebühren im Ausland entgehen, ist das Smartphone nur zu nutzen, wenn dieses mit einem WLAN verbunden ist.

Durch die EU-Roaming-Verordnung von 2017 soll mit diesen Zusatzkosten zumindest im EU-Ausland Schluss sein. Die Idee ist, dass Sie im EU-Ausland telefonieren, surfen oder Nachrichten verschicken und dabei nur den Tarif bezahlen, den Sie im Heimatland bezahlen würden. Davon sind Einschränkungen möglich, z. B. dass nicht das gesamte vertraglich vereinbarte Datenvolumen im Ausland zur Verfügung steht. Beachten Sie auch, dass Länder, wie die Schweiz oder Großbritannien nicht zur EU gehören; hier treffen Mobilfunkanbieter unterschiedliche Regelungen.

Welche Regelung genau für Ihren Vertrag gelten, müssen Sie unbedingt vor Reiseantritt mit Ihrem Anbieter oder durch Durchsicht Ihres Vertrags klären. Verlassen Sie sich nicht pauschal darauf, dass keine Roaminggebühren entstehen. In der Regel erhalten Sie auch von Ihrem Mobilfunkanbieter eine SMS 1, sobald sich Ihr Smartphone in ein fremdes Netz einwählt. Diese informiert Sie über die geltenden Bedingungen.

WhatsApp-Einstellungen überprüfen

Wenn Sie roamen, d. h. eine Verbindung im Ausland zu einem fremden Mobilfunknetz aufbauen, sollten Sie keine Medien in WhatsApp herunterladen. Deshalb ändern Sie die Einstellungen und wählen bei ***Fotos***, ***Audio***, ***Videos*** und ***Dokumente*** 2 jeweils die Option ***Niemals***. Theoretisch würden Text- und Sprachnachrichten in WhatsApp dennoch im Ausland automatisch heruntergeladen werden und unter Umständen Kosten verursachen. Dies wird in der Regel durch eine Einstellung außerhalb von WhatsApp verhindert: Zeigen Sie dazu die ***Einstellungen*** Ihres Smartphones an und wählen Sie ***Mobilfunk*** ▶ ***Datenoptionen*** ▶ ***Datenroaming*** ❸. Standardmäßig ist das ***Daten-Roaming*** nicht aktiv, der Schalter ist aus. Somit können Sie im Ausland nicht mobil ins Internet - also kein Surfen, kein WhatsApp.

Mit einem entsprechenden Vertrag können Sie im EU-Ausland das Daten-Roaming aktivieren und WhatsApp unterwegs nutzen.

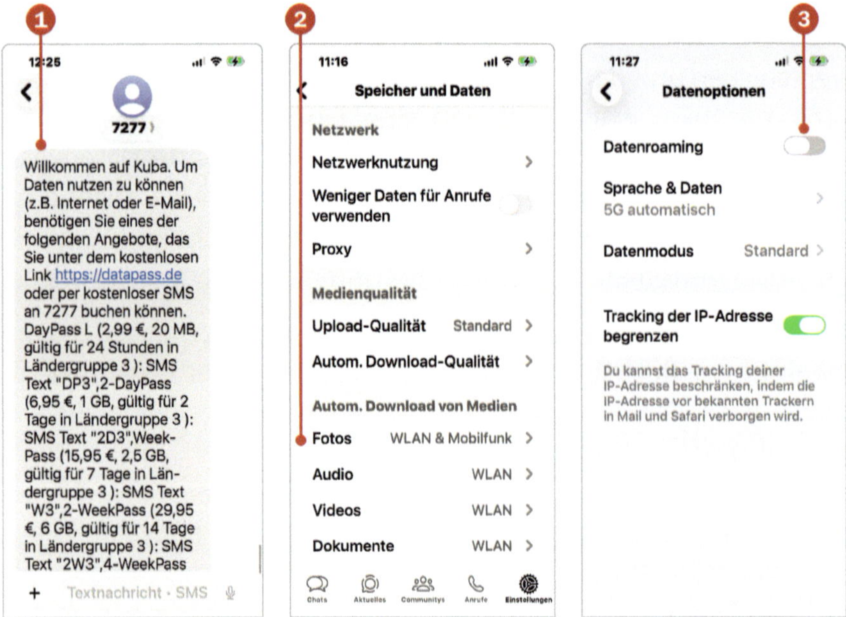

WLAN im Ausland: Von den Einstellungen beim Datenroaming unberührt bleibt selbstverständlich die Verbindung mit einem ausländischen WLAN-Netz, z. B. im Hotel. Bei bestehender WLAN-Verbindung werden wie gewohnt alle Medien heruntergeladen und in WhatsApp angezeigt. Beachten Sie auch hier, dass nicht jedes WLAN-Netz grundsätzlich kostenfrei genutzt werden kann.

10 Datensicherung & Umzug

Was finde ich in diesem Kapitel?

- Wechsel der Handynummer
- WhatsApp umziehen
- Nachrichten sichern

Das erwartet Sie hier!

Zum Abschluss noch zwei wichtige Themen: die Sicherung Ihrer WhatsApp-Inhalte und der Umzug auf ein neues Smartphone.

- Bei einem **Backup** von WhatsApp werden WhatsApp-Nachrichten, Fotos etc. auf einem Speichermedium, außerhalb des Smartphones, gespeichert. Sie sollten Datensicherungen in regelmäßigen Abständen durchführen. Das Smartphone kann ja kaputt oder verloren gehen oder Sie löschen versehentlich noch benötigte Inhalte. In diesen Fällen können Sie auf Ihr Backup zurückgreifen und die WhatsApp-Inhalte wiederherstellen.
- Zur Sicherung steht Ihnen **iCloud** zur Verfügung. Das ist ein Cloud-Speicher (Online-Speicher), auf den via Internet Daten übertragen werden können. Mit Ihrer Apple-ID, welches Sie für die Einrichtung Ihres iPhones bereits angelegt haben, steht Ihnen automatisch auch iCloud zur Verfügung.
- Nach dem Kauf eines neuen Smartphones ist der **Umzug** Ihrer WhatsApp-Inhalte über iCloud jetzt einfach zu bewerkstelligen. Wenn Sie dabei Ihre SIM-Karte behalten, geht das fast wie von selbst. Mit einer neuen Handynummer müssen Sie etwas mehr vorbereiten. Wie das geht, erfahren Sie ebenfalls hier.
- Wenn Sie die iCloud nicht verwenden möchten, weil Ihre Daten auf einen Server gespeichert werden, den Sie nicht kontrollieren können, müssen Sie bei einem Umzug auf ein neues Smartphone oder beim Verlust von WhatsApp-Daten den etwas umständlicheren Weg über das Backup über iTunes wählen.

10.1 Datensicherung erstellen

Standardmäßig werden Ihre WhatsApp Daten einmal täglich automatisch auf Ihrem Smartphone gesichert. Zusätzlich sollten Sie vereinbaren, dass eine Sicherung in die iCloud erstellt wird.

iCloud einrichten und ein Backup erstellen

iCloud ist eine praktische Möglichkeit, Ihre WhatsApp-Daten außerhalb Ihres iPhones zu sichern und bei einem Wechsel der Geräte schnell und einfach zu übertragen. Zur Einrichtung von iCloud gehen Sie so vor:

- Öffnen Sie in WhatsApp ***Einstellungen*** ▸ ***Chats*** ▸ ***Chat-Backup*** 1.
- Wählen Sie nun aus, ob und wie oft ein Backup erstellt werden soll, indem Sie auf ***Autom. Backup*** 2 tippen. Sie haben die Wahl zwischen ***Täglich***, ***Wöchentlich***, ***Monatlich*** oder ***Aus*** 3. In diesem Turnus werden Ihre Chats dann in die iCloud gesichert.
- Außerdem müssen Sie den Zugriff und die Übertragung von Daten erlauben. Tippen Sie dazu in den iPhone-Einstellungen ganz oben auf Ihr Profil, anschließend auf ***iCloud*** und aktivieren Sie den Schalter neben ***WhatsApp*** (unter Umständen zu finden unter ***Alle anzeigen***).
- Stellen Sie außerdem sicher, dass ein Backup nur erstellt wird, wenn Ihr Smartphone mit einem WLAN verbunden ist. Das stellen Sie in den iPhone-Einstellungen über ***Mobilfunk*** ein. Scrollen Sie bis ganz nach unten und betätigen Sie den Schalter neben ***iCloud Drive***. Der Schalter sollte nun auf ***Aus*** sein. Nun werden Daten aller Apps nur mit einer WLAN-Verbindung in iCloud gespeichert.
- Entscheiden Sie in den WhatsApp-Einstellungen noch, ob Sie auch Videos sichern möchten. Wenn ja, rufen Sie die Einstellungen auf und tippen Sie auf ***Chats*** ▸ ***Chat-Backup*** und schieben Sie den Schalter bei ***Inklusive Videos*** 4 auf ***Ein*** . Mit

der Sicherung von Videos erhöhen Sie den Speicherbedarf für das Backup und die Sicherungsdauer. Sie erhalten für iCloud 5 GB kostenlosen Speicherplatz. Wenn sehr viele Videos gesichert werden, könnte der Speicherplatz knapp werden. Bei Problemen mit der Sicherung kontrollieren Sie zunächst, ob noch genügend Speicherplatz zur Verfügung steht.

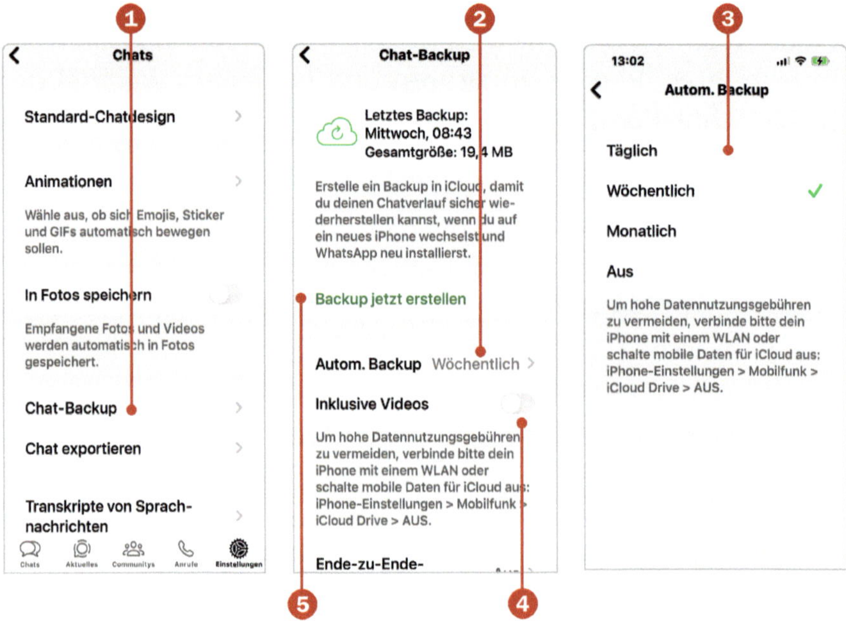

Die Sicherung Ihrer Chats wird einmal wöchentlich automatisch vollzogen und auf Ihrem Smartphone gespeichert. Falls Sie selbst, z. B. vor dem Umzug auf ein neues Smartphone eine Sicherung vornehmen möchten, tippen Sie auf ***Backup jetzt erstellen*** 5.

Bei Datenverlust könnten Sie theoretisch WhatsApp löschen und erneut installieren. WhatsApp erkennt dann, sofern vorhanden, dass in iCloud ein Backup existiert und bietet Ihnen an, dieses wiederherzustellen. Problematisch ist hierbei, dass die Nachrichten, die seit der letzten Sicherung eingegangen sind, dadurch verloren gehen.

Backup über iTunes ausführen

Wenn Sie nicht mit iCloud verbunden sind, können Sie alternativ iTunes verwenden, um Ihre Daten (inklusive WhatsApp) zu sichern.

- Schließen Sie Ihr iPhone an Ihren Computer an und öffnen Sie das Programm ***iTunes***. Ihr Computer erkennt Ihr Smartphone sofort, sofern Sie es jemals mit iTunes synchronisiert haben.
- Klicken Sie oben links auf das Handysymbol. Es öffnet sich eine Übersicht, in der die Rubrik ***Backups*** ❶ erscheint.
- Wählen Sie ***Dieser Computer*** ❷ und ***Backup jetzt erstellen*** ❸. Ein Backup mit Ihren iPhone-Daten wird erstellt.

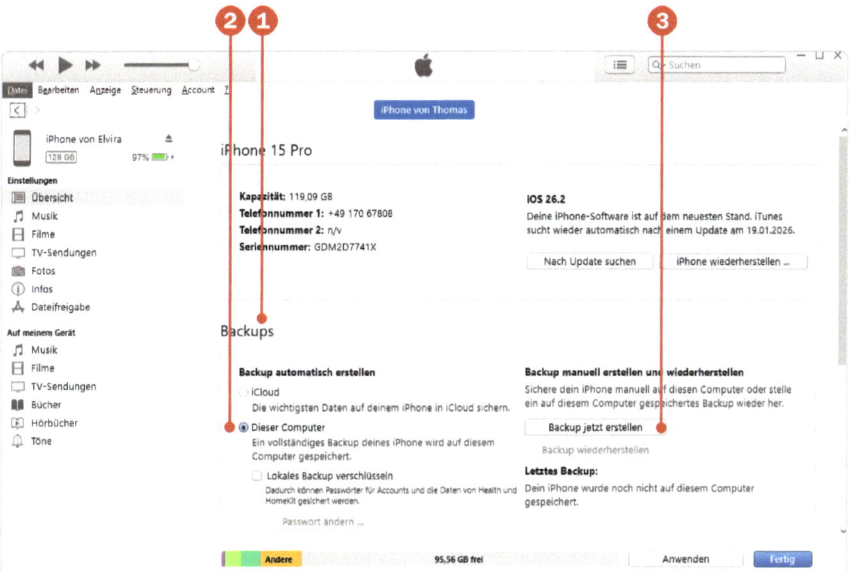

Problem: Die Erstellung eines Backups funktioniert nicht.

- Vergewissern Sie sich, dass genug freier Speicherplatz in der iCloud verfügbar ist (5 GB sind kostenlos; es können weitere Speichereinheiten gekauft werden). Um die Kapazität zu überprüfen, gehen Sie auf iPhone-***Einstellungen*** und tippen Sie ganz oben auf Ihr Profil ❶. Wenn Sie nun auf ***iCloud*** und anschließend auf ***Speicher*** ❷ tippen, sehen Sie eine Auflistung des Speicherverbrauchs.

- Sie müssen bei der iCloud angemeldet sein. Überprüfen Sie das unter iPhone-***Einstellungen*** ▸ ***iCloud***.
- Kontrollieren Sie, dass iCloud Drive eingeschaltet ist, indem Sie in den iPhone-***Einstellungen*** ▸ ***Alle Anzeigen*** ❸ zu ***iCloud Drive*** navigieren und den Schalter auf ***Ein*** stellen ❹.

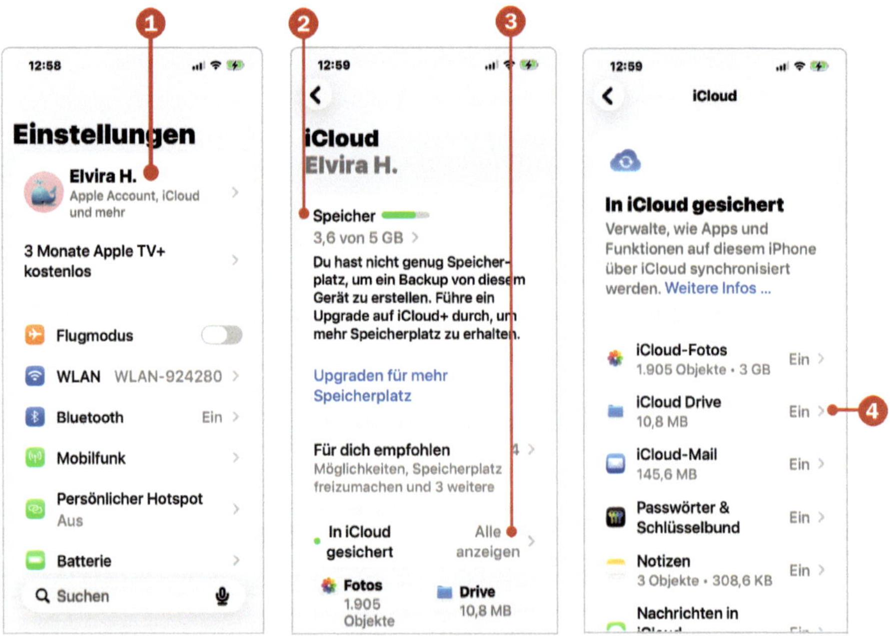

- Ein Backup im mobilen Netz funktioniert nur, wenn unter iPhone-***Einstellungen*** ▸ ***iCloud*** ▸ ***iCloud Drive*** der Schalter aktiv ist.
- Versuchen Sie ein manuelles Backup: WhatsApp-***Einstellungen*** ▸ ***Chats*** ▸ ***Chat-Backup*** ▸ ***Backup jetzt erstellen***. Lassen Sie WhatsApp geöffnet, bis das Backup hochgeladen wird.

10.2 WhatsApp auf einem neuen Smartphone

Sie haben ein neues Smartphone gekauft und WhatsApp auf Ihrem alten Smartphone schon verwendet. Jetzt möchten Sie sicherlich Bilder, Videos und auch Ihre Nachrichten auf das neue Gerät übertragen. Wie das geht, wird hier gezeigt. Voraussetzungen für die folgenden Vorgehensweisen sind:

- Das alte und das neue Smartphone verwenden ein iOS-Betriebssystem.
- Die Apple-ID, mit der Sie sich an Ihrem alten Smartphone angemeldet haben und mit der Sie sich an Ihrem neuen Smartphone anmelden werden, ist dieselbe.
- Sie behalten Ihre Telefonnummer. Im letzten Abschnitt erfahren Sie, wie Sie vorgehen, wenn Sie Ihre Telefonnummer ändern.

WhatsApp-Daten via iCloud übertragen

Für den Umzug Ihrer WhatsApp-Daten von einem alten zu einem neuen iPhone ist eine Sicherung aller Nachrichten und Medien über iCloud einfach und bequem.

- Öffnen Sie die WhatsApp-***Einstellungen*** ▸ ***Chats*** ▸ ***Chat-Backup*** und tippen auf ***Backup jetzt erstellen***. Achten Sie darauf, dass auch bei ***Inklusive Videos*** der Schalter auf eingeschaltet ist. So stellen Sie sicher, dass auch diese gesichert werden. Jetzt sollten alle WhatsApp-Daten in iCloud gespeichert sein.

> Löschen Sie die Daten von Ihrem alten Smartphone erst, wenn Sie sicher sind, dass das neue Gerät alle notwendigen Inhalte enthält.

- Schalten Sie Ihr altes Smartphone aus. Entnehmen Sie die SIM-Karte und statten Sie Ihr neues Smartphone mit dieser aus. Melden Sie sich an Ihrem neuen Smartphone mit derselben Apple-ID an, welche Sie auch zur Sicherung der Daten in iCloud mit Ihrem alten Gerät verwendet haben.

- Installieren Sie WhatsApp und öffnen Sie die App. Stimmen Sie den allgemeinen Geschäftsbedingung zu und erlauben Sie dass WhatsApp auf verschiedene Bereiche Ihres Smartphones zugreift. Tragen Sie Ihre Telefonnummer ein ❶ und warten Sie auf die SMS-Verifizierung. WhatsApp erkennt, dass ein Backup in iCloud existiert. Klicken Sie auf ***Wiederherstellen*** ❷, um alte Nachrichten und andere Medien wieder in WhatsApp anzuzeigen.

- Nachdem das Backup wieder hergestellt wurde, bestätigen Sie Ihre Profilinfos und beenden Sie den Prozess durch Antippen von ***Fertig*** ❸.

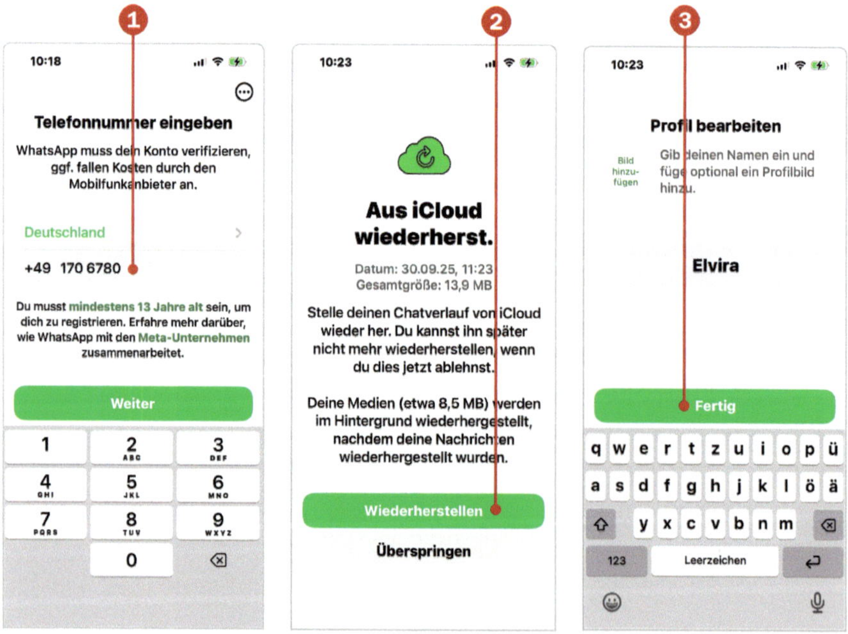

WhatsApp-Daten via iTunes übertragen

Wenn Sie nicht mit iCloud arbeiten möchten, müssen Sie Ihre Daten manuell sichern und übertragen.

- Starten Sie auf Ihrem alten Smartphone WhatsApp und führen Sie ein Backup Ihrer Nachrichten durch, wie auf Seite 297 beschrieben. Die Backup-Datei wird auf Ihrem alten Smartphone gespeichert.
- Verbinden Sie nun Ihr altes Smartphone mit dem Computer und starten Sie das Programm ***iTunes***. Ihr iPhone erscheint nun oben links in der Leiste. Klicken Sie auf das Handysymbol, wodurch sich die Kategorie ***Backups*** öffnet. Anschließend wählen Sie ***Dieser Computer*** 1 und ***Backup jetzt erstellen*** 2. Es wird ein komplettes Backup erstellt.

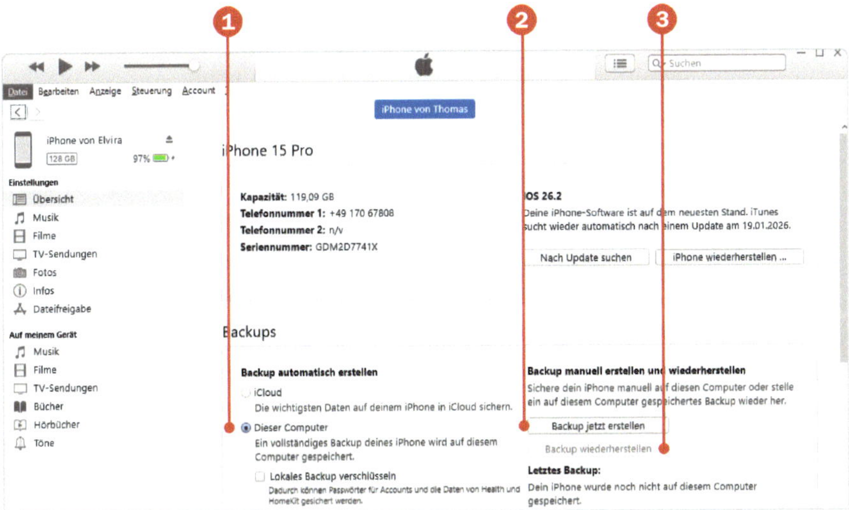

- Verbinden Sie dann Ihr neues Smartphone mit dem Computer und klicken Sie in der Backup-Kategorie auf ***Backup wiederherstellen*** 3. Alle Daten des alten Smartphones werden nun auf das neue übertragen.

- Nehmen Sie das Smartphone vom Computer und installieren Sie WhatsApp über den ***App Store*** auf Ihrem neuen Smartphone.
- Jetzt können Sie WhatsApp öffnen und den Installationsprozess beenden: Stimmen Sie den allgemeinen Geschäftsbedingungen zu. Tragen Sie dann Ihre Telefonnummer ein und warten Sie auf die SMS-Verifizierung. Wenn der kopierte Ordner erkannt wird, meldet WhatsApp, dass ein Backup gefunden wurde. Tippen Sie dann auf ***Wiederherstellen***. Die Nachrichten werden wiederhergestellt, was je nach Menge etwas Zeit in Anspruch nehmen kann. Bestätigen Sie Ihre Profilinfos und tippen auf ***Fertig***.

Problem: Die Wiederherstellung des Backups funktioniert nicht

- Auf dem iPhone muss genügend freier Speicherplatz vorhanden sein, um das Backup auf dem neuen Smartphone wiederherstellen zu können.
- Um das Backup auf das neue Smartphone übertragen zu können, überprüfen Sie, ob die Daten mit der gleichen Telefonnummer und dem gleichen iCloud-Account erstellt wurden.
- Kontrollieren Sie, ob iCloud Drive auf dem neuen Smartphone eingeschaltet ist. iPhone-***Einstellungen*** ▸ ***iCloud*** ▸ ***Drive*** ▸ ***iPhone synchronisieren***.

Eine neue Telefonnummer in Gebrauch nehmen

In diesem Beispiel nehmen wir nur einen Nummerntausch, keinen Smartphone-Tausch vor. Wenn Sie auch ein neues Smartphone haben, können Sie das in einem zweiten Schritt, wie oben beschrieben, austauschen. Im ersten Schritt aktualisieren Sie die Nummer an Ihrem alten Smartphone.

- Legen Sie die neue SIM-Karte in Ihr Smartphone ein. Schalten Sie Ihr Smartphone ein. Da Sie das Smartphone nicht getauscht haben, muss das Smartphone jetzt nicht eingerichtet werden.
- Öffnen Sie WhatsApp und wählen Sie ***Einstellungen*** ▸ ***Konto*** ▸ ***Telefonnummer ändern*** ①. Tippen Sie auf ***Weiter***.
- Geben Sie Ihre alte Telefonnummer ② und in das nächste Feld Ihre neue Telefonnummer ein. Tippen Sie dann auf ***Fertig***.
- Wenn Sie möchten, werden Ihre Kontakte darüber informiert, dass Sie die Nummer gewechselt haben. Ziehen Sie den Schalter bei ***Kontakte benachrichtigen*** auf [Schalter] ③. Gruppen werden automatisch benachrichtigt. Tippen Sie auf ***Fertig***.

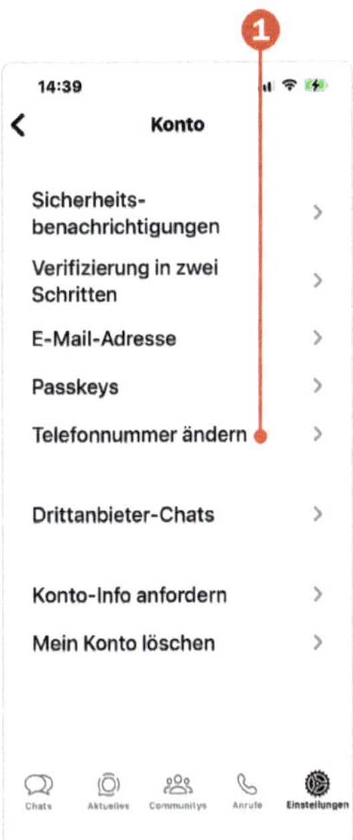

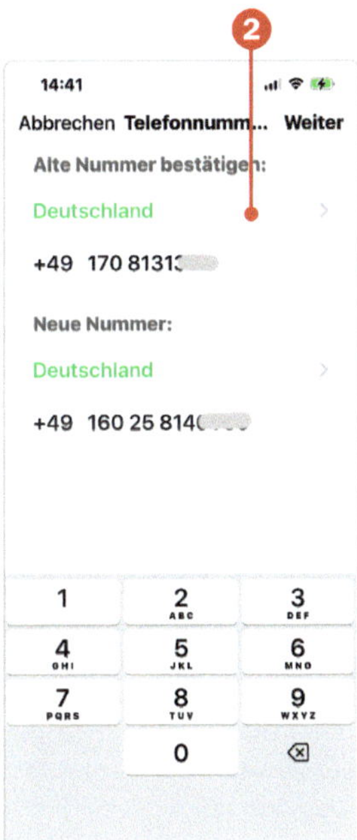

- Daraufhin erfolgt die automatische SMS-Verifizierung. In diesem Fenster können Sie, falls etwas nicht funktioniert hat, beispielsweise den Code telefonisch abfragen (***Mich anrufen***) und dann selbst eintippen. In der Regel erhalten Sie nach kurzer Zeit eine Meldung über die erfolgreiche Änderung Ihrer Nummer.

So sieht es bei Ihren Freunden aus: In WhatsApp Ihrer Freunde wird der Chat mit Ihrer alten Telefonnummer noch angezeigt. Hier wird ein Hinweis über die Nummernänderung eingeblendet.

Tipp zum schnellen Übernehmen einer neuen Nummer: Zur Aktualisierung der Nummer tippen Sie den Hinweis 4 an und wählen ***Zu Kontakten*** 5. Um die neue Nummer auch in die Telefon-App zu übernehmen, aktivieren Sie den Schalter bei ***Kontakt mit Telefon synchronisieren***. Tippen Sie dann rechts oben auf das Häkchen 6.

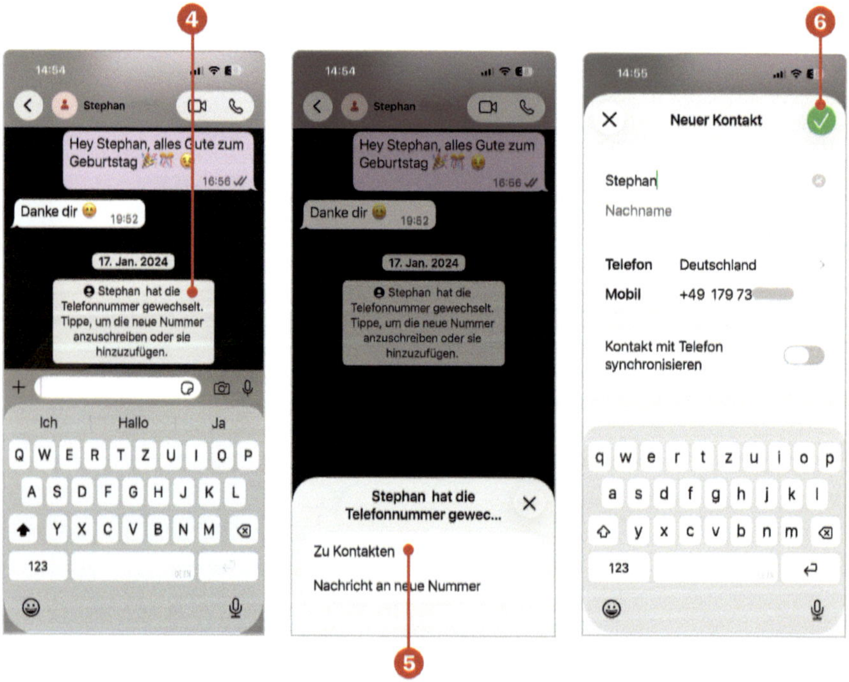

Derjenige, der seine Nummer ändert, hat nach wie vor dieselben Chats. Die Freunde haben nach der Speicherung der neuen Nummer, die unumgänglich ist, zwei Chats - einen mit der alten Nummer, der nicht mehr verwendet werden kann und einen neuen.

Vorgehensweise zum Austausch der Telefonnummer und des Smartphones

1 Sichern Sie Ihre Daten in der iCloud (siehe ab Seite 297).

2 Nehmen Sie zunächst den SIM-Karten- und Nummerntausch auf Ihrem alten Smartphone vor, wie auf Seite 304 beschrieben.

3 Falls Sie während der Aktion Nachrichten erhalten haben, müssen Sie nochmals sichern.

4 Schalten Sie das alte Smartphone aus. Entfernen Sie dann die neue SIM-Karte aus dem alten Smartphone und legen Sie diese in das neue Gerät ein.

5 Richten Sie Ihr Smartphone ein, installieren Sie WhatsApp und stellen Sie Ihr Backup wieder her, wie ab Seite 301 erläutert.

Emoji	Interpretationen
😀 😃 😄 😁 😆	Glückliches Lachen: Das finde ich witzig. Ich freue mich.
🥹	Freudentränen | Das Gesicht soll Gemütszustände von Traurigkeit über Wut bis Freude und Dankbarkeit ausdrücken. Durch das kleine Lächeln erscheint es eher positiv.
😅	Das war knapp. Gerade nochmal gut gegangen.
😂 🤣	Ich kriege mich nicht mehr ein vor lachen! Ich wälze mich auf dem Boden vor Lachen (zweites Emoji).
🥲	Ich bin gerührt, dankbar oder erleichtert.
😊 ☺️	Du machst mich verlegen. Danke für das Kompliment. Schüchternes Lächeln.
😇	Ich bin absolut unschuldig!
🙂	Emoji mit einem Lächeln | Oder: Die Bemerkung war sarkastisch.
🙃	Ich albere nur herum.
😉	Das war nur Spaß. Steht bei zweideutigen oder ironischen Bemerkungen. Wird auch verwendet, um zu flirten.
😌	Das ist ja gerade nochmal gut gegangen!
😍 🥰 😘 💋	Ich bin verliebt. Es kann aber auch freundschaftliche Zuneigung damit ausgedrückt werden oder Begeisterung für eine Sache, einen Ort etc.

Emoji	Interpretationen
😗 😙 😚	Du bist ein wahrer Freund! / Ich mag dich! Küssendes Gesicht als Symbol der Zuneigung oder des Dankes. Kann auch als pfeifendes Gesicht verwendet werden: Ich war das nicht und pfeife ganz unschuldig!
😋	Das war lecker!
😛 😝 😜	Ich mache nur Spaß. Das meine ich nicht ernst. Zeigt auch Schadenfreude.
🤪	Irrsinnig komisch, wobei hier auch mitschwingen kann, dass jemand verwirrt oder verrückt ist.
🤨 🧐	Das ist seltsam. Da bin ich skeptisch. Das Emoji drückt Argwohn oder Misstrauen aus.
🫨	Ich bin geschockt oder sehr überrascht.
🙂‍↔️	Kopfschütteln | Ablehnung.
🙂‍↕️	Kopfnicken | Zustimmung.
🤓	Du bist ein Besserwisser.
😎	Mir gehört die Welt. Steht aber auch für: Ich bin im Urlaub.
🥸	Verkleidet oder inkognito sein.
🤩	Ich freue mich auf dich. Ich freue mich auf etwas.

Emoji	Interpretationen
🥳	Party-Emoji, beliebt an Silvester und Karneval. Jetzt wird gefeiert.
😏	Ich will nicht angeben, aber ...
😒	Ich bin genervt oder unzufrieden.
😞 😔	Das finde ich schade. Das ist traurig. Ich bin enttäuscht. Ich bedauere das.
😟	Ich bin sehr besorgt.
😕	Das Geschriebene verwirrt mich. Ich bin verwirrt und unzufrieden, aber nicht traurig.
🙁 ☹️	Das macht mich traurig. / Ich bin traurig.
😣 😖	Wie konnte das nur passieren?
😫 😩	Ich bin müde und kaputt. | Ich bin erschöpft und habe keine Lust mehr.
🥺	Flehende Bitte
😢 😭	Ich weine vor Traurigkeit und bin aufgelöst! Ich bin untröstlich.
😤	Das macht mich wütend! Kann aber auch ein verächtliches Schnauben demonstrieren.
😠 😡 🤬	Ich bin zornig und ärgere mich! Ich fluche (letztes Emoji).

Emoji	Interpretationen
🤯	Explodierender Kopf: Steht für eine erstaunliche oder schockierende Nachricht.
😳	Eigentlich schämt sich dieses Emoji, es ist mir also etwas peinlich. Viele verwenden es aber auch, um zu sagen, dass sie schockiert oder erstaunt sind.
🥵 🥶	Mir ist so heiß. | Mir ist so kalt.
😶‍🌫️	Das Gesicht hinter den Wolken kann verschiedene Bedeutungen haben. Jemand ist verwirrt oder hat einen "vernebelten" Verstand. Das Emoji kann aber auch für ruhige Glückseligkeit stehen oder ganz konkret für Rauch oder Nebel.
😱	Schreiendes Emoji: Ich bin vor Angst erstarrt, ungläubig. / Ich bin extrem aufgeregt.
😨	Ich bin entsetzt, überrascht, schockiert oder traurig.
😰 😥 😓	Ich mache mir große Sorgen./ Es war stressig, aber jetzt bin ich erleichtert!
🤗 👐	Ich könnte dich und die ganze Welt umarmen! Offene Hände sind auch ein Symbol für Umarmung.
🤔	Lass mich überlegen!
🫣	Durch die Finger gucken; man kann nicht wegsehen, obwohl es einem Angst macht oder peinlich ist.
🤭	Das macht mich sprachlos oder verlegen. Hinter vorgehaltener Hand lachen.

Emoji	Interpretationen
🫢	Damit drücken Sie Schock oder Überraschung aus.
🫡	Salutierendes Emoji signalisiert Respekt oder Zustimmung: Aye, aye, Käpt'n!
🤐 🤫	Das ist ein Geheimnis.
🫠	Schmelzendes Gesicht: Vor Hitze vergehen oder vor Scham.
🤥	Pinocchio-Nase: Das glaube ich nicht. Oder: Ich hab dich angeschwindelt.
😶	Dazu kann ich nichts sagen. Kein Kommentar.
😑 😐 🫥	Dazu habe ich keine Meinung. Kein Kommentar. Man zieht sich zurück oder ist isoliert.
😕	Ich bin skeptisch, verwirrt oder frustriert.
😬	Ich war es nicht. / Ich bin nervös.
🙄	Das Emoji rollt mit den Augen: Das nervt mich. Ich will mich nicht weiter damit beschäftigen.
😮 😦 😧 😯	Ich bin schockiert.
😲	Überraschtes Gesicht
😴 😪	Ich gehe schlafen. Gute Nacht | Ich bin müde. Etwas ist sehr einschläfernd.

Emoji	Interpretationen
🥱 🦥	Gähnendes, gelangweiltes Emoji. Man kann natürlich auch die eigene Trägheit durch das passende Tier symbolisieren.
🤤	Sabberndes Emoji: Mein Verlangen nach ... ist riesig.
😮‍💨	Gesicht atmet sichtbar aus: Ich bin erleichtert. | Ich bin müde / erschöpft. | Ich bin enttäuscht (seufzen). | Ausatmen von Rauch.
😵	Das glaube ich nicht. | Ich bin beeindruckt. | Das überrascht mich. | Mir ist schwindelig. | Kann auch für Krankheit stehen.
😵‍💫	Mir ist schwindelig. | Ich bin verwirrt. | Kann auch für Hypnose stehen.
🥴 🤢	Ich bin betrunken. Mir ist schwindelig.
🤕 🤒 🤧 🤮	Ich fühle mich gar nicht wohl. Ich bin krank.
😷	Ich bin krank und möchte niemanden anstecken. Ich möchte mich nicht anstecken und schütze mich.
🤑	Ich habe Geld gewonnen. Ich hoffe, ich gewinne.
👻	Verspielter Geist. Das ist aber gruselig! Aufgrund der Zunge kann der Geist als Alternative zu 😛 (Ich mache nur Spaß!) verwendet werden.
💩	Das ist ein Kothaufen. "Oh, das ist aber echt 💩 gelaufen." "Mir geht es heute echt 💩".

Emoji	Interpretationen
😾 😹 😸 😺	Emojis in Katzenform
🫶	Ich liebe Dich. Ich unterstütze Dich.
🙌	Ich bin in Feierlaune und strecke die Hände nach oben zum Tanzen.
👏	Bravo! Sehr gut gemacht.
👍 👌	Okay. Das finde ich gut. Das machen wir so. Geht in Ordnung.
👎	Das gefällt mir nicht.
🤌	Dieses Emoji wird auch als "italienische Geste" bezeichnet. In Italien wird diese verwendet, wenn man enttäuscht oder frustriert ist: "Was willst du?" In Israel bedeutet die Geste "Entspann dich" oder "Bleib ruhig".
🤏	Ein wenig, ein bisschen oder auch so klein.
🤟 ≠ 🤘	Ich liebe dich. Zeichen aus der Gebärdensprache ≠ Pommesgabel: Geste auf Metal-Konzerten, um Begeisterung für die Musik zu demonstrieren.
👋	Hallo! / Tschüss! / Auf Wiedersehen!
🙏	Dies sind Hände zum Beten gefaltet. Wird als flehende Bitte oder auch als Danke verwendet. Andere sehen darin ein "High Five" .
🫵	Du! bist gemeint.

Emoji	Interpretationen
☝️	Nimm dich in Acht!
🤞	Viel Glück! Ich verspreche es. / Ich schwöre es.
👀	Nicht schlecht. | Das gefällt mir (z. B. wenn man ein Foto einer attraktiven Person sieht). Das Emoji kann aber auch dafür stehen, dass man etwas im Schilde führt.
🤦‍♂️ 🤦‍♀️	Oje, wie kann man nur? / Das darf nicht wahr sein!
🤷‍♀️🤷‍♂️	Das weiß ich nicht! / Das interessiert mich nicht!
💑	Wir lieben uns! / Wir sind jetzt ein Paar!
💏	Lass dich küssen!
👑	Du bist großartig! / Das ist herrlich!
🙈 🙊 🙉	Nichts sehen. | Nichts sagen. | Nichts hören.
🐽🐷	Viel Glück! / Da hast du aber Schwein gehabt.
☀️ ☂️ 🌧️ ⛄ ❄️	Lass uns das schöne Wetter genießen! | Vergiss den Regenschirm nicht! | Willst du einen Schneemann bauen? | Es ist bitterkalt.
🎅🌲🎁🐇	Auch rund um Feiertage gibt es passende Emojis: Weihnachtsmann | Weihnachtsbaum | Weihnachts- oder Geburtstagsgeschenk | (Oster-)hase

Emoji	Interpretationen
🥪 🍕	Hast du Hunger?
🎂	Alles Gute zum Geburtstag!
🎉	Konfetti oder Wundertüte: Lass uns feiern!
❤️ 💞 ❣️ 💙	Herzensangelegenheit: Das erste Herz pulsiert im Chat, wenn es allein verschickt wird, und ist eines der beliebtesten Emojis überhaupt.
💘 ❤️‍🔥	Ich bin verliebt. | Ich brenne vor Leidenschaft.
💔 ❤️‍🩹	Gebrochenes Herz/Liebeskummer. | Heilendes Herz.
✨	Das Emoji kann für Verschiedenes stehen: Glück | Liebe | Fröhlichsein | Aufregung/Vorfreude | ein neuer/sauberer Gegenstand.
🔥	Das finde ich heiß. | Dafür brenne ich. | Ich bin Feuer und Flamme.
🪫	Der Akku ist leer, vielleicht vom Smartphone oder vom Elektroauto...
☑️ ✔️	Die Aufgabe ist / wird erledigt. | Das stimmt so.

Die Bedeutung von Emojis kann stark variieren, da ihre Interpretation von Person zu Person unterschiedlich ist. Während ein Emoji für die eine Person freundlich oder humorvoll wirkt, kann es für eine andere missverständlich oder sogar negativ erscheinen. Faktoren wie Alter, Kultur und persönlicher Kontext spielen dabei eine große Rolle. Deshalb lohnt es sich, bei der Verwendung von Emojis immer den Gesprächspartner und die Situation im Blick zu behalten.

Stichwortverzeichnis

A

B

C

D

E

F

G

H

I

K